과잉금지원칙의 이론과 실무

■ 이재홍

경기과학고등학교 졸업
서울대학교 법과대학 졸업
서울대학교 대학원 석사과정 졸업(법학석사, 행정법 전공)
서울대학교 대학원 박사과정 졸업(법학박사, 헌법 전공)
캐나다 토론토대학교 로스쿨 Visiting Scholar

제43회 사법시험 합격
육군 군법무관
판사(의정부지방법원, 서울행정법원, 창원지방법원 통영지원)
現 헌법재판소 선임헌법연구관(전속1부장)


## 과잉금지원칙의 이론과 실무

초판 1쇄 발행 | 2021년 08월 06일
초판 3쇄 발행 | 2024년 09월 20일

지 은 이　이재홍

발 행 인　한정희
발 행 처　경인문화사
편　　 집　김지선 한주연 김숙희
마 케 팅　하재일 유인순
출판번호　제406-1973-000003호
주　　 소　경기도 파주시 회동길 445-1 경인빌딩 B동 4층
전　　 화　031-955-9300　팩　　 스　031-955-9310
홈페이지　www.kyunginp.co.kr
이 메 일　kyungin@kyunginp.co.kr

ISBN　978-89-499-4975-8 93360
값　24,000원

ⓒ 이재홍, 2024

* 저자와 출판사의 동의 없는 인용 또는 발췌를 금합니다.
* 파본 및 훼손된 책은 구입하신 서점에서 교환해 드립니다.

# 과잉금지원칙의 이론과 실무

이 재 홍 지음

경인문화사

# 서문

법학을 처음 공부하기 시작한 시절, 행정법 교수님께서 '중세의 대학 교육의 시작이 의학, 법학, 신학이었다.'라는 말씀을 해 주셨습니다. 문제가 생긴 사람들이 의사, 판사, 사제를 찾아왔을 때 즉각 해결책을 알려줄 수 있도록 의학자, 법학자, 신학자가 사전에 시간을 들여 깊이 연구를 해서 미리 좋은 해결책을 만들어 둔다는 취지였습니다. 예컨대 열이 나서 찾아온 사람에게 의사는 타이레놀을 드시라고 말해 주는 것으로 그만이고, 그 사람을 붙잡고 발열 증상과 해열제의 약리작용에 대해 장기간의 심도 있는 연구를 할 필요는 없고, 그렇게 시간을 끌어서도 안 된다는 것입니다. 의사의 신속한 치료를 위해 의학자는 미리 발열 증상의 원인과 해열제의 약리작용에 대해 깊이 연구해서 타이레놀이라는 치료제를 만들어 둔다는 것입니다.

위헌이라는 병에 걸려 열이 나는 법률이 재판관을 찾아오면 타이레놀만큼이나 흔하게 사용하는 치료제가 과잉금지원칙입니다. 헌법학의 중요한 역할 중 하나는, 의학자들이 타이레놀을 개발하기 위해 해열 효과가 있는 물질들을 깊이 연구하듯이, 과잉금지원칙이라는 위헌 치료제에 관해 깊이 연구하여, 실무에서 재판관이 즉시 쉽게 쓸 수 있도록 준비해 두는 것입니다. 타이레놀처럼 잘 듣는 약을 미리 만들어 두는 것입니다. 이 책은 그러한 연구의 일환인 필자의 박사학위논문을 간추리고 재구성하여 좀 더 알기 쉽게 정리한 책입니다.

아무리 열심히 연구해서 좋은 약을 개발한다 하여도, 그것만으로 실제 상황에서 좋은 치료 효과를 얻어내리라 장담할 수는 없습니다. 수술 도구나 약도 중요하지만, 의사의 능력과 경험에 따라 수술이나 치료의 성패가 좌우됩니다. 마찬가지 이치로, 위헌성을 제거하는 수술인 헌법재판의 성패는 재판관의 능력과 경험에 따라 달라질 수 있습니다. 법률에 대한 위헌심사라는 특수한 재판은 민주주의의 핵심인 국회가 만든 법률의 효력을 없애버리는 재판이고, 특히 재판 과정에서 과잉금지원칙을 적용하는 경우에는 재판관의 가치판단이 크게 개입합니다. 그러한 이유 때문에 재판관의 능력과 경험에 더해 '재판관의 양심과 용기'라는 요소가 재판의 성패에 큰 영향을 줍니다.

　과잉금지원칙이라는 위헌 치료제는 전 세계적으로 광범위하게 사용되고 있습니다. 이 책은 우선 제1장에서 과잉금지원칙이라는 위헌 치료제가 세계적으로 어떻게 퍼져 있고 캐나다와 대한민국의 상황은 어떤지 개략적으로 살펴봅니다. 그런 다음 제2장에서는 법학의 관점에서 과잉금지원칙이 어떻게 구성되어 있고 어떻게 작용하는 것인지 그 이론을 세밀하게 들여다봅니다. 제3장에서는 법실무의 관점에서 과잉금지원칙이라는 위헌 치료제를 캐나다 연방대법원의 대법관들과 대한민국 헌법재판소의 헌법재판관들이 현장에서 실제로 어떻게 사용해왔는지 대표적인 판례들을 통해 살펴봅니다. 군이 캐나다 연방대법원의 판례를 살펴보는 것은 그들의 과잉금지원칙 적용 경험이 우리에게 적지 않은 시사점을 주기 때문입니다.

　헌법재판은 흔히 '정치적 사법'이라고 합니다. 이것은 헌법재판이 정치라는 뜻이 아닙니다. 헌법재판이 정치라면 '정치적 사법'이 아니라 '사법적 정치'라고 불러야 할 것입니다. 헌법재판도 사법인 이상 그 본질은 '사전에 미리 정해 둔 규범'에 따라 재판을 하는 것입니다. 따라서 재판을 하면서 재판관 스스로 그때그때 판단 기준이 될 규범을 만들어 써서는 안 됩니다. 많은 경우 그것은 '사법적 정치'에 해당됩니다. 헌법재판에서 가장 자주 쓰이는 심사기준 중 하나인 과잉금지원칙의 내용이 사전에 구체적으로 정해져 있어야만 하는 이유가 바로 여기에 있습니다.

　재판관이 헌법재판을 할 때마다 그때그때 과잉금지원칙의 구체적인 내용을 만든다면, 그것은 사법보다는 정치에 가깝습니다. 정치는 미래에 우리 공동체가 지킬 규범을 만들어 두는 것이 본질이기 때문에, 바로 이 순간 우리가 처한 상황에 대한 평가와 앞으로 다가올 미래에 대한 불확실한 예측을 기반으로 그때그때 의사결정을 해야 합니다. 하지만 사법은 정치가 미리 만들어 둔 규범을 이미 일어난 과거의 사건에 적용하는 것입니다. 즉, 정치적 의사결정은 미래를 향하는 것이고, 사법적 의사결정은 과거를 향합니다. 이 시간 순서가 바뀌면 사법은 정치가 됩니다.

하지만, 안타깝게도 헌법재판의 기준으로 미리 만들어 둔 규범인 헌법은 다른 하위법령과 달리 구체적이지 않습니다. 과잉금지원칙도 대한민국헌법 제37조 제2항에 간략하게 규정되어 있을 뿐입니다. 이러한 상황은 우리나라뿐 아니라 전 세계가 마찬가지입니다. 그렇기 때문에 헌법의 경우, 헌법학자와 헌법실무가의 역할과 노력이 매우 중요합니다. 그러한 노력으로 만들어낸 과잉금지원칙 법리는 합헌과 위헌을 가르는 기준으로 작용하기 때문에, 과잉금지원칙의 구체적인 법리를 구축하는 것은 헌법 제37조 제2항 각 호를 새로 만들어 내는 헌법제정과 다름이 없습니다.

과잉금지원칙에 관해서는 세계적으로 엄청나게 많은 연구가 이루어져 있고, 판례도 상당히 많이 쌓여 있습니다. 이 책은 앞선 세대의 그러한 노력의 극히 작은 일부만을 조명하기에도 벅찬 시도입니다. 하지만 앞선 세대의 성과를 나름대로 정리하면서, 그것을 디딤돌 삼아 단 한 걸음이라도 더 앞으로 나가려고 애써 보았습니다. 이 책과 이 책 이후에 이어질 여러 후속 연구가 과잉금지원칙이라는 위헌 치료제를 더 정확하게 사용하는 길을 열어 위헌이라는 질병을 법률 세계에서 몰아내는 데에 기여하기를 기원합니다.

이 책의 핵심적인 아이디어는 필자가 약 9년 동안의 판사생활을 마치고, 2017년부터 헌법재판소에서 헌법연구관으로 일하면서 처음으로 담당한 법령사건에서 출발했습니다. 미흡한 연구보고서를 때로는 너그럽고, 때로는 날카로운 눈으로 봐주시고 이끌어 주신 당시 부장연구관이셨던 이승환 헌법재판소장비서실장님, 당시 선임부장연구관이셨던 김정원 헌법재판소 사무차장님, 그리고 당시에 제가 전속연구관으로 모셨던 이진성 헌법재판소장님께 깊은 감사의 말씀을 드립니다. 연구보고서에서 시작된 작은 아이디어를 거대한 박사논문으로 탈바꿈시키는 긴 여정을 이끌어 주신 지도교수님이신 전종익 교수님과 논문심사과정에서 혜안을 베풀어주신 송석윤 교수님, 윤영미 교수님, 이효원 교수님, 전상현 교수님께 진심으로 존경과 감사의 인사를 드립니다. 또한 박사논문을 책으로 펴낼 수 있게 해주신 서울대학교 법학연구소와 유지혜 선생님을 비롯한 경인문화사 분들께도 깊이 감사드립니다.

책상에 혼자 앉아 박사논문을 쓰고 이 책을 쓰는 데에 들인 시간은 다른 누군가와 함께할 시간을 희생한 시간입니다. 이 순간 제 머리에 떠오르는 한 분 한 분께 감사와 사랑의 마음을 전합니다. 특히 평생 동안 희생과 인간애와 양심의 모범을 몸소 보여주신 부모님, 그리고 아빠의 일시적 부재를 견뎌준 하영이, 호안이, 은효에게 이 기회에 각별한 감사와 사랑의 인사를 남깁니다.

2021년 여름
이재홍 적음

## 차례

서문

## 제1장 서론 ········································································ 1
제1절 과잉금지원칙의 범지구적 전파 ······································ 3
  Ⅰ. 전세계의 사법부로, 그리고 학계로 ································ 3
  Ⅱ. 캐나다 연방대법원과 대한민국 헌법재판소의 상황 개관 ········ 7
제2절 이 책의 내용 ······························································ 10

## 제2장 과잉금지원칙의 이론 ·················································· 17
제1절 이론적 분석의 토대 ···················································· 19
  Ⅰ. 법적 판단의 단계적 구조 ············································ 19
  Ⅱ. 법률의 위헌 여부 판단의 단계적 구조 ··························· 21
  Ⅲ. 위헌심사척도 ···························································· 23
  Ⅳ. 위헌심사강도 ···························································· 26
  Ⅴ. 과잉금지원칙의 적용강도 ············································ 28
  Ⅵ. 위헌심사강도와 과잉금지원칙의 적용강도의 비교 ············· 29
  Ⅶ. 소결 ········································································ 33
제2절 과잉금지원칙의 논증구조 이론 ······································ 35
  Ⅰ. 개설 ········································································ 35
  Ⅱ. 목적의 정당성 원칙과 수단의 적합성 원칙 ······················ 37
    1. 목적의 정당성 원칙 ················································ 37
    2. 수단의 적합성 원칙 ················································ 37
  Ⅲ. 피해의 최소성 원칙 ···················································· 38
    1. 의의 ····································································· 38

		2. 피해의 최소성 원칙의 논증구조 ·········································· 40
	Ⅳ. 법익의 균형성 원칙 ······················································· 49
		1. 의의 ······································································ 49
		2. 법익의 균형성 원칙의 논증구조 ·········································· 50
		3. 법익의 균형성 원칙의 지위 ·············································· 65
	Ⅴ. 피해의 최소성 원칙과 법익의 균형성 원칙의 차이 ················· 66
		1. 차이점1: 입법목적 달성 정도를 주어진 목표치로 보는지 ············· 66
		2. 차이점2: 판단의 주안점이 헌법상 권리 제한의 심각성인지 ·········· 69
		3. 차이점3: 비교의 방법, 대상, 성격 ········································ 69
제3절 과잉금지원칙의 적용강도 이론 ··········································· 72
	Ⅰ. Alexy의 이론 ································································ 72
		1. 입법자의 재량이론 ······················································ 72
		2. 형량 제2법칙 ···························································· 73
	Ⅱ. Rivers의 이론 ······························································· 74
		1. 개관 ······································································ 74
		2. 형량 제2법칙의 구체화 ················································· 75
		3. 과잉금지원칙의 하위 원칙별 적용강도의 다양화 ······················ 77
	Ⅲ. Klatt과 Meister의 이론 ··················································· 79
		1. 개관 ······································································ 79
		2. 분류형량(classification balancing) ···································· 80
		3. Alexy의 형량 제2법칙으로부터 과잉금지원칙의 적용강도의 분리 ············ 81
		4. 비교형량과 사법심사를 구별하는 2차원 모형(the two-level model) ········ 82
	Ⅳ. Brady의 이론 ······························································· 83
		1. 이론의 기본 구조: Alexy의 구조적, 인식론적 재량 이론 ············· 83
		2. 구조적 deference ······················································· 83
		3. 인식론적 deference ···················································· 84
		4. deference의 정도의 결정 ··············································· 86
	Ⅴ. Kavanagh의 이론 ·························································· 87
		1. deference의 개념 ······················································· 87
		2. deference의 결정 방법 ················································· 89

Ⅵ. 과잉금지원칙의 적용강도 조절의 이론적 근거 : 권력분립원리 ·· 91
　　　1. 권력분립원리에 대한 검토 필요성 ······································· 91
　　　2. 권력분립원리에 따른 국가기관간의 분업과 협동 ················ 93
　　　3. 권력분립원리와 과잉금지원칙의 적용강도 ························ 107

## 제3장 과잉금지원칙의 실무 ···················································· 111
### 제1절 캐나다 연방대법원의 과잉금지원칙 실무 ························· 113
　　Ⅰ. 캐나다 연방대법원의 위헌법률심사 개관 ······························ 113
　　　1. 캐나다와 캐나다 헌법 ························································ 113
　　　2. 캐나다 연방대법원의 사법심사권과 캐나다권리자유헌장 ······ 115
　　　3. 캐나다권리자유헌장 제1조와 Oakes 판결 ························ 118
　　Ⅱ. 캐나다연방대법원의 과잉금지원칙 논증구조 ······················· 122
　　　1. Oakes 심사의 논증구조 ···················································· 122
　　　2. 최소피해성 논증구조의 변형 ············································· 128
　　　3. 효과의 비례성의 재정식화 : Dagenais v. Canadian Broadcasting Corp. 판결 · 132
　　　4. 최소피해성의 비대화 및 효과의 비례성의 공동화(空洞化) ······ 136
　　　5. 새로운 흐름의 시작: Hutterian Brethren 판결 ················· 139
　　　6. 최소피해성, 효과의 비례성 논증구조에 대한 학계의 평가와 전망 ········· 151
　　　7. 최소피해성과 효과의 비례성 논증구조에 대한 이론적 분석 ········ 159
　　Ⅲ. 캐나다 연방대법원의 과잉금지원칙의 적용강도 ··················· 169
　　　1. 캐나다에서의 deference 법리의 시작: 행정소송 ············· 170
　　　2. Oakes 심사에 있어서의 deference 법리 ························· 172
　　　3. Oakes 심사에서의 deference에 관한 학설 ······················ 178
　　　4. Oakes 심사에 있어 deference 법리에 대한 이론적 분석 ······ 183
### 제2절 대한민국 헌법재판소의 과잉금지원칙 실무 ······················· 201
　　Ⅰ. 대한민국 헌법재판소의 과잉금지원칙 논증구조 ··················· 201
　　　1. 논증유형1: 미분화형 논증유형 ········································· 202
　　　2. 논증유형2: 완전 분화형 논증유형 ···································· 204
　　　3. 논증유형3: 불완전 분화형 논증유형 ································· 210
　　　4. 소결: 완전 분화형 논증유형 선례 계승의 필요성 ············· 242

Ⅱ. 대한민국 헌법재판소의 과잉금지원칙의 적용강도 ·············· 249
　　　1. 입법재량 존중의 세 가지 양상 ··································· 249
　　　2. 헌법재판소 결정례상 과잉금지원칙의 적용강도에 관한 학설 ········· 253
　　　3. 헌법재판소 결정례상 입법재량 존중에 대한 평가 ················ 256
　　　4. 과잉금지원칙의 적용강도의 다양화 ······························ 260

# 제4장 결론 ····································································· 271
제1절 연구결과의 종합정리 ···················································· 273
제2절 과잉금지원칙 연구의 좌표와 전망 ······································ 277

참고문헌 ········································································· 283
찾아보기 ········································································· 295

제1장
서론

## 제1절 과잉금지원칙의 범지구적 전파

### I. 전세계의 사법부로, 그리고 학계로

　합헌과 위헌 여부를 가르는 사법심사의 기준이 여러 법체계에 걸쳐 널리 사용되고 논의되는 현상은 흔하지 않다. 그럼에도 불구하고, 헌법상 권리에 대한 제한이 정당한지를 판단하는 기준인 '과잉금지원칙(proportionality)'은 법체계가 서로 다른 여러 나라의 사법부에서 중요한 역할을 담당하고 있다.[1] 과잉금지원칙은 독일에서 시작되어,[2] 유럽인권재판소(European Court of Human Rights)와 유럽연합법원(European Court of Justice)을 통해 확산되었고, 결국에는 커먼로 국가인 영국을 포함한 서유럽 국가들 및 동유럽 국가들, 그리고 바다 건너 캐나다, 남아메리카는 물론이고 남아프리카공화국, 이스라엘, 인도, 홍콩, 호주, 우리나라 등 전세계로 퍼져 나갔다.[3] 과잉금지원칙은 국제법상 일반적 법원리로 인정

---

1) Vicki Jackson, Mark Tushnet, "Introduction", *Proportionality: New Frontiers, New Challenges*, ed. Vicki Jackson, Mark Tushnet, Cambridge University Press(2017), p. 1; Matthias Klatt, Moritz Meister, "Proportionality-A Benefit to Human Rights? Remarks on the I·CON Controversy", 10 *International Journal of Constitutional Law*(2009), p. 1.
2) 황치연, 헌법재판의 위헌심사척도로서의 과잉금지원칙에 관한 연구, 연세대학교 박사학위논문(1995), 제28-40쪽; Alec Stone Sweet, Jud Mathews, "Proportionality Balancing and Global Constitutionalism", 47 *Columbia Journal of Transnational Law*(2008), pp. 97-111; Dieter Grimm, "Proportionality in Canadian and German Constitutional Jurisprudence", 57 *University of Toronto Law Journal*(2007), pp. 384-387. 이에 반대하는 견해로, Bernhard Schlink, "Proportionality in Constitutional Law: Why Everywhere but Here?", 22 *Duke Journal of Comparative & International Law*(2012), p. 296 참조.
3) 김민주, WTO협정상 건강보호 및 식품안전규정에 대한 비례성원칙 적용에 관한 연구, 고려대학교 법학박사학위논문(2013), 제48-53쪽; Aharon Barak, *Proportionality –Constitutional Rights and their Limitations–*, Cambridge University Press(2012), pp. 181-206; Moshe Cohen-Eliya, Iddo Porat, *Proportionality and Constitutional Culture*,

되어 유엔인권위원회(UN Human Rights Commission), 세계무역기구(World Trade Organization), 국제투자분쟁해결센터(International Center for the Settlement of Investment Disputes)도 이를 적용하고 있다.4) 과잉금지원칙은 '인권법의 범지구적 엔진(global engine of human rights law)',5) '만국공용어(lingua franca)',6) '판사들의 국제적 커뮤니티에 대한 입장권'7)이라고 불릴 정도여서 이제 '과잉금지원칙의 시대(age of proportionality)'라는8) 표현도 과하지 않은 상황이 되었다. 과잉금지원칙의 이러한 극적인 확산은 헌법적 관념이 다른 나라에 성공적으로 이식된 가장 중요한 예로 평가된다.9)

---

Cambridge University Press(2013), pp. 10-14; Alec Stone Sweet, Jud Mathews 2008, *op. cit.*, pp. 123-124; Julian Rivers "Proportionality and Variable Intensity of Review", *Cambridge Law Journal*, 65-1(2006), pp. 189-190; Michael Taggart, "Proportionality, Deference, Wednesbury", *New Zealand Law Review*(2008), pp. 441-445.

4) Alec Stone Sweet, Jud Mathews 2008, *op. cit.*, pp. 138-159; Jochen von Bernstorff, "Proportionality Without Balancing: Why Judicial Ad Hoc Balancing is Unnecessary and Potentially Detrimental to the Realisation of Individual and Collective Self-determination", *Reasoning Rights: Comparative Judicial Engagement*, ed. Liora Lazarus et al, Hart Publishing(2016), p. 74; Beverley McLachlin, "Proportionality, Justification, Evidence and Deference: Perspectives from Canada", *Asia-Pacific Judicial Colloquium*(2015), available at https://www.hkcfa.hk/filemanager/speech/en/upload/144/Proportionality,%20Justification,%20Evidence%20and%20Deference%20-%20Perspectives%20from%20Canada.pdf, p. 5.

5) Grant Huscroft, Bradley Miller, Grégoire Webber, "Introduction", *Proportionality and Rule of Law: Rights, Justification, Reasoning*, ed. Grant Huscroft, Bradley Miller, Grégoire Webber, Cambridge University Press(2014). p. 3

6) David Bilchitz, "Necessity and Proportionality: Towards A Balanced Approach?", *Reasoning Rights: Comparative Judicial Engagement*, ed. Liora Lazarus et al, Hart Publishing(2016), pp. 47-51.

7) Moshe Cohen-Eliya, Iddo Porat 2013, *op. cit.*, pp. 134-136.

8) Francisco Urbina, *A Critique of Proportionality and Balancing*, Cambridge University Press(2017), p. 2; Aharon Barak, "Proportionality and Principled Balancing", 4 *Law & Ethics of Human Rights*(2010), p. 14; Vicki Jackson, "Constitutional Law in an Age of Proportionality", 124 *Yale Law Journal*(2015), p. 3096

과잉금지원칙이 전세계의 사법부로 급속히 퍼져나가는 것에 발맞추어 세계의 헌법학계에서도 과잉금지원칙에 관하여 근래에 많은 연구가 이루어졌다.[10] Kai Möller에 따르면 과잉금지원칙에 대한 연구는 크게 다음의 세 가지 흐름이다.[11]

첫 번째 흐름은 과잉금지원칙을 상위의 이론적 구조 안에 통합시키는 연구이다. 이 연구의 선구자는 규범을 원리와 규칙으로 구별하고 각각의 특성을 분석함으로써 이로부터 과잉금지원칙을 도출해내는 이론을 구성한 Robert Alexy이다.[12] 소크라테스식 논변으로서의 권리 심사 이론을 구축한 Mattias Kumm의 연구와[13] 헌법적 권리의 범세계적 모델에 관한 Kai Möller의 연구도[14] 이러한 흐름에 서있다.

두 번째 흐름은 과잉금지원칙을 비판하는 연구이다.[15] 과잉금지원칙

---

9) Mattias Kumm, "Constitutional Rights as Principles: On the Structure and Domain of Constitutional Justice", 2 *International Journal of Constitutional Law*(2004), p. 595; Moshe Cohen-Eliya, Iddo Porat 2013, op. cit., p. 2, pp. 134-136.
10) Stephen Gardbaum, "Positive and Horizontal Rights: Proportionality's Next Frontier or a Bridge Too Far?", *Proportionality: New Frontiers, New Challenges*, ed. Vicki Jackson, Mark Tushnet, Cambridge University Press(2017), p. 221.
11) Kai Möller, "Constructing the Proportionality Test: An Emerging Global Conversation", *Reasoning Rights: Comparative Judicial Engagement*, ed. Liora Lazarus et al, Hart Publishing(2016), pp. 31-33.
12) Robert Alexy, *A Theory of Constitutional Rights*, Oxford University Press(2002), p. 102. 반대하는 견해로, Aharon Barak 2017, op. cit., pp. 324-329; Niels Petersen 2017, op. cit., p. 80; Francisco Urbina 2017, op. cit., pp. 83-91.
13) Mattias Kumm, "The Idea of Socratic Contestation and the Right to Justification: The Point and Purpose of Rights-Based Proportionality Review", 4 *Law & Ethics of Human Rights*(2010), op. cit., p. 141.
14) Kai Möller, *The Global Model of Constitutional Rights*, Oxford University Press(2012).
15) 대표적으로, Stavros Tsakyrakis, "Proportionality: An Assault on Human Rights?", 7 *International Journal of Constitutional Law*(2009), pp. 468-493. 그밖에도 이민열, 기본권 제한 심사의 형량, 경인문화사(2016); Francisco Urbina 2017, op. cit., pp. 105-110; Jochen von Bernstorff 2016, op. cit., pp. 68-86. 과잉금지원칙에 대한 반론들에 대한 재반론으로, Matthias Klatt, Moritz Meister 2012, op. cit., pp. 15-73;

에 대한 반론은 ①과잉금지원칙이 사법부에게 지나치게 큰 권한을 주기 때문에 사법적극주의를 허용한다는 점, ②과잉금지원칙이 인권의 우월적 지위를 오히려 약화시킨다는 점을 주로 비판한다. 이러한 견해들은 과잉금지원칙 중 법익의 균형성 원칙 판단을 생략해야 한다는 견해로 이어지기도 하고,16) '범주적 논증(categorial reasoning)' 혹은 '구조적 접근(framework model)'과 같이 과잉금지원칙을 포기하고 권리를 최상위에 두는 대안적인 이론을 구축하는 방향으로 나아가기도 한다.17)

과잉금지원칙이 인권의 우월적 지위를 약화시킨다는 견해는 다시 크게 세 가지로 나뉜다. 첫째는 과잉금지원칙은 인권의 특수성을 담아내지 못하기 때문에 인권 제한의 정당성을 심사하는 기준으로 적당하지 않다는 견해이다.18) 둘째는 법익의 균형성 원칙에서 이루어지는 법익형량은 서로 공통적인 단위가 없는 대상들을 서로 비교하는 것일 뿐이므로, 합

---

Niels Petersen, *op. cit.*, pp. 183-184; Aharon Barak 2010, *op. cit.*, pp. 16-18 참조.

16) Jochen von Bernstorff 2016, *op. cit.*, p. 63; Chanakaya Sethi, "Beyond *Irwin Toy*: A New Approach to Freedom of Expression under the Charter", 17 *Appeal: Review Current Law and Law Reform*(2012), p. 38.

17) Francisco Urbina 2017, *op. cit.*, pp. 215-251; Davor Šušnjar, *Proportionality, Fundamental Rights, and Balance of Powers*, Martinus Nijhoff Publishers(2010), pp. 77-79; Alec Stone Sweet, Jud Mathews 2008, *op. cit.*, p. 164. 범주적 논증에 대한 비판으로, Chanakaya Sethi 2012, *op. cit.*, p. 25; Dieter Grimm 2007, *op. cit.*, pp. 395-396; Iryna Ponomarenko, "The Unbearable Lightness of Balancing: Towards a Theoretical Framework for the Doctrinal Compexity in Proportionality Analysis in Constitutional Adjudication", 49 *University of British Columbia Law Review*(2016a), pp. 1129-1132; Jorge Silva Sampaio, "Proportionality in Its Narrow Sense and Measuring the Intensity of Restrictions on Fundamental Rights", *Proportionality in Law*, ed. David Duarte, Jorge Silva Sampiro, Springer(2018), pp. 78-80, p. 94, 96; Mattias Kumm 2004, *op. cit.*, pp. 589-593; Niels Petersen 2017, *op. cit.*, p. 55, 156; Iryna Ponomarenko 2016a, *op. cit.*, pp. 1145-1146 참조.

18) Francisco Urbina 2017, *op. cit.*, pp. 105-110; Stavros Tsakyrakis, pp. 470-471. 이에 대한 반박으로, Madhave Khosla, "Proportionality: An Assault on Human Rights?: A Reply", 8 *International Journal of Constitutional Law*(2009), pp. 298-306; Matthias Klatt, Moritz Meister 2009, *op. cit.*, pp. 687-708.

리성을 인정할 수 없다는 견해이다.[19] 셋째는 과잉금지원칙은 구체적인 사안을 해결할 뿐이고, 이를 통해 다른 사건에서의 과잉금지원칙 적용 결과를 예측하기는 어려우므로 법적안정성이 결여되어 있다는 견해이다.[20]

위와 같은 내용의 과잉금지원칙 연구의 첫 번째 흐름과 두 번째 흐름이 과잉금지원칙으로부터 한 발 떨어져 과잉금지원칙을 거시적인 관점에서 보는 연구라면, 과잉금지원칙 연구의 세 번째 흐름은 과잉금지원칙의 내부를 들여다보는 미시적인 연구이다. 과잉금지원칙 연구의 세 번째 흐름은 과잉금지원칙의 중요성을 인정하는 것을 전제로 하여, 과잉금지원칙이 소송에서 실제로 어떻게 적용되고 있고, 그 구체적인 내용이 무엇이며, 어떻게 적용되는 것이 바람직한지와 같은 쟁점을 다룬다.[21]

## II. 캐나다 연방대법원과 대한민국 헌법재판소의 상황 개관

과잉금지원칙이 범지구적 현상이기는 하지만, 그 구체적 적용례에 있어서는 나라별로 다양한 편차가 있다.[22] 그 중 흔히 'Oakes test(이하 'Oakes 심사'라 한다)'라고 불리는 캐나다 연방대법원의 과잉금지심사는 세계 여러 나라의 사법부의 과잉금지원칙 관련 판결에 인용되었다.[23]

---

[19] Grégoire Webber, *The Negotiable Constitution: On the Limitation of Rights*, Cambridge University Press(2009), pp. 89-97; Francisco Urbina 2017, *op. cit.*, pp. 53-74.
[20] Jochen von Bernstorff 2016, *op. cit.*, pp. 68-86. 이에 대한 비판으로, 한수웅, 위의 책(2019), 제484쪽; Beverley McLachlin 2015, *op. cit.*, p. 10; Niels Petersen 2017, *op. cit.*, pp. 54-58.
[21] 예컨대, David Bilchitz 2016, *op. cit.*; Jorge Silva Sampaio 2018, *op. cit.*; Alan Brady 2012, *op. cit.*; Niels Petersen 2017, *op. cit.*
[22] Alec Stone Sweet, Jud Mathews 2008, *op. cit.*, pp. 162-164; Matthias Klatt, Moritz Meister, *The Constitutional Structure of Proportionality*, Oxford University Press(2012), p. 7, 9; Grant Huscroft, Bradley Miller, Grégoire Webber 2014, *op. cit.* pp. 2-3.
[23] Aharon Barak 2012, *op. cit.*, p. 182; Sujit Choudhry, "So What is the Real Legacy of *Oakes*? Two Decades of Proportionality Analysis under the Canadian *Charter*'s

우리나라에는 이에 관한 소개가 충분히 이루어져 있지 않지만, *Oakes* 심사는 그 영향력에 있어 독일 연방헌법재판소의 과잉금지원칙 적용 방법만큼 중요하게 평가되기도 한다.[24]

*Oakes* 심사는 '목적의 충분한 중요성(sufficient importance of objective)', '합리적 관련성(rational connection)', '최소피해성(minimal impairment)', '효과의 비례성(proportionality of effects)'의 4단계 하위 판단 단계로 구성된다. 캐나다 연방대법원의 *Oakes* 심사를 살펴보면 두 가지 특징을 관찰할 수 있다. 첫째로, *Oakes* 심사의 논증구조 중 최소피해성과 효과의 비례성에 관하여 새로운 판례의 흐름이 형성되고 있다. 이는 캐나다 연방대법원이 2009년에 선고한 *Alberta v. Hutterian Brethren of Wilson Colony* 판결(이하 '*Hutterian Brethren* 판결'이라 한다)에서[25] 본격화되어 위 판결의 다수의견과 같이 최소피해성과 효과의 비례성을 엄격히 구별하고, 효과의 비례성 판단에 집중하는 판례들이 나오고 있다.

*Oakes* 심사의 두 번째 특징은 *Oakes* 심사의 강약을 정하기 위한 입법재량의 존중 정도에 대한 판시에서 찾아볼 수 있다. 캐나다 연방대법원은 *Oakes* 심사의 각 하위 원칙 적용에 있어 입법자를 얼마나 존중할지라는 쟁점을 'deference'라는 개념을 매개로 해결하면서 그 구체적인 기준을 나름대로 정립해왔다. 과잉금지원칙의 적용강도에 관한 deference 법리는 캐나다 연방대법원은 물론이고, 커먼로 전통에 서 있는 법원의 과잉금지원칙 적용에 있어 공통적으로 논의되기 때문에, 학계에서도 이에 관하여 많은 연구가 이루어져 있다.[26] 특히, 캐나다 연방대법원은 독일

---

Section 1", 34 *Supreme Court Law Review*(2006), p. 502.
[24] Vicki Jackson, Mark Tushnet 2017, *op. cit.*, p. 1; Jamie Cameron, "The McLachin Court and the Charter in 2012", *The Supreme Court Law Review*, Vol. 63(2013), p. 15; Mark Tushnet, "The Charter's Influence Around the World", *Osgoode Hall Law Journal* Vol. 50, Issue 3(2013), pp. 528-532, 536-538.
[25] [2009] 2 S.C.R. 567.
[26] Mark Elliot, Robert Thomas, *Public Law*, Oxford University Press(2014), p. 546; Alan Brady 2012, *op. cit.*, p. 1, 3, pp. 8-11; Tom Hickman, "Problems of Proportionality",

연방헌법재판소보다 과잉금지원칙 적용강도를 폭넓게 다루었다고 평가되기도 한다.27)

　우리나라 헌법재판소 역시 초창기부터 과잉금지원칙을 기본권 침해 여부를 판단하는 심사기준으로 사용해왔다. 우리 헌법재판소는 과잉금지원칙이 목적의 정당성, 수단의 적합성, 피해의 최소성, 법익의 균형성의 네 가지 요소로 구성되어 있다고 본다. 이 네 가지 요소에 관한 구체적인 논증구조에 있어서 우리 헌법재판소의 결정례가 일관된 흐름을 형성하고 있다고 보기는 어렵다. 특히 피해의 최소성 원칙과 법익의 균형성 원칙의 중 어느 하나에 논증이 집중되어 있는 결정들이 혼재해 있는 가운데, 근래에는 피해의 최소성 원칙 부분에서 대부분의 판단을 하는 결정이 다수를 이루고 있다. 또한 과잉금지원칙 적용에 있어 입법재량을 얼마나 존중해야 하는지, 그것이 과잉금지원칙 적용강도에 있어 어떠한 영향을 미치는지에 관해서는 섬세한 법리가 구축되어 있는 상태가 아니다.

---

　*New Zealand Law Review*(2010), pp. 303-326; Jeremy Gunn, "Deconstructing Proportionality in Limitations Analysis", 19 *Emory International Law Review*(2005), pp. 476-487.

27) Niels Petersen 2017, *op. cit.*, p. 122.

## 제2절 이 책의 내용

Kai Möller의 분류에 따르면, 이 책은 과잉금지원칙 연구에 관한 세 번째 흐름에 위에 서 있다. 이 책은 과잉금지원칙의 중요성과 가치를 인정하는 바탕 위에서 어떻게 하면 과잉금지원칙을 효과적으로 적용할 수 있는지를 밝히고자 한다.

과잉금지원칙이라는 용어와 비례원칙이라는 용어는 같은 의미로 취급되기도 한다.[28] 또한 '비례원칙'은 법익의 균형성 원칙만을 가리키는 경우가 있기도 하고, 평등권 침해 여부에 적용되는 비례원칙과 자유권 침해 여부에 적용되는 비례원칙이 같은 것인지에 논란이 있기도 하다.[29] 협의의 비례원칙과 광의의 비례원칙을 구별하여 광의의 비례원칙 중 자유권의 영역에서 법익교량의 원칙이 특수화 된 것을 과잉금지원칙으로 보는 견해도 있다.[30] 또한 비례원칙은 국가와 시민과의 관계를 넘어 시민 상호간의 관계에까지 확장되어 적용되는 경우도 있고,[31] 헌법기관의 조직과 권한에 관한 규정에 적용되기도 한다.[32] 나아가 비례원칙을 과잉금지원칙과 과소보호금지원칙의 상위 개념으로도 보는 견해도 있다.[33] 과잉금지원칙의 '과잉'은 피해의 최소성 원칙과 직접적으로 연결

---

[28] 예컨대, 이부하, "비례성원칙과 과소보호금지원칙", 헌법학연구 제13권 제2호 (2007. 6.), 제276쪽; 강승식, "비례의 원칙의 적용방안에 관한 연구", 세계헌법연구 제17권 제2호(2011), 제55쪽; 김태호, "행정법상 비례의 원칙 - 대법원 판례를 중심으로 -", 공법연구 제37집 제4호(2009. 6.), 제90쪽.
[29] 정문식, "평등위반 심사기준으로서 비례원칙", 부산대학교 법학연구 제51권 제1호(2010. 2.), 제8-10쪽.
[30] 한수웅, 헌법학(제9판), 법문사(2019), 제486쪽.
[31] 이용식, "비례성 원칙을 통해 본 형법과 헌법의 관계", 형사법연구 제25호 (2006), 제29-30쪽.
[32] 이에 관한 비판적 분석으로, 문재완, "비례원칙의 과도한 팽창", 세계헌법연구 제24권 제3호(2018), 제37-42쪽.
[33] 이준일, "헌법상 비례성원칙", 공법연구 제37집 제4호(2009. 6.), 제35-37쪽; 이준

될 뿐이고, 나머지 하위 원칙과는 직접적인 연결고리가 없으므로, 과잉금지원칙보다는 비례원칙이라는 용어가 적절하다는 견해도 있다.34) 이와 같이 과잉금지원칙, 비례원칙이라는 용어는 그 의미와 사용 범위가 통일되어 있지 않다.

이 책은 헌법상 권리의 침해 여부를 판단하기 위해 목적의 정당성 원칙, 수단의 적합성 원칙, 피해의 최소성 원칙, 법익의 균형성 원칙을 차례로 적용하는 논증구조를 연구의 대상으로 한다. 이러한 논증구조는 심판대상이 헌법상 권리를 너무 심하게 제한하는 것은 아닌지의 판단에 초점이 맞춰져 있다. 이러한 측면을 감안하여 이 책에서는 목적의 정당성 원칙, 수단의 적합성 원칙, 피해의 최소성 원칙, 법익의 균형성 원칙을 차례로 적용하여 헌법상 권리의 침해 여부를 판단하는 위헌심사척도를 지칭하는 경우에만 '과잉금지원칙'이라는 용어를 사용하기로 한다. 그 외의 경우에는 모두 '비례원칙'이라는 용어를 사용하기로 한다.

과잉금지원칙은 영어권에서는 통상 'proportionality'라는 용어로 지칭된다. 이는 이 책에서 말하는 과잉금지원칙은 물론이고, 비례원칙까지 포함하는 넓은 의미로 사용되기도 한다. 이 책에서는 'proportionality'를 문맥에 따라 목적의 정당성 원칙, 수단의 적합성 원칙, 피해의 최소성 원칙, 법익의 균형성 원칙의 단계적 판단을 거쳐 헌법상 권리의 제한의 정당화 여부를 판단하는 기준을 의미할 때는 '과잉금지원칙'으로, 그 외의 경우에는 '비례원칙' 또는 '비례성'으로 번역하여 사용한다. 또한 과잉금지원칙을 적용하여 공권력 행사의 위헌 여부를 판단하는 사법작용은 영어권에서 'proportionality review' 혹은 'proportionality test'라는 용어로 통상 표현된다. 이 책에서는 이를 '과잉금지심사'라는 용어로 지칭하기로 한다.

---

일, 헌법학강의(제7판), 홍문사(2019), 제352-353쪽; 정종섭, 헌법학원론(제12판), 박영사(2018), 제382쪽; 허완중, "기본권 제약 개념 확장을 통한 헌법 제37조 제2항의 해석", 헌법논총 제30집, 헌법재판소(2019), 제24쪽.
34) 성정엽, "비례원칙과 기본권", 저스티스 통권 제136호(2013. 6.), 제8쪽.

과잉금지원칙의 네 가지 하위 원칙을 가리키는 용어도 통일되어 있지 않다. 예컨대 피해의 최소성 원칙에 관해서도 '침해의 최소성', '필요성(necessity)', '최소피해성(minimal impairment)'과 같은 용어가 혼용되고 있다. 통상 기본권 침해 여부를 논할 때에는 '침해'와 '제한'을 구별하여, '헌법상 정당화될 수 없는 제한'을 '침해'라고 부른다. 이 책에서는 '침해'라는 용어의 이와 같은 특수성을 감안하여, '침해의 최소성 원칙'이라는 용어대신 '피해의 최소성 원칙'이라는 용어를 사용하기로 한다.

또한 이 책은 캐나다 연방대법원의 과잉금지심사인 *Oakes* 심사의 하위 원칙을 가리킬 때에만 '목적의 충분한 중요성(sufficient importance of purpose)', '합리적 관련성(rational connection)', '최소피해성(minimal impairment)'과 '효과의 비례성(proportionality of effects)'이라는 용어를 사용하기로 한다. 한편 이 책에서 '목적의 정당성 원칙', '수단의 적합성 원칙', '피해의 최소성 원칙', '법익의 균형성 원칙'은 문맥에 따라 일반명사로도 사용하기도 하고, 우리 헌법재판소가 적용하는 과잉금지원칙의 하위 원칙을 가리키는 고유명사로도 사용하기로 한다.

끝으로, 헌법상 보장되는 권리를 지칭할 때에는 캐나다 연방대법원의 *Oakes* 심사에 관련된 경우에는 '헌장상 권리'라는 용어를, 우리 헌법재판소의 과잉금지원칙에 관련된 경우에는 '기본권'이라는 용어를 사용하는 것을 원칙으로 한다. 한편, 과잉금지원칙에 관한 학설은 대체로 개별 국가의 헌법을 염두에 두기보다는 이론적인 관점에서 헌법의 수준에서 보장되는 권리 전반을 다루면서 '기본권(fundamental rights)'이라는 용어를 사용하기도 하고, '헌법상 권리(constitutional rights)'나 '인권(human rights)'이라는 용어를 사용하기도 하는데, 이 책에서는 이러한 경우 '헌법상 권리'라는 용어를 사용하는 것을 원칙으로 하되, 특정 학설의 내용이나 주장을 인용하는 경우에는 원칙적으로 해당 학설에서 사용한 용어에 따르기로 한다.

이 책은 과잉금지원칙의 이론에 관해 크게 두 가지 내용을 다룬다.

첫째는 과잉금지원칙이 세부적으로 어떠한 내용으로 구성되어 있는지를 규명하는 것이다. 이 책은 이를 '과잉금지원칙의 논증구조'라고 칭하고, 과잉금지원칙의 논증구조 중에서도 특히 피해의 최소성 원칙과 법익의 균형성 원칙을 구별하는 데에 초점을 맞춘다. 둘째는 입법재량 존중의 측면에서 과잉금지원칙 적용의 강약을 어떻게 조절할 수 있는지이다. 이 책은 입법재량 존중의 관점에서 과잉금지원칙 적용의 엄격함을 조절하는 것을 '과잉금지원칙의 적용강도'라 지칭하고 이에 관하여 권력분립원리의 측면에서 이론적 분석을 시도한다.

과잉금지원칙에 대해서는 우리나라에서도 그 동안 많은 연구가 이루어졌으나, 캐나다의 연방대법원의 과잉금지원칙을 살펴본 연구는 드물다.[35] 이 책은 이제까지 이루어진 캐나다 헌법 관련 선행연구를 출발점으로 삼아 캐나다 연방대법원의 과잉금지원칙 적용 실무를 살펴본다. 특히 캐나다 연방대법원의 *Oakes* 심사의 논증구조 중 최소피해성과 효과의 비례성, 그리고 *Oakes* 심사의 적용강도에 관한 deference 법리를 상세히 살펴본다. 그런 다음 이책은 우리나라 헌법재판소의 과잉금지원칙 적용 실무를 논증구조와 적용강도의 관점에서 차례로 분석하고 평가한다.

과잉금지원칙은 모든 공권력 작용에 대해 적용될 수 있다. 공권력 작용 중 입법이 가장 재량의 범위가 넓고, 사법부와의 관계에서 재량의 한계 설정도 어려운 영역이다. 따라서 이 부분부터 제대로 규명하는 것이 과잉금지원칙의 논증구조와 과잉금지원칙의 적용강도를 분석하는 적절

---

35) 강일신, 과잉금지원칙에서의 법익비교형량 - 헌법이론적·비교헌법적 연구 -, 헌법재판소 헌법재판연구원(2018), 제28-43쪽; 김형남, "캐나다 연방대법원의 사법심사제도에 관한 연구", 공법학연구 제7권 제5호(2006), 제211-226쪽; 김형남, "캐나다·미국·한국의 헌법재판기준에 관한 비교법적 연구", 성균관법학 제19권 제3호(2007), 제131-145쪽; 김선희, 캐나다 연방대법원의 사법심사제도 - 연방과 주 사이의 권한 배분 및 헌장상 권리침해를 중심으로, 헌법재판소 헌법재판연구원(2017); 김선희, 캐나다에서의 헌법적 대화, 헌법재판소 헌법재판연구원(2018); 이재홍, "과잉금지원칙의 논증구조 - 피해의 최소성 원칙을 중심으로 -", 저스티스 제163호(2017. 12.), 제75-131쪽.

한 출발점이 될 수 있다. 이 책에서는 위헌법률심판이나 헌법소원심판 등 소송의 종류를 불문하고, 사법부가 법률의 위헌 여부를 심사하는 경우(이하에서는 이를 아울러 '법률의 위헌 여부 심사'라 한다)에 한정하여 논의를 전개한다.

또한 이 책은 법률의 위헌 여부 심사 과정에서 헌법상 권리의 침해 여부를 판단하기 위해 4단계 하위 원칙으로 구성된 과잉금지원칙을 적용하기로 결정을 내린 이후의 상황에 대해서만 살펴본다. 따라서 헌법상 권리의 침해 여부 이외의 사정으로 법률의 위헌 여부가 논란인 경우는 살펴보지 않고, 과잉금지원칙을 적용할지 여부가 결정되기 이전의 상황 역시 이 책의 범위를 벗어난다.[36] 따라서 예컨대 평등권 침해 여부와 같이, 과잉금지원칙을 적용할지에 논란이 있는 경우는 원칙적으로 살펴보지 않는다.

요컨대, 이 책의 연구범위는 4단계 하위 원칙으로 구성된 과잉금지원칙을 적용하여 법률의 헌법상 권리 침해 여부를 판단하기로 결정한 이후에, 특히 피해의 최소성 원칙, 법익의 균형성 원칙의 세부적인 논증구조를 구체적으로 어떻게 설정해야 하는지, 그리고 입법재량을 고려하여 과잉금지원칙의 적용강도를 어떻게 조절해야 하는지에 한정하는 것을 원칙으로 한다. 이러한 테두리 내에서 이 책의 제2장에서는 과잉금지원칙의 일반이론을 구축한다. 제3장에서는 캐나다 연방대법원과 대한민국

---

36) 과잉금지원칙의 적용 범위에 관해서는 김대환, "헌법재판의 심사기준의 다양화 가능성과 과잉금지원칙의 헌법적 근거", 세계헌법연구 제12집 제2권(2006. 12.), 제28-33쪽; 문재완, 위의 논문(2018), 제29-43쪽; 전종익, "위헌심판의 심판기준 - 선거운동과 표현의 자유를 중심으로 -", 서울법학 제18호(2010), 제253-254쪽; Stephen Gardbaum 2017, *op. cit.*, pp. 228-237; Katharine Young, "Proportionality, Reasonableness and Economic and Social Rights", *Proportionality: New Frontiers, New Challenges*, ed. Vicki Jackson, Mark Tushnet, Cambridge University Press(2017), pp. 256-260 각 참조. 또한, 기본권의 종류를 불문하고 적용 가능한 통합적인 기본권침해 여부 판단 방법에 관해서는 장선미, 사회적 기본권의 실현구조에 관한 연구, 이화여자대학교 박사학위논문(2019), 제220-241쪽 참조.

헌법재판소의 과잉금지원칙 적용 실무를 살펴본다. 끝으로 제4장에서는 이 연구를 통해 해명한 내용을 종합하여 정리한 다음, 과잉금지원칙 연구의 좌표를 점검하고 앞으로의 연구 방향을 전망하기로 한다.

# 제2장
## 과잉금지원칙의 이론

## 제1절 이론적 분석의 토대

과잉금지원칙은 심판대상조항이 위헌인지 아닌지라는 법적 판단의 도구이다. 과잉금지원칙의 적용도 법적 판단이므로, 일반적인 법적 판단의 단계적 구조를 살펴봄으로써 과잉금지원칙에 대한 이론적 분석의 방향을 잡을 수 있다. 이하에서는 법적 판단의 단계적 구조와 법률의 위헌여부 판단의 단계적 구조를 차례로 살펴본 다음 과잉금지원칙의 논증구조와 적용강도라는 이론적 분석의 토대를 정립하기로 한다.

### Ⅰ. 법적 판단의 단계적 구조

법적 판단은 판단 대상인 사회적 사실이 위법/적법의 둘 중 어디에 해당되는지를 가리는 것을 목표로 하는 판단작용이다.[1] 순수하게 이론적인 관점에서 보면 법적 판단은 크게 ① 적용할 법규범 선택, ② 포섭의 2단계로 이루어진다. 하지만, 법적용의 실무에서는 포섭을 통해 위법 또는 적법의 결론을 얻어내기가 어려운 경우가 종종 발생한다. 그 원인은 사실적인 측면에서는 증거의 부족에서 발생하는 사실 인정의 불확실성 때문이고, 규범적인 측면에서는 법규범이 정하는 경계의 모호함에서 발생하는 규범 적용의 불확실성 때문이다.

중립적인 법관이 합리적인 이유에 근거하여 적법과 위법이라는 일도양단의 결론을 냄으로써 최종적인 유권적 분쟁해결을 목표로 하는 법적

---

[1] 니클라스 루만/윤재왕 옮김, 사회의 법, 새물결(2014), 제80, 93, 100, 103-105, 124-125, 136-137쪽; Niklas Luhman, "Law as a Social System", *Northwestern University Law Review* Vol. 83(1989), pp. 139-140; 아르투어 카우프만 지음/김영환 옮김, 법철학, 나남(2007), 제490-492쪽. 이 점을 포섭과 연관지은 설명으로, 이재홍, 위의 논문(2017. 12.), 제76-77쪽 참조.

판단에 '불확실성', 특히 규범 적용의 불확실성이 있다는 점을 인정하기는 심정적으로 어려운 측면이 있다. 하지만, 법규범의 본질을 생각하면, 규범 적용의 불확실성을 피하기 어려움을 알 수 있다. 법규범은 '위법/적법'이라는 불연속적인 2원적 단절을 만들어내기 위해 인간이 인위적으로 그은 경계선에 불과한 반면, 실제로 발생하는 사회적 사실은 그러한 인위적인 경계와 상관없이 연속적으로 일어난다.[2] 따라서 불연속적인 경계선의 어느 편에 속하는지가 불확실한 영역이 생기게 마련이고, 이 영역에 대해서는 적법 또는 위법 판단이 확실하지 않다.[3] 법규범의 이러한 불확실성은 궁극적으로는 언어라는 인위적인 '차이의 체계(system of difference)'에 본질적으로 내재해 있다. 따라서 법규범이 언어를 도구로 사용하는 이상 불확실성을 피하기는 쉽지 않다.[4]

법적 판단은 위법 또는 적법이라는 결론을 내놓아야 하고, 판단불능이라는 결론을 내는 것은 허용되지 않는다. 이에 따라, 만약 불확실성이 없었다면 승소할 수 있는 당사자도 불확실성 때문에 패소할 위험이 발생한다. 사실 인정의 불확실성에 관하여 이러한 위험을 누구에게 부담시킬 것인지는 통상 증명책임 분배 원칙에 의해 해결한다.[5] 법적용의 불

---

[2] 법질서가 현실세계를 미리 완벽하게 담아내는 것은 불가능하다는 카우프만의 견해 참조(아르투어 카우프만/김영환 옮김, 위의 책(2007), 제144, 213쪽).
[3] 윤재왕, "권력분립과 언어 - 명확성원칙, 의미론 그리고 규범적 화용론 -", 강원법학 제44권(2015), 제442쪽.
[4] 언어의 불확정성에 관해서는 페르디낭 드 소쉬르/최승언 옮김, 일반언어학 강의, 민음사(1990), 제94쪽; 윤재왕, 앞의 논문(2005), 제457-465쪽 각 참조. 언어의 불확정성에 따른 시간적 의미 변화에 관해서는 한스게오르크 가다머/이길우·이선관·임호일·한동원 옮김, 진리와 방법2, 문학동네(2012), 제220-225쪽 참조. Rawls는 개념의 불확정성을 정치적 의사결정상의 판단의 부담(burdens of judgment)으로 파악한다(존 롤스/장동진 옮김, 정치적 자유주의, 동명사(2016), 제148-153쪽). 의사소통 과정에서의 불확실성과 법률의 관계에 관해서는 Norbert Wiener, The Human Use of Human Beings: Cybernetics and Society, Da Capo Press(1954), p. 103, pp. 110-111 참조.
[5] 김홍엽, 민사소송법, 박영사(2018), 제697-698쪽.

확실성은 문리적 해석, 논리적 해석, 역사적 해석, 체계적 해석, 목적론적 해석과 같은 법해석 원칙을 통해 해결한다.[6] 결국, 불확실성이 발생하지 않는 경우에는 단순한 포섭으로도 법적 판단을 할 수 있지만, 불확실성이 발생한 경우에는 당해 사안에 적용되는 규범 이외에 증명책임 분배 원칙이나 법해석 원칙을 동원하여 불확실성을 해소해야 비로소 법적 판단의 결론에 도달할 수 있다. 이러한 관점에서, 법적 판단 과정 전체를 포괄할 수 있는 법적 판단의 단계적 구조는 ① 적용할 법규범의 선택, ② 선택한 법규범의 적용, ③ 법규범 적용시 발생하는 불확실성 해소의 3단계로 구조화할 수 있다.

## II. 법률의 위헌 여부 판단의 단계적 구조

법률의 위헌 여부 판단도 법적 판단의 일종이므로, 위와 같은 3단계 판단 구조에서 벗어나지 않는다. 즉, 법률에 대한 위헌 여부 판단은 ① 위헌심사척도의 선택, ② 선택한 위헌심사척도의 적용, ③ 위헌심사척도 적용시 발생하는 불확실성 해소의 3단계 판단을 순차로 진행하는 구조로 이루어진다(이하에서는 위 각 단계를 '위헌심사척도 선택 단계', '위헌심사척도 적용 단계', '불확실성 해소 단계'라고 부르기로 한다). 제1단계인 '위헌심사척도 선택 단계'는 어떠한 위헌심사척도를 선택하여 위헌 여부를 판단할 것인지를 고르는 단계이다. 즉, 위헌 여부 판단을 위해 과잉금지원칙을 적용할지, 합리성심사를 할지, 죄형법정주의의 명확성 원칙을 기준으로 삼을지, 평등원칙을 적용할 것인지 등을 결정하는 단계가 '위헌심사척도 선택 단계'이다. 우리 헌법재판소의 결정례에서 종종

---

[6] 형법해석의 한계로 법문언의 가능한 의미, 근거지움의 가능성, 법익보호 원칙, 책임 원칙, 비례성 원칙, 보충성 원칙, 소급효금지 원칙 등을 드는 견해로, 양천수, "형법해석의 한계 - 해석논쟁을 중심으로 하여 -", 인권과 정의 제379호 (2008. 3.), 제155-158쪽.

발견할 수 있는 '법률에 의해서 구체적으로 형성되는 권리로서 폭넓은 입법형성의 자유가 인정되므로 입법형성권이 명백히 일탈되었는지 여부를 심사한다.'는 표현이 위헌심사척도 선택 단계에 해당된다.[7]

다음으로 제2단계인 '위헌심사척도 적용 단계'는 선택한 위헌심사척도를 심판대상조항에 적용하는 단계이다. 이는 일반적인 소송에서 법관이 법률조항을 사실관계에 적용하는 포섭과 본질적으로 유사하다. 예컨대 과잉금지원칙을 위헌심사척도로 정했다면, 이를 심판대상조항에 적용하는 것이 '위헌심사척도 적용 단계'이다.

대개의 경우 위와 같은 2단계 판단만으로 합헌 또는 위헌의 결론을 도출할 수 있다. 그러나 위헌심사척도의 적용 결과가 합헌인지, 위헌인지가 불확실한 경우가 발생할 수 있다. 심판대상조항이 합헌과 위헌의 경계선에 가까워지면 가까워질수록 과잉금지원칙을 위헌심사척도로 정해 이를 적용하는 것만으로는 합헌 또는 위헌의 결론을 자신 있게 내리기 어려워진다.[8] 이러한 불확실한 상황에서는 세 번째 판단 단계인 '불확실성 해소 단계'를 수행해야 비로소 합헌 또는 위헌의 결론을 내릴 수 있다.

과잉금지원칙 역시 법규범의 일종이므로 불확실성을 피하기 어렵다. 예컨대 법익의 균형성 원칙을 '심판대상조항에 의해 달성되는 입법목적의 구체적인 가치와 심판대상조항에 의해 제한되는 헌장상 권리의 구체적인 가치 사이에 적절한 균형관계가 있어야 한다'고 정해 놓아도, 구체적인 사안에서 어디까지를 균형 상태로 판단할 수 있는지 그 경계를 정하는 것은 쉬운 일이 아니다. 이러한 불확실성은 과잉금지원칙의 다른

---

7) 예컨대, 헌재 2016. 2. 25. 2015헌바191, 판례집 28-1상, 156, 168, 169. "입법형성의 자유가 인정되는 경우 과잉금지원칙은 적용되지 않는다."와 같은 견해[정종섭, 위의 책(2018), 제387쪽]도 위헌심사척도 선택단계에 관한 것이다.
8) 그 대표적인 예가 '인식론적 불확실성'이다. 과잉금지원칙에서의 인식론적 불확실성에 관해서는 특히 Robert Alexy 2002, *op. cit.*, p. 420; Alan Brady 2012, *op. cit.*, p. 20; Julian Rivers 2007a, *op. cit.*, p. 178 각 참조.

하위 원칙 판단에 있어서도 발생한다. 예컨대, 수단의 적합성 원칙에서는 심판대상조항이 입법목적을 달성하는지에 불확실성이 발생할 수 있다.9) 또한 피해의 최소성 원칙에서 입법목적을 달성하면서도 덜 제한적인 대안이 있는지를 살피려면, 입법목적 달성의 정도와 헌장상 권리 제한의 정도를 측정해야 하는데, 이러한 측정에는 불확실성이 개입할 여지가 있다.10) 나아가 측정의 불확실성을 해결했다 하더라도, 심판대상조항과 입법대안의 입법목적 달성정도가 같은지, 기본권 제한 정도가 덜한지를 비교하는 과정에서도 불확실성이 발생할 수 있다. 특히 과잉금지원칙 판단은 과거의 사실은 물론이고 입법자의 예측판단의 당부를 다루는 경우도 많기 때문에 다른 법규범에 비해 판단의 불확실성이 더욱 크다.

## III. 위헌심사척도

여러 가지 종류의 과잉금지원칙 적용방법을 일반화시켜 최소한의 공통점을 추출해 보면 '과잉금지원칙의 적용은 심판대상조항을 위헌 또는 합헌으로 분류하는 판단작용이다'가 된다. 즉, 과잉금지원칙의 적용은 아래 〈그림 1〉과 같이 심판대상조항을 과잉금지원칙이라는 함수 상자에 집어넣어(input), 합헌 또는 위헌의 결론을 얻어내는 것이다(output).

---

9) Alan Brady 2012, *op. cit.*, p. 70.
10) *Ibid.*, pp. 70-71. 공익의 존부 및 수단의 적합성 원칙과 피해의 최소성 원칙에서는 예측판단에 관해 불확실성이 발생할 수 있다는 견해로, 한수웅, 위의 책 (2019), 제492-493쪽; 한수웅, "규범통제제도의 형성과 발전 - 규범통제 심사기준과 심사밀도를 중심으로 -", 헌법논총(2008), 제343-344쪽; 손상식, "법률에 의해 구체화되는 기본권의 심사기준과 심사강도", 전북대학교 법학연구소 법학연구 제43집(2014. 12.), 제139-147쪽. 수단의 적합성 원칙과 피해의 최소성 원칙에 있어서 예측판단과 입법자에 대한 평가의 여지에 관해서는 계희열, 위의 책 (2007), 제156-158쪽.

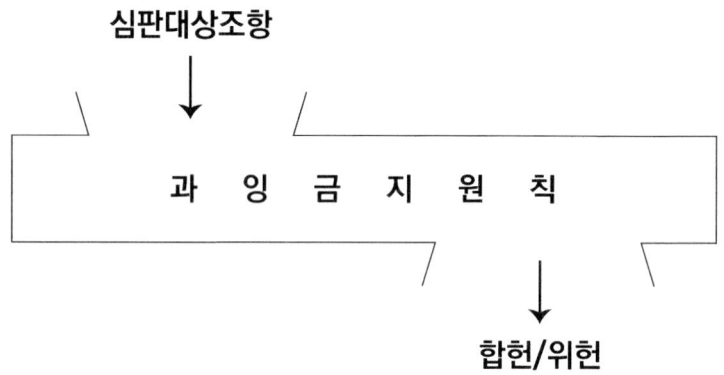

〈그림 1〉 과잉금지원칙적용의 구조

　이 책은 과잉금지원칙의 논증구조를 분석하는 것을 주된 연구범위 중 하나로 삼는데, 이는 위와 같은 함수상자 안에서 벌어지는 판단작용의 구체적인 기준이 무엇인지 낱낱이 밝히는 작업이다. '과잉금지원칙 적용'의 본질이 심판대상을 합헌 또는 위헌으로 분류하는 것이므로, 과잉금지원칙을 적용하려면 일단 분류의 기준이 필요하다. 이 책에서는 법률을 위헌 또는 합헌으로 분류하는 기준을 '위헌심사척도'라고 부르기로 한다.[11] 예컨대, 사과를 대칭이 잘 맞아 상품가치가 있는 것과 대칭성을 잃어 상품가치가 없는 것으로 분류하는 상황을 가정하면, '대칭성'과 같은 분류의 기준이 바로 위헌심사척도에 해당된다. 사과를 상품성이 있는 것과 없는 것으로 분류하는 기준은 '대칭성' 외에도 '크기', '흠집의 개수' 등 여러 가지가 있을 수 있다. 이러한 기준들이 모두 위헌심사척도에 해당된다. 법률을 합헌 또는 위헌으로 분류하는 기준도 과잉금지원칙, 영

---

11) 이에 관한 용어는 통일되어 있지 않다(김문현, 김주환, 임지봉, 정태호, 위의 책 (2008), 제2-4쪽; 정영훈, 직업의 자유 침해 여부에 대한 심사기준 - 자격제도에 의한 직업의 자유 제한을 중심으로 -, 헌법재판소 헌법재판연구원(2014), 제41쪽; 손상식, 위의 논문(2014. 12.), 제130쪽; 김대환, "과잉금지원칙의 적용강도 - 비교법적 검토를 포함하여 -", 헌법학연구 제18집 제2권(2012), 제302, 310쪽].

장주의, 죄형법정주의의 명확성원칙 등 여러 가지가 있고, 이들 각각이 위헌심사척도에 해당된다. 과잉금지원칙은 여러 위헌심사척도 중 하나이다.

예컨대, 법익의 균형성 원칙은 '**심판대상조항에 의해 달성되는 입법목적의 구체적인 가치**와 **심판대상조항에 의해 제한되는 헌법상 권리의 구체적인 가치** 사이에 적절한 균형관계가 있어야 한다'는 명제로 표현할 수 있다. 이 역시 합헌과 위헌을 분류하는 기준이므로, 법익의 균형성 원칙도 위헌심사척도에 해당된다. 즉, 법익의 균형성 원칙은 과잉금지원칙이라는 위헌심사척도의 하위 위헌심사척도이다.

여기에서 주의할 점은 위헌심사척도에 따른 판단결과는 '위헌심사척도에 부합한다'와 '위헌심사척도에 부합하지 않는다'의 둘 중 하나라는 점이다. 이러한 성질은 Alexy가 주장하는 '원리(principle)'들 사이의 균형 여부를 판단하는 위헌심사척도인 법익의 균형성 원칙 역시 마찬가지이다. Alexy의 주장대로 원리는 최대실현을 요구하는 것이므로 그 실현정도에는 다양한 스펙트럼이 있다 하더라도, 원리들 사이의 균형이 달성되었는지 여부를 심사하는 척도인 법익의 균형성 원칙의 적용 결과는 '예' 혹은 '아니오'의 둘 중 하나일 뿐이다. 요컨대 위헌심사척도는 Alexy가 말하는 '규칙(rule)'의 성질을 띤다.

위헌심사척도의 '규칙(rule)'으로서의 속성 때문에 위헌심사척도는 형사실체법상 구성요건이나 민사실체법상 법률요건과 같이 적법/위법을 가르는 경계선의 역할을 한다. 따라서 어느 두 위헌심사척도가 서로 같은지 다른지는 경계선의 모양이 어떠한지, 다시 말해 위헌심사척도의 구체적인 내용이 어떠한지에 따라 판단하여야만 한다. 예컨대 형법 제307조 제1항의 사실적시 명예훼손과 같은 조 제2항의 허위사실적시 명예훼손이[12] 모두 '명예훼손죄'로 불리고 제307조에 함께 묶여 규정되어 있다

---

12) 제307조(명예훼손) ①공연히 사실을 적시하여 사람의 명예를 훼손한 자는 2년 이하의 징역이나 금고 또는 500만 원 이하의 벌금에 처한다.
  ②공연히 허위의 사실을 적시하여 사람의 명예를 훼손한 자는 5년 이하의 징

고 하더라도, 양자는 엄연히 서로 다른 별개의 구성요건을 가진 죄이다. 즉, 공소사실에 적시된 행위가 형법 제307조 제1항에 위반되어 위법인지, 아니면 같은 조 제2항에 위반되어 위법인지는 서로 다른 기준에 의한 판단이다. 마찬가지 이치로, 피해의 최소성 원칙을 생략한 과잉금지원칙과 피해의 최소성 원칙이 포함된 과잉금지원칙은 '과잉금지원칙'이라는 이름을 공유할 뿐, 양자는 서로 다른 위헌심사척도이다.

## Ⅳ. 위헌심사강도

'위헌심사척도 선택 단계'에서 어떠한 위헌심사척도를 선택할지를 결정하는 기준은 매우 다양하다. 예컨대, 심판대상조항이 형벌법규인지 아닌지에 따라 죄형법정주의의 명확성원칙을 사용할지 말지를 정한다거나, 심판대상조항에 의한 실체적 헌법상 권리의 제한은 없지만 상대적 박탈감은 생기는 경우인지에 따라 평등원칙 적용 여부를 정하는 것과 같은 것이 이에 해당된다.[13]

그런데 경우에 따라서는 '입법재량' 혹은 '입법형성의 자유'가 '위헌심사척도 선택 단계'에서 과잉금지원칙이라는 위헌심사척도의 선택 여부를 판단하는 기준으로 작용하는 경우도 있다.[14] 예컨대, 우리나라 헌법재판소는 아래와 같이 입법형성의 자유를 기준으로 과잉금지원칙을 위헌심사척도로 선택할 것인지 판단한다.

사회적 기본권의 성격을 가지는 기초연금수급권은 법률에 의해서 구체적으

---

역, 10년 이하의 자격정지 또는 1천만 원 이하의 벌금에 처한다.
13) 실체적 권리의 제한과 평등권 제한의 관계에 관해서는 이재홍, "헌법 제37조 제2항에 규정된 '자유와 권리의 제한'의 해석론 – 인과관계, 기본권상대방, 그리고 착시제한 –" 저스티스 제182-1호, 한국법학원(2021. 2.), 제79-108쪽 참조.
14) 정종섭, 위의 책(2018), 제387쪽.

로 형성되는 권리로서, 국가가 재정부담능력과 전체적인 사회보장 수준 등을 고려하여 그 내용과 범위를 정하는 것이므로 폭넓은 입법형성의 자유가 인정된다. 따라서 심판대상조항이 헌법 제34조의 인간다운 생활을 할 권리를 침해하였는지 여부는 입법자에게 부여된 입법형성권이 명백히 일탈되었는지 여부에 달려 있다 할 것이다.[15]

이 경우 좀 더 면밀한 심사가 가능한 위헌심사척도를 선택하면 위헌의 결론에 이를 가능성이 높아지고, 면밀한 심사가 어려운 위헌심사척도를 선택하면 합헌의 결론에 이를 가능성이 높아진다. 즉, 위헌심사척도는 경우에 따라 입법형성의 자유 혹은 입법재량을 고려하여 선택할 수 있고, 그 선택에 따라 합헌/위헌의 결론에 이를 가능성이 달라진다. 이와 같이 특정 위헌심사척도를 선택함으로써 결정되는 위헌의 결론에 이를 경향성의 정도를 '위헌심사강도'로 개념화할 수 있다.

위헌심사강도는 위헌심사척도 선택과 항상 연결되는 것이 아니라 과잉금지심사와 합리성심사 사이의 선택과 같이 특정한 경우에만 관련이 있다. 또한 위헌심사강도는 위헌심사척도의 적용 전에 위헌심사척도를 고르는 단계에서 문제되므로, 위헌심사척도를 선택한 후 이를 적용하는 과정에서 발생하는 불확실성의 해소와는 아무런 관련이 없다. 위헌심사강도는 이와 같은 측면에서 후술할 위헌심사척도의 적용강도와 분명히 구별된다.

---

[15] 헌재 2016. 2. 25. 2015헌바191, 판례집 28-1상, 156, 168, 169. 재판청구권에 관하여 과잉금지원칙 대신 합리성원칙을 위헌심사기준으로 선택하면서 광범위한 입법형성권을 근거로 드는 예로, 헌재 2014. 2. 27. 2013헌바178, 판례집 26-1상, 293, 299, 300.

## V. 과잉금지원칙의 적용강도

위헌심사척도와 위헌심사강도는 모두 '위헌심사척도 선택 단계'에 관한 개념이다. 이와 구별하여 '불확실성 해소 단계'에서 입법재량을 고려하여 정하는 위헌 결론에의 경향성의 정도를 가리켜 '위헌심사척도의 적용강도'로 개념화할 수 있다. 이는 위헌심사척도의 적용에서 발생하는 불확실성을 해결하기 위하여 심판대상조항을 가급적 합헌으로 볼 것인지, 아니면 위헌으로 볼 것인지의 판단의 경향성을 정하는 것이다. 과잉금지원칙은 물론이고 죄형법정주의의 명확성원칙이나 포괄위임금지원칙 등 어떠한 위헌심사척도를 선택하든 간에 그 적용 과정에서 발생하는 불확실성을 해결하려면 해당 위헌심사척도의 적용강도를 결정할 필요가 있다.

과잉금지원칙이라는 위헌심사척도를 사용하는 법률의 위헌 여부 심사에서도 사실인정의 측면에서 불확실성이 발생한다. 예컨대, 수단의 적합성 원칙 및 피해의 최소성 원칙 판단에 있어 '이 법률이 입법목적에 기여할 것인지에 관한 입법자의 예측판단'에 관해서는 사실인정의 측면에서 불확실성이 생길 수 있다. 나아가 '심판대상조항과 입법대안의 입법목적 달성 정도가 같은지 다른지(피해의 최소성 원칙)', '헌법상 권리 제한과 입법목적 달성 정도 중 어느 쪽을 더 무겁게 평가할지(법익의 균형성 원칙)'와 같은 법적 평가의 측면에서도 불확실성이 발생한다.[16] 이러한 불확실성이 있다고 해도 사법부는 '판단불가'라는 결론을 낼 수는 없다. 이때 사실적, 규범적 불확실성은 입법부의 판단을 어느 정도 존중할지 즉, 입법재량의 존중 정도를 정함으로써 해소할 수 있다.[17] 입법부

---

[16] Schlink는 이 점을 과잉금지심사의 첫 번째 단점으로 꼽고, 판단의 주관성을 두 번째 단점으로 꼽는다(Bernhard Schlink 2012, *op. cit.*, p. 299).

[17] 이는 우리 판례에서는 '입법형성권'으로, 영미에서는 'deference', 'margin of appreciation', 'margin of discretion', 'variable intensity of review', 'sliding scale of review'와 같은 개념으로 논의된다.

의 판단을 존중하는 정도는 곧 위헌의 결론에 이를 경향성의 정도와 같다. 따라서 과잉금지원칙을 위헌심사척도로 선택한 후 그 적용과정에서 발생하는 불확실성을 해결하기 위하여 정하는 위헌의 결론에 이를 경향성의 정도를 과잉금지원칙의 적용강도로 개념화할 수 있다.

이 책에서는 과잉금지원칙 적용시 '불확실성 해소 단계'에서 입법재량을 고려하여 정하는 위헌 결론에의 경향성의 정도를 명확히 구별하여 지칭하기 위해 '과잉금지원칙의 적용강도'라는 용어를 사용하기로 한다. 과잉금지원칙의 적용강도는 불확실성에 따르는 오판의 위험을 입법부가 부담할지, 사법부가 부담할지의 문제이므로, 입법재량의 존중 정도에 따라 정해진다. 예컨대, 우리나라 판례에서는 피해의 최소성 원칙의 적용강도를 다음과 같이 다룬다(밑줄은 필자).

> 기본권을 제한하는 법률의 위헌성여부가 미래에 나타날 법률 효과에 달려 있다면, 헌법재판소가 과연 어느 정도로 이에 관한 입법자의 예측판단을 심사할 수 있으며, 입법자의 불확실한 예측판단을 자신의 예측판단으로 대체할 수 있는 것일까? (중략) 개인이 기본권의 행사를 통하여 일반적으로 타인과 사회적 연관관계에 놓이는 경제적 활동을 규제하는 사회·경제 정책적 법률을 제정함에 있어서는 입법자에게 보다 광범위한 형성권이 인정되므로, 이 경우 입법자의 예측판단이나 평가가 명백히 반박될 수 있는가 아니면 현저하게 잘못되었는가 하는 것만을 심사하는 것이 타당하다고 본다.[18]

## VI. 위헌심사강도와 과잉금지원칙의 적용강도의 비교

위헌심사강도와 과잉금지원칙의 적용강도는 모두 입법재량과 관련 있고,[19] 각각의 강도를 강하게 하면 위헌의 결론이 나오기 쉽게 되고, 약

---

18) 헌재 2002. 10. 31. 99헌바76등, 판례집 14-2, 410, 432, 433.

하게 하면 합헌의 결론이 나오기 쉽게 되는 공통점이 있다. 이러한 이유 때문에 양자를 구별하지 않고 논의하는 경우도 있다.[20] 그러나 위헌심사강도와 과잉금지원칙의 적용강도는 작용하는 판단단계가 각각 '위헌심사척도 선택 단계'와 '불확실성 해소 단계'로 서로 다르다.

위헌심사강도는 위헌심사척도 선택 단계에서 고려되는 입법재량 존중 정도에만 관련이 있다. 위헌심사척도 선택은 민, 형사 소송의 경우 계약책임을 물을지 불법행위책임을 물을지, 형법상 수뢰죄를 적용할지 특정범죄 가중처벌 등에 관한 법률상 수뢰죄를 적용할지와 같은 위법 여부를 가르는 적용법조의 선택에 상응한다. 다만, 민사소송이나 형사소송의 경우 적용법조의 선택에 있어 입법재량을 고려할 필요가 없다는 점이 다르다.

반면, 과잉금지원칙의 적용강도는 위헌심사척도가 이미 과잉금지원칙으로 정해졌음을 전제로 하여 그 적용과정에서 발생하는 불확실성을 해결하는 도구이므로 위헌심사척도 선택과는 무관하다. 과잉금지원칙의 적용강도는 민, 형사 소송에서의 증명책임과 유사한 기능을 한다. 법관이 불확실성에 직면하여 판단불능 상태에 이를 때 누구에게 오판으로 인한 위험을 부담시키고 결론을 낼 것인지를 해결하기 위한 것이 증명책임의 기능인데, 과잉금지원칙 적용에서는 과잉금지원칙의 적용강도가 그러한 기능을 담당한다.[21] 과잉금지원칙 적용 과정에서 불확실성을 마주한 재판관은 그 불확실성으로 인한 불이익을 입법부에게 부담시킬 것인지를 입법재량의 존중 정도를 고려하여 정한다.

위헌심사강도와 과잉금지원칙적용강도가 어떻게 작동하는지를 예를

---

19) 성정엽, 위의 논문(2013. 6.), 제18쪽.
20) 예컨대, 방승주, "헌법재판소의 입법자에 대한 통제의 범위와 강도 - 입법자의 형성의 자유와 그 한계에 대한 헌법재판소의 지난 20년간의 판례를 중심으로 -", 공법연구 제37집 제2호(2008. 12.), 제128-131쪽, 제150-152쪽.
21) 독일연방헌법재판소의 과잉금지원칙적용강도에 관한 3단계 구별인 명확성 통제, 납득가능성 통제, 내용통제가 입증책임 분배의 기준이라는 점에 관해서는, 이부하, 위의 논문(2013. 3.), 제18-19쪽.

들어 그림으로 나타내면 아래 〈그림 2〉와 같다. 위헌심사강도는 형사소송에서는 범죄에 적용할 형벌법규의 선택과 같은 기능을 하고 이는 실체법의 문제이다. 반면, 과잉금지원칙적용강도는 형사소송에서 무죄추정원칙과 같은 기능을 하므로, 이는 소송법 차원의 논의이다.

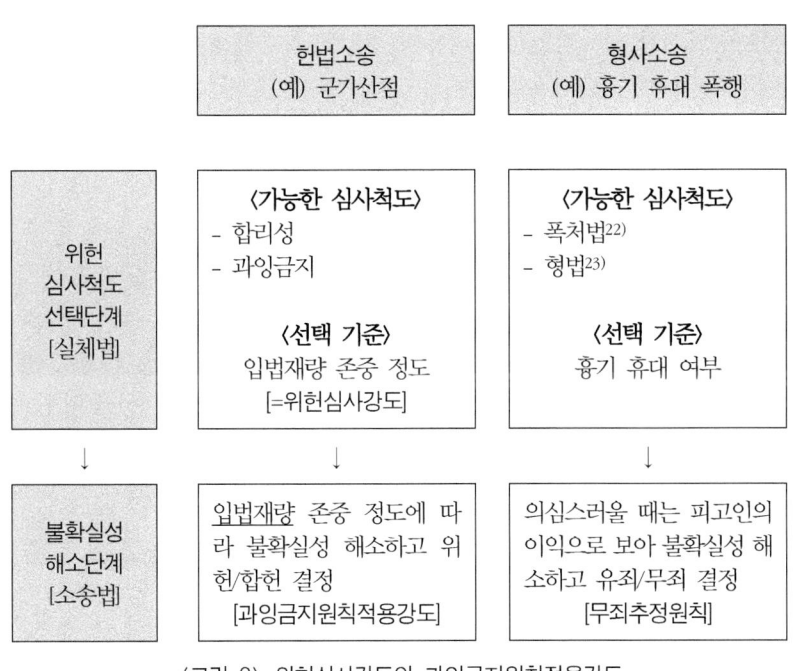

〈그림 2〉 위헌심사강도와 과잉금지원칙적용강도

이와 같이 위헌심사강도는 위헌심사척도의 선택과 관련이 있고, 과잉

---

22) 헌법재판소의 위헌결정에 따라 2016. 1. 6 법률 제13718호로 개정되기 전의 폭력행위 등 처벌에 관한 법률 제3조 제1항(밑줄은 필자) "단체나 다중(多衆)의 위력(威力)으로써 또는 단체나 집단을 가장하여 위력을 보임으로써 제2조제1항 각 호에 규정된 죄를 범한 사람 또는 흉기나 그 밖의 위험한 물건을 휴대하여 그 죄를 범한 사람은 제2조 제1항 각 호의 예에 따라 처벌한다."
23) 형법 제260조 제1항 "사람의 신체에 대하여 폭행을 가한 자는 2년 이하의 징역, 500만 원 이하의 벌금, 구류 또는 과료에 처한다."

금지원칙의 적용강도는 선택한 위헌심사척도의 적용과정에서 발생하는 불확실성과 관련이 있으므로, 위헌심사강도를 정당화하는 사유와 과잉금지원칙의 적용강도를 정당화하는 사유는 다르다. 위헌심사강도, 즉 과잉금지원칙이라는 위헌심사척도를 선택할지 여부는 입법재량 존중 정도는 물론이고, 일반적 법률유보조항(우리의 경우, 헌법 제37조 제2항)의 해석론,[24] 제한되는 기본권에 적용되어야 할 특수한 위헌심사척도의 존재 여부(예컨대, 수용에 의한 재산권 제한에 관한 헌법 제23조 제3항) 등을 복합적으로 고려하여야 한다. 반면, 과잉금지원칙의 적용강도는 판단의 불확실성으로 인한 불이익을 입법자에게 부과할 것인지에만 관련이 있으므로, 입법재량 존중의 정도만 고려하는 것으로 족하다.

이와 같이 양자를 구별해야, 충분한 이유 제시 없이 과잉금지원칙이라는 위헌심사척도를 선택하거나 선택하지 않는 것을 방지할 수 있음은 물론이고, 과잉금지원칙 적용과정에서 발생하는 불확실성을 은연중에 무시하는 것을 막을 수 있다. 또한 이와 같이 양자가 분명히 구별되기 때문에, 예컨대 입법재량을 감안하여 합리성심사와 과잉금지심사 중 과잉금지심사라는 보다 엄격한 위헌심사척도를 선택하였다 하더라도(위헌심사척도 선택 단계), 과잉금지원칙의 적용은 엄격하게 할 수도 있고, 완화해서 할 수도 있다(불확실성 해소 단계).

형사소송에서 유/무죄가 불확실한 경우 무죄추정원칙에 따라 가급적 무죄로 판단한다고 해서 자의적인 재판으로 볼 수 없듯이, 법률에 대한 위헌 여부 심사를 하는 헌법소송에서 과잉금지원칙 위반 여부가 불확실한 경우 입법재량의 크기에 따라 가급적 합헌으로 혹은 가급적 위헌으로 판단한다고 하여 이를 자의적인 재판이라고 보기는 어렵다. 언제 가급적 합헌으로 볼 것인지, 언제 가급적 위헌으로 볼 것인지의 기준을 정해 두고, 사건마다 위헌 또는 합헌의 경향성을 택한 합리적인 이유를 밝

---

[24] 특히, 우리 헌법 제37조 제2항에 있어서는 기본권 제한의 개념이 중요하다. 이에 관해서는 이재홍, 앞의 논문(2021. 2.), 제79-108쪽 참조.

힌다면, 재판관의 자의가 개입하기는 어려워지기 때문이다.

위헌심사강도와 과잉금지원칙의 적용강도를 구별하면, 과잉금지원칙의 적용강도 조절의 이유 제시가 용이해질 뿐 아니라, 그 이유를 제시하지 않는 것이 구조적으로 어려워진다. 결정문에 위헌심사강도 선택의 이유만 제시하고 과잉금지원칙의 적용강도 선택의 이유를 제시하지 않으면 금방 눈에 띄기 때문이다. 특히, 같은 사건에서도 위헌심사강도와 과잉금지원칙의 적용강도의 정당화 사유나, 구체적인 강도는 서로 달라질 수 있으므로, 양자를 명확히 구별함으로써 양자 모두에 대해 왜 그러한 수준의 강도를 선택하였는지에 대해 구체적인 근거를 제시할 수 있다. 이를 통해 과잉금지원칙에 대한 비판론 중 하나인 임시변통적 형량(ad hoc balancing)에 대해서도 효과적인 반박을 할 수 있다.

## VII. 소결

과잉금지원칙을 적용하려면, 우선 과잉금지원칙을 비롯한 여러 가지 선택 가능한 위헌 여부 판단 기준들 중에 과잉금지원칙을 고르는 판단 작용이 선행되어야 하고, 다음으로 과잉금지원칙의 구체적인 내용을 알아야 하며, 끝으로 과잉금지원칙 적용 과정에서 판단 불능의 상황에 직면하였을 때 이를 해결할 기준이 있어야 한다. 이 책에서는 과잉금지원칙과 같이 위헌 여부를 판단하는 기준들을 통칭하기 위하여 위헌심사척도라는 개념을 상정하였다. 여러 가지 위헌심사척도 중 어느 하나를 선택함에 있어 입법재량을 고려할 수도 있는데, 그 결과 특정 위헌심사척도를 선택함으로써 합헌 또는 위헌의 결론에 이를 경향성이 달라지는 정도를 위헌심사강도로 정의하였다. 위헌심사척도와 위헌심사강도는 모두 과잉금지원칙을 적용하기로 결정하기 이전에 이루어지는 판단 작용과 관련이 있다.

일단 과잉금지원칙을 위헌심사척도로 선택한 후에는 과잉금지원칙의 구체적인 내용을 알아야 하는데, 이 책에서는 이를 가리키는 개념으로 '과잉금지원칙의 논증구조'라는 용어를 상정하였다. 과잉금지원칙의 논증구조를 파악하고 나면 비로소 실제 사안에 과잉금지원칙을 적용할 수 있다. 그런데 그 적용과정에서 심판대상조항이 과잉금지원칙에 위반되는지 여부가 불확실하여 판단불능 상태에 이르는 경우가 생기기도 한다. 이 경우 입법재량 존중의 정도를 고려하여 판단불능 상태를 해소할 수 있는데, 이 책에서는 이 단계에서 비로소 작용하는 입법재량 존중의 정도를 '과잉금지원칙의 적용강도'로 정의하였다.
　이상과 같은 이 책의 단계적 접근법과 달리 위와 같은 판단 과정을 모두 아울러 과잉금지원칙의 적용으로 파악하고, 이 과정 모두에 적용될 수 있는 입법재량 존중의 정도에 관한 단일 이론을 모색하는 것도 생각해 볼 수 있다. 하지만 이 책은 입법재량 존중의 정도에 관하여 폭넓게 적용 가능한 통일적 이론을 구성하는 대신 입법재량 존중의 정도가 작용하는 국면을 단계적으로 나누어 이론화하는 방향을 채택하였다. 이 책에서 이와 같이 단계적인 접근법을 채택한 이유는 위헌심사척도의 선택이나 위헌심사강도 조절, 과잉금지원칙의 논증구조의 변형, 과잉금지원칙의 적용강도의 조절에 있어 입법재량이 공통적으로 작용할 수 있지만, 위 각 경우들 중에는 입법재량만을 논거로 제시하여서는 제대로 된 이유 제시라고 볼 수 없는 경우가 있기 때문이다. 또한, 같은 사건이라 하더라도 입법재량의 고려 결과가 위 각각의 경우마다 다를 수 있기 때문이다. 따라서 위 각 판단단계별로 입법재량이 어떻게 작용하는지, 입법재량 이외에 어떠한 요소를 고려하여야 하는지를 면밀히 밝히는 것이 과잉금지원칙 적용의 설득력을 높이는 방안이리라 생각한다.
　이제 이하에서는 위와 같이 정립한 기본 개념과 연구의 방향성을 기초로 하여 과잉금지원칙의 논증구조와 과잉금지칙적용강도에 대한 이론들을 차례로 살펴본다.

## 제2절 과잉금지원칙의 논증구조 이론

### Ⅰ. 개설

 과잉금지원칙의 논증구조를 단계적으로 구조화된 방식과 평면적으로 나열된 방식으로 나누어, 전자를 수직적 과잉금지심사, 후자를 수평적 과잉금지심사로 분류하기도 한다.25) 수직적 과잉금지심사란, 과잉금지원칙을 몇 가지 하위 원칙으로 구별하여 하위 원칙 충족 여부를 차례대로 심사하는 방식을 말한다. 우리 헌법재판소나 캐나다 연방대법원, 독일 연방헌법재판소의 과잉금지원칙 적용 방식이 그 대표적인 예이다.26) 수직적 심사의 가장 큰 특징은 과잉금지원칙을 단계적으로 구조화하여 각 단계의 위반 여부를 순서대로 판단한다는 점이다. 수직적 과잉금지심사는 나라마다 약간의 차이가 있으나 통상 목적의 정당성 원칙, 수단의 적합성 원칙, 피해의 최소성 원칙, 법익의 균형성 원칙의 4단계로 구조화된다.27)
 수직적 과잉금지심사의 경우 어느 한 단계를 통과하지 못했을 경우 다음 단계 판단으로 넘어갈 필요는 없다. 뒤의 판단 단계로 갈수록 판단의 난이도가 높아지므로, 쉬운 판단 단계부터 차례로 심사하는 수직적 과잉금지심사는 판단의 효율성 측면에서 장점이 있다.28) 그러나 실무상

---

25) Jonas Christoffersen, *Fair Balance: Proportionality, Subsidiarity and Primacy in the European Convention on Human Rights*, Martiuns Nijhoff Publishers(2009), pp. 69-71; Eva Brems, Laurens Lavrysen, "'Don't Use a Sledgehammer to Crack a Nut': Less Restrictive Means in the Case Law of the European Court of Human Rights", *Human Rights Law Review*, Volume 15, Issue 1(2015), p. 141.
26) Jonas Christoffersen, 2009, *op. cit.*, pp. 70-72 참조.
27) Matthias Klatt, Moritz Meister 2012, *op. cit.*, p. 8; Iryna Ponomarenko 2016a, *op. cit.*, pp. 1111-1112; Grant Huscroft, Bradley Miller, Grégoire Webber 2014, *op. cit.*, pp. 2-3.
28) 정종섭, 의위 책(2018), 제383쪽; 문재완, 위의 논문(2018), 제26쪽; 이재홍, 위의 논문(2017. 12.), 제98-102쪽 참조.

으로는 예컨대 피해의 최소성 원칙을 통과하지 못했다고 판단한 경우에도 법익의 균형성 원칙까지 판단해 주는 경우도 있다. 또한 같은 수직적 과잉금지심사라 하더라도 우리나라 유엔인권위원회와 같이 피해의 최소성 원칙에 논증을 집중하는 유형도 있고, 독일과 같이 법익의 균형성 원칙에 논증을 집중하는 유형도 있다.29)

이에 반해 수평적 과잉금지심사는 과잉금지원칙 위반 여부를 판정하는 요소들 사이에 특별한 순서를 두지 않고 뭉뚱그려 심사하는 방식을 말한다. 유럽인권재판소나 남아프리카공화국 헌법재판소의 과잉금지원칙 적용 방식이 수평적 과잉금지심사에 해당된다.30)

이와 같은 과잉금지원칙 적용의 다양한 흐름에서 보면 캐나다 연방대법원의 *Oakes* 심사는 수직적 과잉금지심사의 일종으로서 피해의 최소성 원칙에 논증을 집중하다가 2009년의 *Hutterian Brethren* 판결을31) 전후로 하여 법익의 균형성 원칙에 집중하는 판례들이 늘어나고 있는 상황이다.32) 한편, 우리나라 헌법재판소의 과잉금지원칙 적용은 피해의 최소성 부분에 논증이 집중되는 유형과 법익의 균형성 부분에 논증이 집중되는 유형이 혼재되어 있는 상황이다.

따라서 캐나다와 우리나라의 실무를 분석하기 위해서는 피해의 최소성 원칙과 법익의 균형성 원칙을 이론적으로 자세히 살펴볼 필요가 있다. 다만, 수직적 과잉금지심사에서는 피해의 최소성 원칙과 법익의 균형성 원칙을 판단하기 전에 목적의 정당성 원칙과 수단의 적합성 원칙을 판단하므로, 목적의 정당성 원칙과 수단의 적합성 원칙에 대해서 먼저 간략하게 살펴본 다음, 피해의 최소성 원칙 및 법익의 균형성 원칙에 관하여 자세한 이론적 분석을 하기로 한다.

---

29) Jochen von Bernstorff 2016, *op. cit.*, p. 74; Niels Petersen 2017, *op. cit.*, p. 84.
30) Jonas Christoffersen 2009, *op. cit.*, pp. 70-72; *S. v Manamela and Another* (CCT 25/99) [2000] ZACC 5 para. 32; Niels Petersen 2017, *op. cit.*, p. 86.
31) [2009] 2 SCR 567.
32) Patrick Macklem, Carol Rogerson et al. 2010, *op. cit.*, p. 778.

## II. 목적의 정당성 원칙과 수단의 적합성 원칙

### 1. 목적의 정당성 원칙

수직적 과잉금지심사의 첫 단계인 목적의 정당성 원칙은 심판대상조항의 입법목적이 헌법이 추구하는 가치에 어긋나지는 않는지 여부를 내용으로 한다. 다만, 목적의 정당성 원칙을 과잉금지원칙의 하위 위헌심사척도로 포함시켜야 하는지는 이론상 견해 대립이 있다.[33]

### 2. 수단의 적합성 원칙

다음 단계인 수단의 적합성 원칙은 심판대상조항이 입법목적 달성에 기여하는지를 내용으로 한다. 심판대상조항에 의해 입법목적 달성 정도가 조금이라도 높아진다면, 수단의 적합성은 인정된다. 즉, 수단의 적합성 원칙은 완전히 부적합한 수단을 배제하기 위한 것이다.[34]

수단의 적합성 원칙은 심판대상조항의 존재와 입법목적의 증진 사이에 조건적 인과관계가 인정되는지를 검증하는 것이다. 수단의 적합성 원칙을 만족시키기 위해 심판대상조항이 입법목적을 충분히 달성해야 하는 것도 아니고, 심판대상조항의 기본권 제한 정도가 합리적인 범위 내

---

33) 반대하는 견해로, 이준일, 위의 책(2019), 제352쪽; 정종섭, 위의 책(2018), 제383쪽; 한수웅, 위의 책(2019), 제486쪽; 문재완, 위의 논문(2018), 제26-27쪽; 허완중, 위의 논문(2019), 제25쪽; Robert Alexy 2017, op. cit., p. 19; Dieter Grimm 2007, op. cit., p. 388를, 찬성하는 견해로, 성낙인, 헌법학[제19판], 법문사(2019), 제965쪽; 성정엽, 위의 논문(2013. 6.), 제11-12쪽; Aharon Barak, "A Research Agenda for the Future", Proportionality: New Frontiers, New Challenges, ed. Vicki Jackson, Mark Tushnet, Cambridge University Press(2017), p. 324를 각 참조.
34) 계희열, 헌법학(중)[신정2판], 박영사(2007), 제156쪽; 정종섭, 위의 책(2018), 제384쪽; 한수웅, 위의 책(2019), 제491쪽; 황치연, 위의 책(1995), 제66, 70쪽; 허완중, 위의 논문(2019), 제30쪽; Aharon Barak 2012, op. cit., p. 305.

에 있어야 하는 것도 아니다. 심판대상조항보다 더 효율적으로 입법목적을 달성할 수 있는 입법대안이 있다 해도 심판대상조항이 입법목적에 기여하는 효과가 조금이라도 있다면, 심판대상조항은 수단의 적합성 원칙을 만족한다. 또한 심판대상조항이 전면 금지라는 과격한 수단을 통해 입법목적을 달성함으로써 지나치게 과도하게 기본권을 제한한다 하더라도, 심판대상조항에 의해 입법목적이 조금이라도 달성된다면 심판대상조항은 수단의 적합성 원칙을 통과한다. 입법자가 입법목적 달성의 효과가 없는 법률을 제정하는 경우는 극히 예외적이기 때문에 수단의 적합성 원칙은 과잉금지원칙 적용 실무에서 중요한 역할을 담당하는 경우가 드물다.

## III. 피해의 최소성 원칙

### 1. 의의

피해의 최소성 원칙은 '심판대상조항이 입법목적을 달성하기에 똑같이 효율적인 여러 가지 수단 중에서 가장 헌법상 권리를 덜 제약하는 수단일 것'을 뜻한다.[35] 즉, 심판대상조항이 피해의 최소성 원칙을 통과하기 위해서는 심판대상조항과 똑같이 효율적으로 입법목적을 달성하면서도 헌법상 권리를 덜 제약하는 입법대안이 없어야 한다. 이와 같이 피해의 최소성 원칙은 특정한 조건을 만족시키는 입법대안의 '부존재'를 검

---

[35] "똑같이 효율적인" 대신 "동일하게 적합한", "동일하게 효과적인" 혹은 "적합한"이라고도 표현된다. 성낙인, 위의 책(2019), 제966쪽; 신우철, 사례교재 헌법(기본권), 문우사(2018), 제76쪽; 정종섭, 위의 책(2018), 제384쪽; 한수웅, 위의 책(2019), 제494쪽; Aharon Barak 2012, *op. cit.*, p. 317; Jorge Silva Sampaio 2018, *op. cit.*, p. 81; Niels Petersen 2017, *op. cit.*, p. 38. 헌재 1998. 5. 28. 96헌가5, 판례집 10-1, 541, 553 등.

증하는 것이다.

따라서 피해의 최소성 원칙은 입법대안의 존부에 심사의 초점이 맞추어진다. 이 점이 피해의 최소성 원칙과 과잉금지원칙의 나머지 하위 위헌심사척도들과의 결정적인 차이이다. 피해의 최소성 원칙과 달리 목적의 정당성 원칙, 수단의 적합성 원칙, 법익의 균형성 원칙에서 심사의 초점은 심판대상조항 자체이다. 목적의 정당성 원칙은 '심판대상조항의' 목적이 정당한지를 심사하고, 수단의 적합성 원칙은 '심판대상조항이' 목적 달성에 기여하는 수단인지를 심사하며, 법익의 균형성 원칙은 '심판대상조항에 의한' 헌법상 권리 제한의 수인가능성을 심사하므로 심사의 초점은 심판대상조항 자체에 맞추어져 있다.

심사의 초점이 입법대안에 맞추어져 있는 피해의 최소성 원칙의 독특한 성격 때문에, 피해의 최소성 원칙은 입법대안의 존부를 검증하는 4단계의 단계적 판단을 순차적으로 해 나가는 것을 내용으로 한다. 이 책에서는 피해의 최소성 원칙의 4단계 하위 판단 단계를 각각 ① '입법대안 존부 검증단계', ② '목적달성 동일성 검증단계', ③ '대가 동일성 검증단계', ④ '제한 완화 검증단계'라고 칭하기로 한다. 이 네 가지 판단단계를 모두 만족시키는 입법대안이 있으면 심판대상조항은 피해의 최소성 원칙 위반이고, 그러한 입법대안이 없으면 심판대상조항은 피해의 최소성 원칙을 준수한 것이다. 상정 가능한 입법대안이 여러 개라면 각각의 입법대안에 대해 '목적달성 동일성 검증단계', '대가 동일성 검증단계', '제한 완화 검증단계'의 심사를 반복하는 것이 피해의 최소성 원칙 판단의 구체적 내용이다. 이하에서 위 각 단계에 관해 차례로 살펴보되, 특히 '목적달성 동일성 검증단계'와 '대가 동일성 검증단계'는 간과되는 경우가 있으므로, 그 기능과 필요성에 대해 자세히 살펴본다.

## 2. 피해의 최소성 원칙의 논증구조

### 가. 피해의 최소성 원칙 제1단계: 입법대안 존부 검증단계

피해의 최소성 원칙 판단의 첫 번째 단계는 입법대안의 존재 여부 검토이다. 피해의 최소성 원칙은 심판대상조항과 입법대안들 사이의 비교를 내용으로 한다. 비교를 하려면 비교대상이 있어야 하므로, 심판대상조항의 피해의 최소성 원칙 위반 여부를 판단하려면 우선 비교대상이 될 입법대안이 있어야 한다.[36] 입법대안은 입법자가 입법과정에서 검토한 것을 상정할 수도 있고, 사법부가 독자적으로 상정할 수도 있다.

만약, 입법대안을 상정할 수 없다면 피해의 최소성 원칙의 다음 하위 판단단계인 '목적달성 동일성 검증단계'로 나아갈 필요가 없이 곧바로 심판대상조항은 피해의 최소성 원칙을 충족한다는 결론에 이르게 된다.[37] 따라서 법익의 균형성 원칙 판단으로 이행하면 된다.

입법대안을 상정할 수 없는 경우에도 억지로 피해의 최소성 원칙을 판단하려고 하는 것은 '입법대안의 존부 검토'라는 피해의 최소성 원칙 판단의 본질과 맞아떨어지기 어렵다. 따라서 입법대안이 없음에도 피해의 최소성 원칙 논증을 이어가면, 피해의 최소성 원칙이라는 이름 아래 피해의 최소성 원칙이 아닌 다른 무엇인가를 판단하는 결과에 이를 가능성이 높다. 대개의 경우 이 때 '피해의 최소성 원칙이 아닌 다른 무언가'는 '형량'이기 때문에, 결국 법익의 균형성 원칙 판단을 선취하는 결과에 이르는 경우가 많다. 그에 따라 정작 법익의 균형성 원칙 판단 단

---

[36] 한수웅, 위의 책(2019), 제494-495쪽; Alan Brady 2012, *op. cit.*, p. 208. Brady는 나아가 이러한 이유 때문에 입법부가 제정하는 법률에 비해 목적 달성을 위한 수단 선택의 폭이 좁은 행정처분의 경우 피해의 최소성 원칙이 과잉금지원칙 심사에 있어 중요한 역할을 하지 못한다고 주장한다.

[37] 황치연, 위의 책(1995), 제73쪽; 허완중, 위의 논문(2019), 제32쪽; Alan Brady 2012, *op. cit.*, p. 184.

계에 이르면 논증할 것이 거의 남아있지 않게 된다. 결국 법익의 균형성 원칙 논증은 피해의 최소성 원칙 부분에서 선취한 판단 내용을 요약하거나 반복하는 내용의 두 세 문장으로 빈약하게 마무리 할 가능성이 크다.

만약 어떠한 심판대상조항에 대해 입법대안을 상정할 수 있다면, 피해의 최소성 원칙의 두 번째 판단단계인 '목적달성 동일성 검증단계'로 이동한다.

### 나. 피해의 최소성 원칙 제2단계: 목적달성 동일성 검증단계

#### 1) 의미

'목적달성 동일성 검증단계'는 입법대안의 입법목적 달성 정도가 심판대상조항의 입법목적 달성 정도와 같아야 한다는 의미이다.[38] '목적달성 동일성 검증단계'는 심판대상조항의 입법목적 달성 정도가 지나치게 과도한지에 대해 아무런 의문을 제기하지 않는 점에서 수단의 적합성 원칙과 공통점이 있다. 하지만 '목적달성 동일성 검증단계'는 여기에서 한 걸음 더 나아가, 입법대안과의 비교라는 개념을 도입함으로써, '입법목적을 동일하게 달성하면서도 헌법상 권리 제한은 적게 하는 입법대안이 있음에도 불구하고 그러한 입법대안을 선택하지 않았다면, 심판대상조항은 위헌'이라는 피해의 최소성 원칙 논증의 핵심적인 아이디어를 담아낸다.[39] 따라서 입법목적 달성 정도를 고려하지 않은 채, 단순히 심판

---

[38] 게오르그 옐리네크/김효전 옮김, 독일기본권이론의 이해, 법문사(2004); 김종보, "기본권침해 심사기준에 대한 소고 - 과잉금지원칙 적용영역에 대한 비판적 고찰을 중심으로 -", 공법학연구 제10권 제3호(2009), 제176쪽; 이부하, 위의 논문(2007. 6.), 제285쪽; 성정엽, 위의 논문(2013. 6.), 제14쪽; 황치연, 위의 책(1995), 제73쪽; Nicholas Emiliou, *The Principle of Proportionality in European Law - A comparative Study* -, Kluwer Law International(1996), p. 29; Niels Petersen 2017, *op. cit.*, p. 38.

[39] Aharon Barak 2012, *op. cit.*, p. 541. 이를 잘 보여주는 이스라엘 대법원의 판례로 *Addalah- The Legal Center for the Rights of the Arab Minority v. Minister of*

대상조항보다 헌법상 권리를 덜 제한하는 입법대안이 있다는 사실만으로 심판대상조항이 피해의 최소성 원칙에 위반된다고 결론 내린다면, 이는 온전한 피해의 최소성 논증이라고 할 수 없다.[40]

'목적달성 동일성 검증단계'가 피해의 최소성 원칙의 내용을 이루기 때문에 Barak은 다음과 같이 주장한다.

> 심판대상조항만큼 입법목적을 달성하는 입법대안이 없는 경우에는 심판대상조항의 헌법상 권리 제한 정도가 아무리 심각하다 하더라도, 피해의 최소성 원칙은 헌법상 권리의 보장을 위한 방어선으로 기능할 수 없다.[41]

만약, '목적달성 동일성 검증단계'를 통과하는 입법대안이 없다면, '대가 동일성 검증단계'와 '제한 완화 검증단계'를 추가로 검토할 필요 없이 곧바로 심판대상조항은 피해의 최소성 원칙을 만족시키게 된다.[42] 이러한 경우에는 법익의 균형성 원칙 판단으로 이행하면 된다.

### 2) 목적달성 동일성 검증단계의 기능과 필요성

피해의 최소성 원칙이 '심판대상조항보다 헌법상 권리를 덜 제한하는 입법대안이 없을 것'만을 내용으로 한다면, 거의 모든 법률이 피해의 최소성 원칙을 만족시키지 못하여 위헌이 될 것이다. 심판대상조항보다 헌법상 권리 제한이 덜할 것만을 조건으로 한다면, 그러한 입법대안은 얼마든지 상정할 수 있는 경우가 많기 때문이다. 그러나 입법자는 헌법상 권리 제한을 최소화하기 위해 입법을 한 것이 아니라, 헌법상 권리 제한

---

    Interior HCJ 7052/03; *Beit Sourik Village Council v. Israel* HCJ 2056/04.
40) 황치연, 위의 책(1995), 제73-74쪽; Aharon Barak 2007, *op. cit.*, p. 373; Alan Brady 2012, *op. cit.*, p. 56; Dan Meagher, "The Brennan Conception of the Implied Freedom: Theory, Proportionality and Deference", 30 *University of Queensland Law Journal*(2011), p. 127; Guy Davido 2000, *op. cit.*, pp. 198-199.
41) Aharon Barak 2007, *op. cit.*, p. 373.
42) Nicholas Emiliou 1996, *op. cit.*, p. 29.

을 감수하고도 특정 입법목적을 달성하기 위하여 심판대상조항을 제정한 것이다. 따라서 심판대상조항보다 헌법상 권리 제한 정도가 덜한 입법대안의 존재만을 근거로 헌법재판소가 심판대상조항에 의한 헌법상 권리 제한이 지나치다는 결론에 이르려면, 그 입법대안은 심판대상조항만큼 입법목적을 달성할 수 있다는 전제조건을 만족시켜야 한다. 이러한 이유 때문에 '목적달성 동일성 검증단계'가 필요하다. 이 단계를 간과하면, 똑같이 동일한 정도로 목적을 달성할 수 없는 대안을 제시하면서 심판대상조항을 피해의 최소성 원칙 위반이라고 선언할 수 있는 우회로가 열리게 되고, 실제로 위헌의 결론을 원하는 재판관들은 이러한 우회로를 이용하는 경향이 있다.[43]

피해의 최소성 원칙은 '필요성(necessity)'으로 표현되기도 한다. 이는 심판대상조항에 의한 헌법상 권리 제한이 '입법목적달성을 위해 필요한 것인지'를 묻는 것이다. 따라서 입법목적은 심판대상조항만큼 달성하지도 못하면서 헌법상 권리 제한 정도만 심판대상조항보다 덜한 입법대안이 있다는 이유를 들어 심판대상조항이 입법목적 달성을 위해 불필요한 조치라고 결론내리는 것은 비합리적이다. 입법대안과 비교해 볼 때, 심판대상조항이 입법목적 달성을 위해 불필요한 헌법상 권리 제한을 가하고 있는지 여부는 입법대안이 심판대상조항과 동일한 정도로 입법목적을 달성한다는 전제 조건이 만족되어야 비로소 판단할 수 있다.

통상 헌법상 권리 보장의 정도와 입법목적 달성의 정도는 제로섬(zero-sum) 관계에 있다. 따라서 어느 한 쪽을 중시하면 할수록 다른 한 쪽은 실현하기 어렵게 된다. 이러한 이유 때문에 심판대상조항보다 헌법상 권리 제한의 정도가 적은 입법대안들은 대개의 경우 입법목적의 달성 정도 또한 심판대상조항보다 적다. 따라서 많은 경우 입법대안들은 '목적달성 동일성 검증단계'를 통과하지 못한다. 즉, '목적달성 동일성 검증단계'가 있기 때문에 피해의 최소성 원칙은 구조적으로 강력한 위헌심

---

43) Guy Davidov 2000, *op. cit.*, p. 200.

사척도가 되기 어렵다.[44]

'목적달성 동일성 검증단계'는 자칫 생략하기 쉽다. 이 점에 관해 Klatt과 Meister는 유럽인권재판소의 판례에[45] 나타난 피해의 최소성 원칙 적용상의 오류에 대해 다음과 같이 평가한다(강조는 원문과 같다).

> 충격적이게도, 다수의견과 소수의견 모두 피해의 최소성 원칙을 정확하게 적용하는 데에 실패했다. (중략) 다수의견과 소수의견 모두 오류이다. 왜냐하면 양자 모두 피해의 최소성 원칙을 불완전하게 적용했기 때문이다. 단지 덜 제한적인 다른 수단이 있다고 해서 심판대상조항이 피해의 최소성 원칙 위반인 것이 아니다. 여기에 더하여 덜 제한적인 입법대안이 심판대상조항만큼 입법목적을 달성하기에 적절해야 한다. 가상적인 입법대안이 심판대상조항보다 덜 권리 제한적일 **뿐만 아니라** 동시에 심판대상조항만큼 입법목적을 달성하기에 적절할 때에만 심판대상조항은 피해의 최소성 원칙 위반이다.[46]

어떠한 입법대안이 '목적달성 동일성 검증단계'를 통과하면, '대가 동일성 검증단계' 판단으로 이동한다.

### 다. 피해의 최소성 원칙 제3단계: 대가 동일성 검증단계

#### 1) 의미

'대가 동일성 검증단계'는 입법대안이 심판대상조항과 같은 정도로 입법목적을 달성함에 있어 심판대상조항보다 많은 대가를 치르지 말아

---

44) Charles-Maxime Panaccio 2017, *op. cit.*, p. 662; Moshe Cohen-Eliya, Iddo Porat 2013, *op. cit.*, pp. 18-19. 이와 반대되는 견해로 예컨대, 김대환, 위의 논문(2006. 12.), 제36쪽; 이명웅, "비례의 원칙의 2단계 심사론", 헌법논총 제15집(2004), 제514쪽; David Bilchitz 2016, *op. cit.*, pp. 44-46.
45) *Otto-Rreminger-Institute v Austria* (1994), Appl no 13470/87.
46) Matthias Klatt, Moritz Meister 2012, *op. cit.*, p. 156.

야 한다는 것이다. 이는 '똑같이 효율적으로'라고 표현되기도 한다.47) 예컨대, 어떠한 입법대안이 심판대상조항이 제한하지 않는 제3자의 헌법상 권리를 제한한다면 이러한 입법대안은 심판대상조항보다 더 많은 대가를 치르면서 심판대상조항만큼 입법목적을 달성하는 입법대안이다. 이러한 입법대안이 존재한다는 이유를 들어 심판대상조항을 피해의 최소성 원칙 위반이라고 결론지을 수는 없다. 이것이 '대가 동일성 검증단계'의 의미이다.

### 2) 대가 동일성 검증단계의 기능과 필요성

심판대상조항과 똑같이 효율적인 대안만 피해의 최소성 원칙에서 고려되는 이유는, '두 개 변수 사이의 단순 비교를 통한 위헌 결론 도출'이라는 피해의 최소성 원칙의 단순한 논리 구조 때문이다. 피해의 최소성 원칙은 심판대항조항과 관련된 무수히 많은 공익 중 '심판대상조항의 입법목적'이라는 공익, 그리고 심판대상조항과 관련된 무수히 많은 사익 중 '심판대상조항에 의해 제한되는 청구인의 헌법상 권리'라는 사익만을 뽑아내어 심판대상조항과 입법대안을 비교하는 단순논리로 위헌의 결론을 도출한다. 따라서 그러한 단순비교를 통해 얻은 '피해의 최소성 원칙 위반으로 위헌'이라는 결론이 정당하려면, 위 두 가지 요소 외의 다

---

47) 이는 "다른 조건이 동일할 때"[이준일, 위의 논문(2009. 6.), 제31쪽] 또는 "효율성의 측면에서 동등하게(same level of efficiency)"라고 표현되기도 한다(Aharon Barak 2012, op. cit., p. 323). Sampaio 2018, op. cit., p. 81.
우리 헌법재판소 결정례 중 "입법목적을 달성하기에 똑같이 효율적인 수단 중에서"라는 표현을 사용하는 경우로, 예컨대 헌재 1998. 5. 28. 96헌가5, 판례집 10-1, 541, 553; 헌재 2002. 9. 19. 2000헌바84, 판례집 14-2, 268, 278; 헌재 1999. 5. 27. 98헌마214, 판례집 11-1, 675, 713; 헌재 2004. 1. 29. 2001헌바30, 판례집 16-1, 69, 81; 헌재 2003. 9. 25. 2003헌마106, 판례집 15-2상, 516, 533; 헌재 1998. 12. 24. 89헌마214등, 판례집 10-2, 927, 948; 헌재 2006. 1. 26. 2005헌바18, 판례집 18-1상, 1, 19; 헌재 2003. 2. 27. 2002헌바4, 판례집 15-1, 205; 헌재 1997. 4. 24. 95헌마90, 판례집 9-1, 474, 484; 헌재 1996. 12. 26. 96헌가18, 판례집 8-2, 680.

른 요소들이 동일하다는 전제조건이 반드시 필요하다. 입법자는 '심판대상조항의 입법목적'과 '심판대상조항에 의해 제한되는 청구인의 헌법상 권리' 이외에도 온갖 현실적 제약과 대립하는 가치들을 고려하여 심판대상조항을 만들었는데, 헌법재판소가 그러한 각종의 제약이 없을 경우에 비로소 실현가능한 입법대안을 제시하면서, 그 입법대안이 심판대상조항만큼 입법목적을 달성하면서 심판대상조항보다 청구인의 헌법상 권리을 덜 제한한다는 이유만으로 심판대상조항을 위헌으로 선언하는 것은 논리의 비약이기 때문이다.

입법목적을 달성하기 위해 막대한 예산이 필요한 입법대안이나 심판대상조항이 제한하지 않는 제3자의 헌법상 권리를 제한하는 입법대안이 '대가 동일성 검증단계'를 통과하지 못하는 입법대안의 대표적인 예이다. 이러한 입법대안이 있다고 해서 심판대상조항이 곧바로 피해의 최소성 원칙 위반이 되는 것은 아니다. Grimm은 이와 같은 이치를 다음과 같이 설명한다.

> 직업의 자유와 재산권에 관계된 법률처럼 경제적 제한을 가하는 법률의 경우, 청구인에게 재정적 지원을 하거나 다른 사람에게 그런 경제적 부담을 전가하는 것을 통해 덜 침익적인 입법대안을 언제든 만들어 낼 수 있다. 이러한 대안들이 있다고 해서 심판대상조항이 피해의 최소성 원칙에 위반되는 것은 아니다.[48]

Grimm이 예로 든 위 사안에서, 청구인에게 재정적인 지원을 하는 것은 추가적인 비용을 필요로 하는 것이고, 다른 사람에게 경제적 부담을 가하는 것은 심판대상조항이 제한하지 않는 제3자의 헌법상 권리를 추가로 제한하는 것에 해당된다. 양자 모두 심판대상조항은 치르지 않는 추가적인 대가에 해당된다.

---

48) Dieter Grimm 2007, op. cit., p. 390.

심판대상조항과 입법목적 달성 정도가 동일하고 헌법상 권리는 덜 제한하지만, 이를 위해 추가적인 대가를 치러야 하는 입법대안과 심판대상조항을 공정하게 비교하려면, '입법목적 달성의 정도', '헌법상 권리 제한의 정도', '추가적인 대가'라는 세 가지 변수를 종합적으로 고려하여 심판대상조항이 적절한 균형관계를 실현한 것인지를 살펴야 한다. 피해의 최소성 원칙은 논리적으로 '입법목적 달성 정도'와 '헌법상 권리 제한 정도'라는 두 개의 변수 사이의 비교만을 소화할 수 있을 뿐이기 때문에, 셋 이상의 변수가 등장하면 제대로 기능할 수 없다. 셋 이상의 변수가 관련될 경우의 비교는 법익의 균형성 원칙 단계에서 이루어져야 한다.[49] '입법목적 달성 정도'와 '헌법상 권리 제한 정도' 이외에 '추가적인 대가'와 같은 제3의 변수가 등장하면 법익의 균형성 원칙이라는 비교 도구를 사용해야 적절한 결론을 내릴 수 있다.

만약 '대가 동일성 검증단계'를 만족하는 입법대안이 없다면, 심판대상조항은 피해의 최소성 원칙을 만족시킨다. 따라서 '제한 완화 검증단계'로 이행할 필요 없이 곧바로 법익의 균형성 원칙 판단으로 이행하면 된다.

### 라. 피해의 최소성 원칙 제4단계: 제한 완화 검증단계

심판대상조항에 대한 입법대안을 상정할 수 있고, 그 입법대안이 '목적달성 동일성 검증단계'와 '대가 동일성 검증단계'를 통과하고 나면, '제한 완화 검증단계'로 나아간다. 즉, 해당 입법대안에 의한 헌법상 권리 제한의 정도가 심판대상조항에 의한 헌법상 권리 제한의 정도보다 적은지 여부를 살핀다. 만약, 입법대안에 의한 헌법상 권리 제한의 정도가 심판대상조항에 의한 헌법상 권리 제한의 정도보다 적다면, 심판대상조

---

49) Aharon Barak 2012, op. cit., p. 353; Dieter Grimm 2007, op. cit., p. 390; Robert Alexy 2002, op. cit., pp. 400-401.

항은 피해의 최소성 원칙 위반이다. 반대로, 입법대안에 의한 헌법상 권리 제한이 심판대상조항에 의한 헌법상 권리 제한보다 크다면 심판대상조항은 피해의 최소성 원칙을 만족한다.

'제한 완화 검증단계'에서 주의할 점은, 이 단계에서 심판대상조항에 의한 헌법상 권리 제한 정도를 살펴보는 것은 어디까지나 입법대안과의 비교를 위한 것일 뿐이라는 점이다. 즉, '제한 완화 검증단계'에서 이루어지는 헌법상 권리 제한 정도에 대한 분석의 초점은 심판대상조항에 의한 헌법상 권리 제한 정도가 심판대상조항이 달성하려는 입법목적의 정도에 비하여 수인할 수 없을 정도로 심한지가 아니다. '제한 완화 검증단계'에서는 심판대상조항에 의한 헌법상 권리 제한 정도가 입법대안에 의한 헌법상 권리 제한 정도에 비하여 상대적으로 심한지만을 살필 뿐이다. 이 점이 법익의 균형성 원칙에서 이루어지는 헌법상 권리 제한 정도에 대한 분석과의 결정적인 차이이다. 그러한 이유 때문에 심판대상조항의 헌법상 권리 제한 정도가 입법대안의 헌법상 권리 제한 정도보다 적어 심판대상조항이 피해의 최소성 원칙을 만족시킨다 하더라도, 심판대상조항의 헌법상 권리 제한 정도가 심판대상조항의 입법목적 달성 정도에 비추어 볼 때 지나치게 심하여 법익의 균형성 원칙에 위반되는 경우가 생길 수 있다.

큰 그림에서 보면, 심판대상조항에 의한 헌법상 권리 제한도 입법목적을 달성하기 위해 치러야 하는 대가의 일종이다. 따라서 제한 완화 검증단계는 결국 입법목적을 달성하기 위해 치러야 하는 대가들 중 '심판대상조항에 의해 제한되는 헌법상 권리'라는 대가가 최소화되었는지를 판단하는 것이다. 이렇게 보면 피해의 최소성 원칙의 각 하위 검증단계들인 '입법대안 존부 검증단계', '목적달성 동일성 검증단계', '대가 동일성 검증단계', '제한 완화 검증단계'는 '입법목적 달성을 위한 최소한의 대가 지불'이라는 동일한 이념을 향하고 있음을 알 수 있다. 따라서 피해의 최소성 원칙 판단의 본질은 '목적 달성을 위한 효율성 판단'이다.

## IV. 법익의 균형성 원칙

### 1. 의의

법익의 균형성 원칙은 '**심판대상조항에 의해 달성되는 입법목적의 구체적인 가치**'와 '**심판대상조항에 의해 제한되는 헌법상 권리의 구체적인 가치**' 사이에 적절한 균형관계가 있어야 한다는 의미이다.[50] 법익의 균형성 원칙은 '심판대상조항에 의해 달성되는 공익과 그로 인해 제한되는 헌법상 권리 사이의 적절한 균형관계'라고 표현되기도 하고,[51] '헌법상 권리 제한의 정도는 추구하는 목적(공익)의 중요성이나 비중과 적정한 비례관계에 놓여야 한다'라고 정식화되기도 하며,[52] '하나의 원리가 제한되는 정도가 크면 클수록, 이를 제한하는 다른 원리의 중요성이 커야 한다'고 표현되기도 한다.[53] 우리 헌법재판소는 통상 '입법에 의하여 보호하려는 공익과 침해되는 사익을 비교형량할 때 보호되는 공익이 더 커야 한다'는 표현을 사용한다.[54]

법익의 균형성 원칙 판단은 ① 측정, ② 비교형량의 2단계로 구성된다. '**심판대상조항에 의해 달성되는 입법목적의 구체적인 가치**'와 '**심판대상조항에 의해 제한되는 헌법상 권리의 구체적인 가치**'를 비교하려면 먼저 양자 각각의 크기를 측정해야 한다. 이러한 측정이 법익의 균형성

---

50) 법익의 균형성에서의 비교 대상인 '**심판대상조항에 의해 달성되는 입법목적의 구체적인 가치**'와 '**심판대상조항에 의해 제한되는 헌법상 권리의 구체적인 가치**'는 그 용어가 심판대상조항, 입법목적, 헌법상 권리, 가치와 같이 일반적인 의미를 가지는 단어들로 이루어져 있으므로 혼동을 방지하고 이해를 돕기 위해 굵은 글씨로 표시하기로 한다.
51) 게오르그 옐리네크/김효전 옮김, 위의 책(2004), 제404쪽; 성낙인, 위의 책(2019), 제970쪽; 신우철, 위의 책(2018), 제76쪽; Aharon Barak 2012, *op. cit.*, p. 340.
52) 한수웅, 위의 책(2019), 제498쪽; 허영, 한국헌법론[전정15판], 박영사(2019), 제306쪽.
53) Robert Alexy 2002, *op. cit.*, p. 401.
54) 헌재 1992. 12. 24. 92헌가8, 판례집 4, 853, 878 등

판단의 첫 단계이다.

'**심판대상조항에 의해 달성되는 입법목적의 구체적인 가치**'와 '**심판대상조항에 의해 제한되는 헌법상 권리의 구체적인 가치**' 각각의 크기를 측정한 다음에 양자를 비교하여 '**심판대상조항에 의해 달성되는 입법목적의 구체적인 가치**'가 과연 '**심판대상조항에 의해 제한되는 헌법상 권리의 구체적인 가치**'를 정당화하기 위해 충분한지를 판단하는 것이 법익의 균형성 판단의 두 번째 단계인 '비교형량'이다. 이 책에서는 법익의 균형성 원칙 판단의 두 번째 단계에서 이루어지는 이러한 비교를 일반명사로서의 '비교'와 구별하기 위해 '비교형량(balancing)'이라고 부르기로 한다. 비교형량은 '입법목적이나 헌법상 권리 중 어느 하나를 우선시할 경우 포기해야 할 기회비용의 비교' 혹은 '양자 중 어느 하나를 선택할 경우의 수인가능성의 비교'와도 같은 말이다.55) 비교형량의 구체적인 내용이 무엇인지, 비교형량이 어떻게 가능한지에 대해서는 많은 의문이 제기되고 있으므로,56) 이하에서 자세히 살펴본다.

## 2. 법익의 균형성 원칙의 논증구조

### 가. 비교형량의 대상

비교형량에 있어 비교 대상은 '입법목적과 헌법상 권리', '공익과 사익' 등으로 표현되는 경우도 많다. 하지만, 과잉금지원칙은 구체적인 사

---

55) 게오르그 옐리네크/김효전 옮김, 위의 책(2004), 제404-405쪽; 호어스트 드라이어/정문식 옮김, 독일기본법 주해서, 헌법재판소(2016), 제140쪽; 계희열, 위의 책(2007), 제158쪽; 정종섭, 위의 책(2018), 제385쪽; Dieter Grimm 2007, op. cit., p. 393; Virgílio Afonso da Silva, "Comparing the Incommensurable: Constitutional Principles, Balancing and Rational Decision", Oxford Journal of Legal Studies Vol. 31, No. 2(2011) pp. 285-287.
56) 이에 관한 대표적인 견해인 '통약불가능(incommensurability)'에 관한 종합적인 최신 논의로 Francisco Urbina 2017, op. cit., pp. 39-74 참조.

건에서 청구인의 헌법상 권리 침해 여부를 판단하기 위한 것이므로 그 하위 원칙인 법익의 균형성 원칙에서 이루어지는 비교는 추상적인 법익의 비교가 아니다. 법익의 균형성 원칙은 대립하는 헌법 원리 사이의 절대적인 우열을 가리는 것이 아니라, 구체적인 특정 상황에서 어떠한 헌법원리가 다른 헌법원리에 얼마만큼 상대적 우위를 점해도 좋은지를 정하는 것이다.57) 이 점을 분명히 드러내기 위해 이 책에서는 비교형량의 대상을 지칭할 때 '**심판대상조항에 의해 달성되는 입법목적의 구체적인 가치**' 및 '**심판대상조항에 의해 제한되는 헌법상 권리의 구체적인 가치**'라는 표현을 사용하기로 한다.

Beatty는 비교형량 대상의 구체성이 과잉금지심사에서 차지하는 의의와 중요성을 다음과 같이 강조한다.

> 과잉금지심사는 특정한 권리나 도덕적 가치의 추상적 우월성을 전제로 하는 것이 아니라 구체적 사실에 기반한 비교형량을 하는 것이므로, 과잉금지심사에는 다른 종류의 사법심사에서 찾아볼 수 없는 객관성과 독자성이 있다.58)

### 나. 측정

비교형량은 '**심판대상조항에 의해 달성되는 입법목적의 구체적인 가치**', '**심판대상조항에 의해 제한되는 헌법상 권리의 구체적인 가치**' 각각을 측정한 이후에 가능하다. 그런데 '**심판대상조항에 의해 달성되는 입법목적의 구체적인 가치**'는 절대량을 측정할 단위가 없다. '**심판대상조항에 의해 제한되는 헌법상 권리의 구체적인 가치**' 역시 양적으로 측정 가능한 것이 아니다.

---

57) 한수웅, 위의 책(2019), 제498-499쪽; 황치연, 위의 책(1995), 제88쪽; Aharon Barak 2012, *op. cit.*, p. 346.
58) David Beatty, *The Ultimate Rule of Raw*, Oxford University Press(2004), *op. cit.*, pp. 170-171.

그러나 심판대상조항이 있는 상황과 없는 상황의 양자를 비교함으로써 '**심판대상조항에 의해 달성되는 입법목적의 구체적인 가치**'의 상대적인 위치는 가늠할 수 있다.[59] '**심판대상조항에 의해 제한되는 헌법상 권리의 구체적인 가치**'도 양적으로 측정할 수 없지만, 같은 방식으로 상대적으로 가늠해 볼 수 있다. 즉, 심판대상조항이 없다고 가정할 때 헌법상 권리 실현의 정도와 심판대상조항에 의해 헌법상 권리가 제한된 현재의 상황을 비교함으로써 '**심판대상조항에 의해 제한되는 헌법상 권리의 구체적인 가치**'를 가늠할 수 있다. 이러한 방식의 상대적 측정은 수량화 불가능한 대상들에 대해서도 가능하다는 점이 중요하다. 예컨대, 오늘 하루 맑은 공기가 얼마나 소중한지는 양으로 측정할 수 없다. 그러나 미세먼지가 많은 날을 상상해 보고 그 날과 오늘이 다른 점들을 구체적으로 열거해보면 오늘 하루 맑은 공기의 소중함을 상대적으로 가늠할 수 있다.

법익의 균형성에 이루어지는 상대적 측정은 달성하려는 입법목적과 제한되는 기본권의 구체적인 가치를 측정하는 것이므로, 당해 사안을 둘러싼 모든 규범적, 사실적 요소들을 낱낱이 제시하고 평가하는 것이 중요하다.[60] 이 측정을 위해 실증적 자료는 물론이고 상당한 정도의 규범적 평가가 필요하다.[61] 이 측정 작업은 매우 다양한 요소를 포괄하므로 길이나 무게와 같은 단선적이고 1차원적인 측정이라기보다는 풍선에 가해지는 압력처럼 다원적이고 다차원적인 측정이다.[62]

'**심판대상조항에 의해 달성되는 입법목적의 구체적인 가치**'와 '**심판대상조항에 의해 제한되는 헌법상 권리의 구체적인 가치**' 각각의 측정은

---

59) Robert Alexy 2002, *op. cit.*, p. 407. 상대적인 위치를 가늠하는 것 자체가 과학철학에서 논의되는 '측정'의 특질을 모두 갖춘 것이라는 주장으로 Jorge Silva Sampaio 2018, *op. cit.*, pp. 89-96.
60) Dieter Grimm 2007, *op. cit.*, pp. 393-394; Niels Petersen 2017, *op. cit.*, p. 39.
61) Aharon Barak 2012, *op. cit.*, pp. 349-350.
62) Jorge Silva Sampaio 2018, *op. cit.*, pp. 99-101.

심판대상조항이 있는 상태와 없는 상태의 비교는 물론이고, 심판대상조항이 있는 상태와 입법대안이 있는 상태와의 비교로도 가능하다. 이 때 피해의 최소성 원칙의 하위 심사 단계 중 '목적달성 동일성 검증단계'나 '대가 동일성 검증단계'에서 탈락한 입법대안이 비교의 대상으로 사용될 수 있다.[63] 이러한 논증방법은 독일연방헌법재판소나 이스라엘대법원에서 실제로 사용되고 있다.[64]

피해의 최소성 원칙에서는 심판대상조항과 입법대안의 비교를 통해 곧바로 피해의 최소성 원칙 준수 또는 위반의 결론에 이르게 된다. 그러나 법익의 균형성 원칙에서 심판대상조항과 입법대안을 비교하는 것은 그 자체로 법익의 균형성 원칙 준수 또는 위반 여부를 결정하기 위한 비교가 아니다. 이 점이 법익의 균형성 원칙 단계에서 이루어지는 심판대상조항과 입법대안의 비교와 피해의 최소성 원칙 단계에서 이루어지는 심판대상조항과 입법대안의 비교 사이의 분명한 차이점이다. 법익의 균형성 원칙에서 이루어지는 심판대상조항과 입법대안의 비교는 '**심판대상조항에 의해 달성되는 입법목적의 구체적인 가치**', '**심판대상조항에 의해 제한되는 헌법상 권리의 구체적인 가치**' 각각을 측정하기 위한 것에 불과하다. 법익의 균형성 원칙 위반이나 준수 여부를 결정하기 위한 비교는 이러한 측정이 완료된 이후에 이루어질 뿐이다. 따라서 심판대상조항만큼 입법목적을 달성할 수 없는 입법대안이 법익의 균형성 원칙 부분에서 다시 등장할 수도 있다는 외관만을 놓고 피해의 최소성 원칙 단계와 법익의 균형성 원칙 단계를 엄격히 구별할 실익이 없다고 보는 것은 본말이 전도된 것이다.

---

[63] 황치연, 위의 책(1995), 제74쪽; Jorge Silva Sampaio 2018, op. cit., pp. 81-82; Kai Möller 2012, op. cit., pp. 195-196; Robert Alexy 2002, op. cit., pp. 400-401.
[64] Niels Petersen 2017, op. cit., p. 165, 169. 이스라엘대법원 판례로는, 예컨대 Beit Sourik Village Council v. Israel, HCJ 2056/04.

다. 비교형량

'심판대상조항에 의해 달성되는 입법목적의 구체적인 가치'와 '심판대상조항에 의해 제한되는 헌법상 권리의 구체적인 가치' 각각을 측정하였으면, 양자를 비교하는 비교형량 단계로 이행한다. 양자 사이의 비교가 가능한지, 구체적으로 어떻게 비교할 수 있는지를 차례로 살펴본다.

**1) 비교의 종류: 상대적 우열 비교와 절대적 계량 비교**

A와 B라는 두 가지 대상을 비교하는 방법으로 상대적 우열 비교와 절대적 계량 비교를 생각해 볼 수 있다.[65] '상대적 우열 비교'는 'A가 B보다 더 낫다', 'A가 B보다 더 못하다', 'A나 B나 차이가 없다'의 셋 중 하나의 결론에 이르는 비교이다. 상대적 우열 비교는 A와 B의 절대적 가치를 모르거나, A가 B보다 정확히 얼마나 더 좋거나 나쁜지를 몰라도 가능하다.

예컨대 10,000원으로 '4D 영화'를 볼 것인지, 아니면 '샌드위치+오렌지주스 세트'를 사먹을 것인지를 비교한다고 가정해 보자. 이 경우 현재 배가 몹시 고픈 상황이고 곧 식당들도 닫을 시간이라면 '샌드위치+오렌지주스 세트를 사는 것이 낫다'라는 결론으로, 현재 과식한 상황이고 과로로 기분전환이 필요한 상황이라면 '4D 영화를 보는 것이 낫다'라는 결론으로 이어질 수 있다. 어느 쪽으로 결론 내리든 간에 '4D 영화'와 '샌드위치+오렌지주스 세트'의 절대적 가치는 물론이고, 상대적으로 어느 쪽이 정확히 몇 배나 더 나은지 역시 알 수도 없고, 알아야 할 필요도 없다. 그럼에도 불구하고 특정한 구체적 상황이 주어지면, 어느 쪽을 선택하는 것이 더 나은지를 설득력 있게 주장할 수 있다.

---

65) 이 두 가지 비교방법은 Petersen이 제시한 세 가지 비교방법 즉, '서수 척도(ordinal scales)'를 사용한 비교, '계량 척도(metric scales)'를 사용한 비교, '비율 척도(ratio scales)'를 사용한 비교 중 첫째와 셋째를 인용한 것이다. 이에 대한 자세한 내용은 Niels Petersen 2017, *op. cit.*, pp. 40-42 참조.

상대적 우열 비교는 비교대상들 사이에 공통점이 있다면 언제나 가능하다.[66] 위의 예에서 영화와 샌드위치 세트는 모두 내게 만족감 혹은 효용을 준다는 공통점이 있다. 영화와 샌드위치 세트는 서로 완전히 다른 대상이지만, 둘 다 내게 만족을 주기 때문에 각각의 만족도라는 측면에서는 비교가 가능하다. 또한 상대적 우열 비교의 경우 비교하려는 대상들의 공통점을 수치로 계량할 수 없어도 비교가 가능하다. 위의 예에서 비교대상인 만족감은 객관적인 수치로 계량하기가 곤란하다. 그럼에도 불구하고 위의 예에서 보듯 구체적인 상황이 주어지는 경우에는 합리적인 비교가 가능하다. 절대량을 측정할 수 있는 경우에 비교가 용이한 것은 사실이지만, 절대량을 모르더라도 상대적인 위치를 가늠할 수 있다면 상대적 우열 비교는 가능하다. 수량화 가능한 공통적인 측정 단위가 없다는 것이 곧 비교불가능을 의미하는 것은 아니다.[67]

한 걸음 더 나아가, 상대적 우열비교에서는 비교대상들 사이에 수치로 환원할 수 있는 공통의 측정단위가 있다 해도 이는 그다지 큰 의미가 없다. 예컨대, 위의 예에서 영화이든 샌드위치 세트이든 모두 화폐가치로 환원이 가능하고 그 환원한 값은 10,000원으로 동일하다. 그러나 이와 같이 공통적인 측정단위로 측정한 값이 같다 하더라도, 위의 예에서 보듯 상대적 우열 비교의 결론은 그와 무관하게 내려질 수 있다. 비교대상들을 수치로 환원할 수 있는 공통적인 측정 단위가 있다 하더라도, 그 측정단위는 비교대상의 질적인 측면을 전부 담아낼 수 없기 때문이다. 만족도와 같이 계량화할 수 없는 특성까지도 비교할 수 있는 상대적 우열 비교에서는 비교 대상 중 일부를 담아내는 공통의 측정 단위가 있다는 것은 그다지 큰 의미가 없다.

요컨대, 상대적 우열 비교는 수치화 할 수 있는 공통의 측정 단위가 없어도 충분히 가능하다. 이 점이 절대적 계량 비교와의 결정적인 차이

---

66) Virgílio Afonso da Silva 2011, *op. cit.*, pp. 285-292.
67) *Ibid.*, pp. 282-284; Matthias Klatt, Moritz Meister 2012, *op. cit.*, p. 59, 63.

이다. 물론 이것이 상대적 계량비교가 모든 대상들에 대해 가능하다는 의미는 아니다. 아무런 공통점이 없는 대상들에 대해서는 상대적 우열비교도 가능하지 않다.

'절대적 계량 비교'는 A와 B의 우열이 절대적인 수치에 의해 가려지는 비교이다. 예컨대, 2kg짜리 아령은 4kg짜리 아령에 비해 정확히 2kg만큼 가볍다. 그 차이는 4kg짜리 아령과 6kg짜리 아령의 무게 차이와 같다. 절대적 계량 비교는 비교대상이 두 가지 조건을 만족시킬 때 가능하다. 첫째, 비교 대상에 공통점이 있어야 한다. 둘째, 비교 대상의 공통점이 측정가능하고 그 결과가 숫자로 표현될 수 있어야 한다. 따라서 공통점이 없는 대상, 수량화가 불가능 한 대상에 대해서는 절대적 계량 비교가 불가능하다.

### 2) 비교형량의 가능성

법익의 균형성 원칙에서의 비교형량 대상인 '**심판대상조항에 의해 달성되는 입법목적의 구체적인 가치**'와 '**심판대상조항에 의해 제한되는 헌법상 권리의 구체적인 가치**'는 모두 구체적인 가치라는 공통점이 있으므로, 원리상 상대적 우열비교가 가능하다. 앞서 살펴본 샌드위치세트와 4D영화 관람의 예에서 알 수 있듯이, 양적 측정이 불가능한 '만족감'이라는 지표도 구체적인 상황이 주어지면 합리적으로 비교할 수 있다. 심지어 사랑과 자유라는 추상적 가치도 da Silva가 아래와 같이 예로 든 것과 같이 구체적인 상황에서는 기회비용의 측면에서 비교가 가능하다.

> 어떤 남성은 자신이 사랑하는 여성이 인권과 기본적인 자유가 제대로 보장되지 않는 나라에 살고 있다 하더라도, 사랑하는 여성과 살기 위해 자신의 자유 중 일부를 포기할 수 있다.[68]

---

68) Virgílio Afonso da Silva 2011, op. cit., p. 285.

같은 이치로 '심판대상조항에 의해 달성되는 입법목적의 구체적인 가치'와 '심판대상조항에 의해 제한되는 헌법상 권리의 구체적인 가치'는 구체적인 상황이 주어지면 상대적 우열비교가 가능할 뿐 아니라, 그 비교의 결론에 대해 그 구체적인 상황을 감안한 합리적이고 설득력 있는 이유를 제시하는 것도 가능하다.

이 점을 Alexy는 법익의 균형성 원칙의 비교대상들에 모두 헌법적 가치라는 공통점이 있고, 그 저해의 정도를 경미-보통-심각과 같은 공통의 척도로 파악할 수 있으므로, 법익의 균형성 원칙에서의 비교가 가능하다고 설명한다.69) Klatt과 Meister도 같은 맥락에서 Alexy가 제시한 제한의 정도에 관한 경미-보통-심각 삼단계 구별을 공통 단위의 예로 든다.70) 헌법적 가치의 저해의 정도를 판단하려면 구체적인 상황을 고려할 수밖에 없으므로, 위와 같은 Alexy, Klatt, Meister의 설명 역시 구체적인 상황 하에서의 헌법적 가치 사이의 상대적 우열 비교 가능성을 지적하는 것에 다름 아니다.

다만, 법익의 균형성 원칙에서의 상대적 우열 비교를 통해 어떠한 결론을 내렸다고 해서, 추상적인 가치 사이에 절대적 계량 비교가 가능하다든가, 추상적 가치들의 일반적인 우열 관계가 확정된 것은 아니다. 예컨대 표현의 자유와 인격권이 대립하는 사건에서 헌법재판소가 표현의 자유를 더 보호하는 결론에 이르렀다고 하더라도, 이것이 표현의 자유와 인격권이 서로 양적으로 비교 가능하다든가, 표현의 자유가 인격권보다 우위에 있다는 서열을 정한 것은 아니다.71) 이른바 '통약불가능론'은 이 점을 혼동하여 오류에 빠진다.72)

---

69) Robert Alexy, "On Balancing and Subsumption: A Structural Comparison", Ratio Juris Vol. 16 No. 4(2003), p. 442.
70) Matthias Klatt, Moritz Meister 2012, op. cit., p. 63.
71) 이준일, "헌법재판의 법적 성격 - 헌법재판의 논증도구인 비례성원칙과 평등원칙을 예로 -", 헌법학연구 제12권 제2호(2006. 6.), 제329쪽; 성정엽, 위의 논문(2013. 6.), 제16쪽.
72) 예컨대, Francisco Urbina 2017, op. cit., pp. 61-64; Davor Šušnjar 2010, op. cit.,

비교형량의 대상인 '심판대상조항에 의해 달성되는 입법목적의 구체적인 가치'와 '심판대상조항에 의해 제한되는 헌법상 권리의 구체적인 가치'를 측정할 때는 물론이고 양자를 비교할 때에도 관련된 구체적인 각종 사회적 사실들을 조사하고, 관련된 가치판단을 정당화할 근거들을 최대한 수집하여 제시하여야 한다.[73] 이와 같이 비교형량은 사실적 근거와 규범적 근거를 함께 고려하기 때문에 법익의 균형성 원칙 판단에서 과학이나 공학에서 볼 수 있는 객관성을 확보하는 것은 불가능하다.[74] 그러나 수치화 할 수 있는 정밀한 비교가 불가능할 뿐, 비교가 아예 불가능한 것은 아니다.[75] 예컨대, 미미한 정도의 국가안보 증진을 위해 심하게 신체의 자유를 박탈하는 법률을 무심하게 바라보면서, 구체적인 상황에서의 헌법적 가치의 상대적 우열을 비교하는 것은 불가능하다고 말할 사람은 거의 없을 것이다.[76]

이처럼 비교형량 과정에서 당해 사안과 관련된 구체적인 사실적 근거와 규범적 근거들을 제시하면서 비교형량의 대상이 되는 헌법적 가치들이 구체적으로 어떠한 위치에 있는지를 가늠하는 과정을 보여 주는 이상, 비교형량을 단순히 법관이 받는 인상이나 느낌을 정당화하기 위한 수단에 불과하다고 평가 절하하는 것은 부당하다.[77] 이 점에 대해서는 다음과 같은 Grimm의 견해를 경청할 필요가 있다.

> 법익의 균형성 원칙 심사는 평가를 전제로 한다. 심판대상조항이 해결하고자 하는 위험이 얼마나 큰지를 평가해야 하고, 심판대상조항이 헌법상 권리에 미치는 손실이 얼마나 큰지, 심판대상조항에 의해 보호되는 공익의 정도가 얼

---

pp. 213-215.
73) Aharon Barak 2010, *op. cit.*, p. 12; Aharon Barak 2012, *op. cit.*, pp. 348-350.
74) Iryna Ponomarenko 2016a, *op. cit.*, p. 1114.
75) Julian Rivers 2006, *op. cit.*, p. 201.
76) *Ibid.*
77) Aharon Barak 2007, *op. cit.* pp. 381-382, Robert Alexy 2017, *op. cit.*, p. 23.

마나 큰지 등등을 평가해야 한다. 재판관들은 헌법상 권리의 제한 정도나 감수해야 하는 위험의 정도에 관해 서로 다른 평가를 내릴 수 있다. 그러나 12년 동안 독일연방헌법재판소에서 과잉금지원칙을 적용해 본 개인적인 경험에 따르면, 저울의 양쪽이 가능한 한 정확한 요소로 채워진다면, 만장일치 의견에 이르는 것은 대개의 경우 쉬운 일이었다.[78]

### 3) 비교형량의 실제1: Barak의 방법론

법익의 균형성 원칙에서의 비교형량이 실제로 어떻게 작동하는지를 알아보기 위해 우선 Barak의 방법론을 예로 들어 살펴본다. Barak은 심판대상조항보다 입법목적의 달성 정도도 덜하고 헌법상 권리 제한 정도도 덜한 비례성이 있는 입법대안이 있는 경우에는 그러한 입법대안과의 비교형량을 통해 심판대상조항에 의한 공익달성 정도의 증가분과 헌법상 권리 제한 정도의 증가분을 비교할 수 있다는 전제에서 출발한다.[79] Barak은 이러한 비교 구조를 전제로 하여 법익의 균형성 원칙에서의 비교형량을 심판대상조항의 제정에 따른 '한계 이익(marginal benefit)'과 '한계 해악(marginal harm)'의 비교로 파악한다.[80]

Barak에 따르면, 이러한 비교는 항상 구체적인 사건에서 수집되는 자료에 따라 이루어지게 되는데, 한계 이익에 관해서는 공익의 내용의 사회적 중요성, 입법적 조치가 없다면 발생할 해악에 비추어 볼 때 공익 실현을 해야 할 긴급성, 그러한 해악의 발생가능성과 같은 요소에 관한 자료를 수집하여야 하고, 한계 해악에 관해서는 제한되는 헌법상 권리의 사회적 중요성, 제한의 정도 및 제한되는 국면, 제한의 현실적 가능성과 같은 요소를 조사하여야 한다.[81]

---

78) 헌법재판소 비교헌법연구회, 비교헌법연구회 세미나 발표자료집(2018. 6. 19.), 제150쪽.
79) Aharon Barak 2010, op. cit., p. 8.
80) Aharon Barak 2012, op. cit., p. 356, 364.
81) Aharon Barak 2010, op. cit., p. 12; Aharon Barak 2012, op. cit., p. 348.

Barak은 이러한 요소들을 조사하여 결국 입법목적을 달성함으로써 얻는 이익의 사회적 중요성과 인권 제한을 없애는 것의 사회적 중요성을 비교하는 것이 법익의 균형성 원칙의 내용이라고 주장한다.82) Barak은 심판대상조항에 의해 달성하려는 공익의 사회적 중요성과 청구인의 헌법상 권리의 제한을 막아야 할 사회적 중요성은 그 나라의 역사적 배경, 정치 체계, 사회적 가치, 법체계를 고려해서 결정된다고 보고, 헌법에서 명문으로 강조하고 있는 가치인지 여부, 다른 헌법상 권리 실현의 전제가 되는 헌법상 권리인지 여부, 특수한 역사적 경험 때문에 사회적으로 강조되는 가치인지 여부를 예로 든다.83)

Barak은 법익의 균형성 원칙에서의 비교형량은 이와 같이 개별 사건의 구체적인 사정을 상세하게 파악하는 것을 전제로 하기 때문에 원칙적으로 당해 사건에만 적용되는 "개별 구체적 비교형량[concrete(ad hoc) balancing]"이라고 주장한다.84) Barak은 이를 종합하여 비교형량을 아래와 같이 정식화한다.

> 인권의 '한계제한(marginal limit)'이 중요하면 할수록, 그리고 인권이 제한될 가능성이 크면 클수록, 제한을 가함에 따르는 한계공익은 중요성, 긴급성 및 실현가능성이 커야만 한다.85)

이와 같은 내용의 Barak의 방법론은 앞서 살펴본 측정과 비교형량의 이론적 측면을 '사회적 중요성'이라는 '공통의 비교요소(covering value)'

---

82) Aharon Barak 2010, op. cit., pp. 7-8.
83) Aharon Barak 2012, op. cit., pp. 349-350.
84) Aharon Barak 2010, op. cit., p. 11.
85) 원문은 다음과 같다. To the extent that greater importance is attached to preventing the marginal limit to a human right and to the extent that the probability of the right being limited is higher, the marginal benefit to the public interest brought about by the limitation must be of greater importance, of greater urgency, and possessing a greater probability of materializing[Aharon Barak 2010, op. cit., p. 11].

를 중심으로 재구성한 것으로 평가할 수 있다.

Barak의 방법론은 특히 ①심판대상조항만큼 입법목적을 달성하면서 청구인의 헌법상 권리는 더 적게 제한하지만 심판대상조항에 비해 추가적인 재정지출이 필요하다거나 제3자의 헌법상 권리를 제한하는 입법대안이 있는 경우, 혹은 ②심판대상조항만큼 입법목적을 달성하지는 못하지만, 헌법상 권리 제한 정도는 적은 입법대안이 있는 경우에 법익의 균형성 원칙 논증을 정교하고 용이하게 만든다. 즉, '대가 동일성 검증단계'에서 탈락한 입법대안이나 '목적달성 동일성 검증단계'에서 탈락한 입법대안이 있는 경우에 이러한 입법대안에 의할 경우와 심판대상에 의할 경우를 비교하는 방법으로 한계공익 및 한계사익을 가늠해 봄으로써 비교형량을 좀 더 쉽게 할 수 있다. 심판대상조항 대신 그러한 입법대안을 택했다고 가정한 다음, 그로 인한 입법목적 달성 감소의 정도 등 각종 손실과 헌법상 권리 제한 완화의 정도 등 각종 이익을 비교해 봄으로써 심판대상조항의 법익 균형 여부를 판단할 수 있기 때문이다.

#### 4) 비교형량의 실제2: Alexy의 방법론

Alexy의 비교형량 방법론은 '규칙(rule)'과 '원리(principle)'의 구별에서부터 시작한다. 즉, Alexy는 '규칙'은 그것을 충족시키지 못하면 곧바로 위법이지만, '원리'는 주어진 법적, 사실적 가능성 하에서 가능한 한 최대로 실현될 것을 요구하기 때문에 위법 여부를 일률적으로 정할 수 없다는 점에서 양자가 구별된다고 설명한다.[86] 또한 Alexy에 따르면 '규칙'의 적용은 포섭의 형태로, '원리'의 적용은 형량의 형태로 이루어진다.[87]

이러한 구별을 전제로, Alexy는 법익의 균형성 원칙이란 '경쟁관계에 있는 원리들 사이의 최적화(optimization relative to competing principles)' 명령을 의미하는 것이라고 주장한다. 그는 법익의 균형성 원칙이 주어진

---

86) Robert Alexy 2002, op. cit., pp. 47-48.
87) Robert Alexy 2017, op. cit., p. 14.

법적 가능성 하에서의 최적화명령이라는 점에서 주어진 사실적 가능성 하에서의 최적화명령인 수단의 적합성 원칙과 피해의 최소성 원칙과 구별된다고 본다.

위와 같은 법이론적 분석을 토대로 Alexy는 법익의 균형성 원칙을 '하나의 원리에 대한 제한이 크면 클수록, 다른 원리를 만족시켜야할 중요성이 커야 한다'라는 '형량법칙(Law of Balancing)'에 다름 아닌 것으로 파악한다.[88] Alexy는 위 형량법칙을 과잉금지원칙의 적용강도에 관한 형량 제2법칙과 구별하기 위해 '형량 제1법칙(first law of balancing)'이라 부른다.

형량 제1법칙은 실체적 요소에 관한 형량 법칙(substantive law of balancing)이라고도 한다. 이에 대해 형량 제2법칙은 경험적 요소에 관한 형량 법칙(epistemic law of blancing)이라고도 한다.[89] 구체적으로 Alexy는 형량 제1법칙을 (1) 첫 번째 원리에 대한 '제한의 정도(intensity of interference)' 확인, (2) 첫 번째 원리와 경쟁관계에 있는 또 다른 원리를 '충족시켜야 할 중요성(importance of satisfaction)' 확인, (3) 확인된 중요성의 정도가 확인된 제한의 정도를 정당화 하는지의 확인의 삼단계의 판단과정으로 분석한다.[90]

Alexy에 따르면, 하나의 원리에 대한 제한의 정도와 다른 원리를 충족시켜야 할 중요성의 정도는 각각 '강/중/약(serious, moderate, light)'의 삼단계 중 어느 하나로 파악할 수 있고, 일단 이와 같이 파악한 중요성의 정도를 비교하여 어느 쪽이 더 크다고 판단하는 것은 자의적인 것이 아니라 합리적이고 논리적인 과정이다.[91] 또한 Alexy는 강/중/약의 분류는 이를 정당화하는 법적인 논변들에 의해 뒷받침되므로, 비교형량은 단순히 강/중/약의 분류에 따른 기계적인 정답이 아니라고 주장한다. 이러한

---

[88] 형량 법칙의 원문은 다음과 같다. "The greater the degree of non-satisfaction of or detriment to one principle, the greater must be the importance of satisfying the other"(Robert Alexy 2002, op. cit., p. 401).
[89] Robert Alexy 2002, op. cit., p. 401, pp. 418-419.
[90] Robert Alexy 2002, op. cit., p. 401.
[91] Ibid., p. 402-405.

관점에서 Alexy는 합리적인 법적 논변이 가능하다면, 그 결과물인 비교형량 역시 합리성을 잃지 않는다는 논리적 귀결에 이른다.[92]

Alexy의 비교형량 이론은 구체적인 상황을 강조하는 것을 통해 '통약불가능론(incommensurability)'을 극복한다. 즉, Alexy는 헌법상 권리가 제한되는 정도와 입법목적을 충족시켜야 할 중요성이 '강/중/약' 어디에 해당하는지는 당해 헌법상 권리와 입법목적의 추상적인 중요성에 따라 결정되는 것이 아니라 당해 사건의 '구체적 상황(concreteness)'을 통해 확인할 수 있다고 본다.[93] 비교형량 대상의 측정방법에 관해 Alexy는, 헌법상 권리가 제한되는 정도는 심판대상조항이 취한 입법목적을 달성하기 위해 취한 수단이 집행되었을 경우를 상정하여 판단할 수 있고, 입법목적을 충족시켜야 할 중요성은 그와 같은 수단을 집행하지 않음으로써 청구인의 헌법상 권리를 보호했을 경우 침해되는 입법목적의 정도를 상정하여 판단할 수 있다고 주장한다.[94]

Alexy는 법익의 균형성 원칙에서의 비교형량에서는 원리의 '제한의 정도(intensity of interference, 'I'로 표기)'뿐 아니라 원리의 '추상적 중요성(abstract weight, 'W'로 표기)' 및 원리의 제한의 정도를 뒷받침 하는 '경험적 전제들의 신뢰성(reliability of empirical premises, 'R$^e$'으로 표기)'과 '규범적 전제들의 신뢰성(reliability of empirical premises, 'R$^n$'으로 표기)'을 함께 고려해야 한다고 본다. 법익의 균형성 원칙 판단 단계에서 비교형량의 대상이 되는 대립하는 원리를 각각 $P_i$, $P_j$라 할 경우, Alexy는 법익의 균형성을 $P_i$, $P_j$의 상대적 중요성을 평가하는 것으로 파악한다. Alexy는 비교형량의 결과인 상대적 중요성을 $W_{i, j}$라고 할 때, 법익의 균형성 원칙은 다음과 같은 내용의 '중요도 공식(Weight Fomula)'으로 표현할 수 있다고 주장한다.[95]

---

92) Robert Alexy 2017, op. cit., p. 24.
93) Robert Alexy 2002, op. cit., pp. 405-406.
94) Ibid., p. 407.
95) Robert Alexy 2017, op. cit., pp. 17-18.

$$W_{i,j} = \frac{I_i \times W_i \times R_i^e \times R_i^n}{I_j \times W_j \times R_j^e \times R_j^n}$$

여기에서 한 걸음 더 나아가, Alexy는 중요도 공식에서 제한의 정도와 원리의 추상적 중요성은 각각 '강(serious)/중(moderate)/약(light)'의 삼단계의 값을 가지는 것으로 이론화 할 수 있고, 각각에 대해 4, 2, 1의 수치를 부여할 수 있다고 보고. 경험적 전제의 신뢰성과 규범적 전제의 신뢰성은 '높음(reliable)/중간(plausible)/낮음(not evidently false)'의 셋으로 이론화 할 수 있고, 각각에 대해 1, $\frac{1}{2}$, $\frac{1}{4}$의 값을 부여할 수 있다고 보는데, 이와 같이 각 변수마다 세 종류의 값을 부여할 수 있으므로 중요도 공식으로 담아낼 수 있는 비교형량 상황의 경우의 수는 3의 8제곱, 즉 6561가지가 된다고 주장한다.[96]

Alexy는 자신의 비교형량방법론은 형식적인 차원과 실체적인 차원을 연결하는 것이므로 자신의 이론을 사법적 논증에서 받아들일 수 없는 형식적이고 수학적인 이론이라고 비판하는 것은 부당하다고 주장한다.[97] 그러나 Alexy가 비교형량의 요소들에 숫자를 부여하는 이상 Alexy의 비교형량방법론은 절대적 계량비교의 가능성을 시사할 수 밖에 없고, 그러한 이유 때문에 비교형량의 요소들에 숫자를 부여하는 것에는 동의하기 어렵다.[98] 숫자를 부여하는 것은 기수적인 것이므로 '강/중/약'의 서수적 서열을 전제로 하는 Alexy의 주장에 스스로 모순되는 측면이 있고, 특히 중요도 공식 중 신뢰성이라는 변수는, 추상적 중요성이나 제한의 정도라는 변수와는 완전히 다른 기능을 하므로 동일하게 취급하여서는 안 된다.[99]

---

96) *Ibid.*, p. 18.
97) Robert Alexy 2017, *op. cit.*, pp. 20-21.
98) 같은 취지의 비판으로, 예컨대, Francisco Urbina 2017, *op. cit.*, pp. 57-58 참조.
99) Jorge Silva Sampaio 2018, *op. cit.*, p. 94(특히 fn. 137)

### 3. 법익의 균형성 원칙의 지위

과잉금지원칙의 하위 원칙들 중 헌법적 가치판단은 목적의 정당성 원칙과 법익의 균형성 원칙에서만 이루어진다.[100] 목적의 정당성 원칙은 헌법적 가치판단을 내용으로 하지만, 대립하는 가치들 사이의 비교형량은 내용으로 하지 않으므로, 헌법적 가치의 비교형량은 법익의 균형성 원칙 단계에서 비로소 시작된다.[101]

특히 피해의 최소성 원칙은 심판대상조항의 입법목적 달성에 있어서의 효율성을 검증하는 것이므로 목적-수단 사이의 관계만을 살필 뿐 비교형량을 내용으로 하지 않는다. 이는 아래와 같은 Grimm의 설명을 통해 쉽게 이해할 수 있다.

> 어떠한 법률이 재산을 보호하기 위해 유일한 수단이 범인을 쏘아 죽이는 것인 경우에는 이를 허용한다고 가정해 보면, 이러한 법률은 피해의 최소성 원칙을 통과한다. 만약 여기에서 판단을 멈추면, 생명권과 재산권 사이의 균형을 달성할 수 없다. 위 법률은 합헌이 될 것이고, 그 결과 생명권은 제대로 보호받지 못하게 된다.[102]

즉, '**심판대상조항에 의해 제한되는 헌법상 권리의 구체적인 가치**'를 분석하고, 그것이 '**심판대상조항에 의해 달성되는 입법목적의 구체적인 가치**'에 의해 정당화될 수 있는지를 살펴보는 헌법적 가치판단은 법익의 균형성 원칙 부분에서 비로소 이루어진다.

과잉금지원칙은 심판대상조항에 의한 헌법상 권리 제한이 헌법상 정당화되는지, 혹시 과잉 제한은 아닌지를 심사하는 것이므로, 그 궁극적인

---

100) Dieter Grimm, 헌법재판소 비교헌법연구회, 비교헌법연구회 세미나 발표자료집(2018. 6. 19.), 제22-23쪽.
101) 한수웅, 위의 책(2019), 제487쪽; Alan Brady 2012, op. cit., p. 260.
102) Dieter Grimm 2007, op. cit., p. 396.

초점은 헌법상 권리 제한의 정도에 있다. 따라서 비교형량을 통해 헌법상 권리 제한의 과잉 여부를 살펴보는 법익의 균형성 원칙이 과잉금지원칙의 핵심적인 부분이다.103) 법익의 균형성 원칙을 '좁은 의미의 과잉금지원칙(proportionality in stricto sensu)'이라고 부르는 이유도 여기에 있다.

## V. 피해의 최소성 원칙과 법익의 균형성 원칙의 차이

이상의 고찰을 통해 피해의 최소성 원칙과 법익의 균형성 원칙이 완전히 구별됨을 알 수 있다.104) 양자의 구별은 자칫 간과하기도 쉽고, 혼동하기도 쉽지만, 법익의 균형성 원칙이 피해의 최소성 원칙과 '완전히 다른(totally different)' 기능을 수행한다는 점을 깨닫는 것은 '매우 중요하다(vital).'105) 이하에서 양자의 차이를 좀 더 구체적으로 살펴본다.

### 1. 차이점1: 입법목적 달성 정도를 주어진 목표치로 보는지

피해의 최소성 원칙에서 이루어지는 비교는 심판대상조항의 입법목적 달성 정도 자체에 대해 의문을 제기하지 않는다.106) 피해의 최소성 원칙

---

103) 이준일, 위의 책(2019), 제351쪽; 문재완, 위의 논문(2018), 제28쪽; 한수웅, 위의 책(2019), 제498쪽; 한수웅, 위의 논문(2006. 12.), 제7쪽; Aharon Barak 2007, *op. cit.*, p. 380; Guy Davidov 2000, *op. cit.*, pp. 197-198; Niels Petersen 2017, *op. cit.*, p. 2; Stephen Gardbaum 2017, *op. cit.*, p. 224. 이와 달리, 과잉금지원칙의 핵심은 피해의 최소성 원칙 판단에 있다는 견해도 있다[김대환, 위의 논문(2006. 12.), 제28쪽; 김하열, "법률에 의한 기본권의 형성과 위헌심사 - 참정권과 청구권을 중심으로 -", 고려법학 제67호(2012. 12.), 제69쪽].
104) Aharon Barak 2012, *op. cit.*, p. 344.
105) Julian Rivers 2006, *op. cit.*, p. 200.
106) Charles-Maxime Panaccio 2017, *op. cit.*, p. 662; 이재홍, 위의 논문(2017. 12.), 제125-126쪽.

의 내용으로 '목적달성 동일성 검증단계'가 존재하는 이상, 입법대안은 심판대상조항만큼 입법목적을 달성해야 하기 때문이다. 피해의 최소성 원칙에서 심판대상조항의 입법목적 달성 정도는 '주어진 목표치(=상수)'로 취급된다. 이 주어진 목표치를 달성하기 위해서 심판대상조항과 입법대안 중 어느 것이 기본권 제한이라는 대가를 적게 치르는지를 따져 보는 것이 피해의 최소성 원칙에서 이루어지는 비교의 핵심이다. 따라서 피해의 최소성에서의 비교는 심판대상조항과 입법대안 중 어느 것이 주어진 입법목적을 더 효율적으로 달성하는지를 묻는 것이고 이는 '적합도(fitness)'의 비교라고 말할 수 있다.107) Rivers는 이 점을 다음과 같이 설명한다.

> 피해의 최소성 원칙 단계에서는 심판대상조항의 입법목적 달성 정도가 너무 높은지 아닌지는 판단의 대상이 아니다. 예컨대, 심판대상조항이 거의 완벽한 수준의 안보를 목적으로 하더라도 피해의 최소성 원칙 단계에서는 아무런 문제가 아니다. 피해의 최소성 원칙은 그러한 입법목적 달성의 정도를 주어진 목표치로 보고, 이를 전제로 하여 헌법상 권리 제한 정도를 더 적게 할 수 있는 수단이 있는지를 물을 뿐이다.108)

반면, 법익의 균형성 원칙에서의 비교형량은 '**심판대상조항에 의해 제한되는 헌법상 권리의 구체적인 가치**'에 견주어 볼 때 심판대상조항이

---

107) Aharon Barak 2007, op. cit., p. 380. 피해의 최소성 원칙은 '파레토 효율(pareto-optimality)'을 검토하는 단계라는 견해로, Robert Alexy 2002, op. cit., p. 399; Julian Rivers 2006, op. cit., p. 198; Matthias Klatt, Moritz Meister 2012, op. cit., p. 10; Mattias Kumm, "Is the Structure of Human Rights Practice Defensible? Three Puzzles and Their Resolution", Proportionality: New Frontiers, New Challenges, ed. Vicki Jackson, Mark Tushnet, Cambridge University Press(2017), p. 61; Niels Petersen 2017, op. cit., p. 38, 74, 75.
108) Julian Rivers, "Proportionality, discretion and the Second law of Balancing", Law, Rights and Discourse - The Legal Philosophy of Robert Alexy -, ed. George Pavlakos, Hart Publishing(2007a), p. 171.

의도하는 만큼의 입법목적을 달성할 필요가 있는지에 의문을 제기한다.[109] 즉, 비교형량은 심판대상조항의 입법목적 달성 정도 자체가 온당한지를 따져보는 것을 핵심적인 내용으로 한다. 따라서 비교형량에 있어서 심판대상조항의 입법목적 달성 정도는 주어진 목표치나 상수가 아니라 덜 달성해도 되는 변수로 취급된다.

적합도와 비교형량이 분명히 다르다는 것은 일상의 경험을 통해서도 알 수 있다. 예컨대, 몸과 옷의 관계가 그러하다. 매장에 있는 소, 중, 대, 특대 크기의 옷 중 어떤 것이라도 그 옷이 잘 맞는 사람을 구할 수 있다. 즉, 적합도는 다양한 수준에서 충족될 수 있다. 이는 옷의 크기 자체를 주어진 것으로 보고 거기에 대해 의문을 제기하지 않기 때문이다. 그러나 옷의 크기 자체에 대해 의문을 제기하면 이야기가 달라진다. 예컨대 정상체중의 사람에게 특대 사이즈의 옷을 주면서 거기에 맞게 살을 찌우라고 하는 상황을 상정해보자. 이러한 요구가 부당하다는 것은 '그렇게 살을 찌움에 따라 생기는 건강상의 해로움 등을 감수하면서까지 옷에 몸을 맞추어야 하는지'를 따져봄으로써 알 수 있다.

이와 같이 '설령 어떠한 주어진 목표 달성 정도에 의문을 제기하지 않고 그대로 받아들일 때 적합도가 인정된다 하더라도, 그러한 적합도를 실현하기 위해 희생한 대가에 비추어 볼 때 그 정도로 많이 목표를 실현하는 것이 과연 적절한지'를 묻는 것이 바로 '균형(balance)' 혹은 '비교형량(balancing)'이다. 그렇기 때문에 적합도가 있어도 균형은 이룰 수 없는 경우가 발생할 수 있다. 이와 같이 양자가 분명히 구별되기 때문에 적합도와 비교형량은 과잉금지원칙에 대한 이해의 스펙트럼의 양 극단이라고도 불린다.[110]

---

109) 한수웅, 위의 논문(2006. 12.), 제7-8쪽; 이를 수인가능성의 관점에서 설명하는 견해로, 정종섭, 위의 책(2018), 제385쪽.
110) Iryna Ponomarenko 2016a, *op. cit.*, pp. 1112-1114.

## 2. 차이점2: 판단의 주안점이 헌법상 권리 제한의 심각성인지

피해의 최소성 원칙에서는 심판대상조항이 입법목적을 달성하기 위해 적절하고도 필요한 수단인지 여부가 주된 관심사이다.111) 즉 청구인이 헌법재판소에까지 온 이유인 '헌법상 권리 제한의 심각성'은 피해의 최소성 원칙 단계까지는 본격적인 관심사가 아니다. 피해의 최소성 원칙에서 헌법상 권리 제한 정도를 들여다보는 판단 단계인 '제한 완화 검증 단계'에서조차 입법대안의 헌법상 권리 제한 정도를 심판대상조항의 헌법상 권리 제한 정도와 서로 비교할 뿐, 심판대상조항에 의한 헌법상 권리 제한 정도 자체가 얼마나 심각한지는 논증의 대상이 아니다.

심판대상조항이 달성하는 입법목적의 정도가 심판대상조항에 의한 헌법상 권리의 제한의 심각성을 규범적으로 정당화할 수 있는지에 관한 판단은 피해의 최소성 원칙의 하위 판단단계인 '입법대안 존부 검증단계', '목적달성 동일성 검증단계', '대가 동일성 검증단계', '제한 완화 검증단계' 중 어느 것의 내용도 아니다.112) 헌법상 권리 제한 정도 자체의 심각성은 법익의 균형성 원칙 판단에 이르러 비로소 심사의 대상이 된다.113)

## 3. 차이점3: 비교의 방법, 대상, 성격

피해의 최소성 원칙과 법익의 균형성 원칙은 비교의 방법과 대상의 측면에서도 분명히 구별된다. 먼저, 비교의 방법 측면에서는 비교를 위해 입법대안 상정이 필수적인지 여부가 다르다. 법익의 균형성 원칙에서

---

111) 목적의 정당성 원칙이나, 수단의 적합성 원칙 판단 역시 그러하다. Aharon Barak 2007, op. cit., p. 374.
112) 성정엽, 위의 논문(2013. 6.), 제14쪽.
113) 한수웅, 위의 논문(2006. 12.), 제8쪽; 한수웅, 위의 책(2019), 제498쪽; Jamie Cameron, "The Past, Present, and Future of Expressive Freedom under the Charter", Osgoode Hall Law Journal Vol. 35, No. 1(1997), p. 66; Aharon Barak 2007, op. cit., p. 380; Dieter Grimm 2007, op. cit., p. 393; Francisco Urbina 2017, op. cit., p. 8

의 비교형량을 위해서는 '**심판대상조항에 의해 달성되는 입법목적의 구체적인 가치**', '**심판대상조항에 의해 제한되는 헌법상 권리의 구체적인 가치**' 각각을 측정하여야 한다. 이 측정은 심판대상조항이 없는 상황과 심판대상조항이 있는 상황을 비교하는 방법에 의하므로, 이는 입법대안이 있든 없든 가능하다. 그러나 피해의 최소성 원칙에서의 비교는 입법대안과 심판대상조항과의 비교이므로 입법대안 없이는 논증이 불가능하다.

비교의 대상의 측면에서 보면, 법익의 균형성 원칙에서는 '**심판대상조항에 의해 달성되는 입법목적의 구체적인 가치**'와 '**심판대상조항에 의해 제한되는 헌법상 권리의 구체적인 가치**'를 서로 비교한다. 한편, 피해의 최소성 원칙에서는 입법대안과 심판대상조항 각각의 '입법목적 달성 정도'끼리 서로 비교하고, 입법대안과 심판대상조항 각각의 '헌법상 권리 제한 정도'끼리 서로 비교한다.[114]

특히 피해의 최소성 원칙에서는 심판대상조항의 입법목적 달성 정도와 심판대상조항에 의한 헌법상 권리 제한 정도 사이의 비교는 이루어지지 않는다.[115] 이 점을 Rivers는 다음과 같이 설명한다.

> 피해의 최소성 원칙 단계에서는 대립하는 헌법원리들 사이의 비교는 이루어지지 않는다. 입법목적 달성의 정도와 헌법상 권리 제한의 정도 사이의 직접적인 비교는 피해의 최소성 원칙에서 이루어지지 않는다.[116] 피해의 최소성 원칙 판단은 서로 다른 두 가지 가치를 비교하는 것이 아니다. 피해의 최소성 원칙은 어떠한 공익 달성 정도가 주어졌을 때, 이를 달성하기 위해 불필요한 인권 제한이라는 비용 발생을 피할 것을 요구할 뿐이다.[117]

---

114) Niels Petersen 2017, *op. cit.*, pp. 74-75.
115) 황치연, 위의 책(1995), 제96쪽.
116) Julian Rivers 2007a, *op. cit.*, p. 171.
117) Julian Rivers 2007a, *op. cit.*, p. 179.

이러한 이유 때문에 피해의 최소성 원칙에서의 비교는 복잡한 규범적 판단이라기보다는 실증적 판단에 가깝다. 따라서 입법대안을 여러 개 상정할 수 있는 경우가 아닌 한 피해의 최소성 원칙 판단은 많은 양의 논증 없이 마무리 할 수 있다.

반면, 법익의 균형성 원칙에서의 비교는 구체적 가치들 사이의 규범적 평가를 내용으로 하므로, 이를 위해 각 사건 특유의 각종 증거와 자료, 정치적, 역사적, 철학적, 법적, 사회적 성찰의 결과물을 상세하고 풍부하게 제시하여야 하므로, 대개의 경우 많은 양의 논증이 필요하다. 이상의 차이점을 표로 정리하면 아래 〈표 1〉과 같다.

〈표 1〉 피해의 최소성 원칙과 법익의 균형성 원칙의 차이점

| | 피해의 최소성 원칙 | 법익의 균형성 원칙 |
| --- | --- | --- |
| 심판대상조항의 입법목적 달성 정도 | 달성해야만 하는 주어진 목표치 | 덜 달성해도 되는 변수 |
| 판단의 주안점 | 입법목적 달성을 위한 효율성 | 헌법상 권리 제한의 심각성 |
| 비교의 방법 | 입법대안 상정 필수 | 입법대안 상정 불요 |
| 비교의 대상 | ①입법목적 달성 정도 VS 입법목적 달성 정도, ②기본권 제한 정도 VS 기본권 제한 정도 | 입법목적 달성 정도의 구체적 가치 VS 기본권 제한 정도의 구체적 가치 |
| 비교의 성격 | 실증적 판단 위주 | 규범적 판단 위주 |

## 제3절 과잉금지원칙의 적용강도 이론

### Ⅰ. Alexy의 이론

#### 1. 입법자의 재량이론

Alexy는 입법자의 재량을 크게 둘로 나눈다. 첫째는 '구조적 재량(structural discretion)'이고, 둘째는 '인식론적 재량(epistemic discretion)'이다. 인식론적 재량은 다시 '경험적(empirical) 인식에 있어서의 재량'과 '규범적(normative) 인식에 있어서의 재량'으로 나뉜다(이하에서는 각각을 '경험-인식론적 재량', '규범-인식론적 재량'이라 한다).118)

Alexy에 따르면, 과잉금지원칙 적용에 있어 입법재량은 '비교불가 사안(stalemate case)'에서 고려되는데, 비교불가 사안은 '헌법상 권리의 규범적 구조(normative structure of constitutional rights)' 때문에 발생하기도 하고, '인식론적 한계(limits to our possible knowledge)' 때문에 발생하기도 한다. 이러한 입법재량 중 전자에 의해 발생하는 것을 구조적 재량이라 하고, 후자에 의해 발생하는 것을 인식론적 재량이라 하는데, 이와 같이 구조적 재량 또는 인식론적 재량이 발생하는 경우에 입법자의 판단이 존중된다.119)

구체적으로, 구조적 재량은 법익의 균형성 원칙 단계에서 비교의 대상인 입법목적 충족의 중요성의 정도와 헌법상 권리 제한의 심각성의 정도가 동일한 경우에 발생한다. 이와 같이 구조적 재량이 발생하면 입법자의 판단을 우선하므로, 이는 곧 과잉금지원칙 중 법익의 균형성 원칙의 적용강도를 완화한다는 의미이다. 구조적 재량이 발생하는 경우에

---

118) Robert Alexy 2002, op. cit., p. 393.
119) Ibid., pp. 413-414.

는 법익의 균형성 원칙의 적용강도를 완화하여 입법자의 판단을 우선하는 한 가지 결론에 이를 뿐이다. 반면에, Alexy는 인식론적 재량은 형량 제2법칙으로 개념화하는데, 인식론적 재량이 발생하는 경우에는 구조적 재량과 달리 과잉금지원칙의 적용강도를 여러 가지로 다양화할 수 있다. 이에 관해서는 항을 달리 하여 살펴본다.

### 2. 형량 제2법칙

Alexy는 인식론적 재량에 의해 입법재량이 발생하는 경우 과잉금지원칙의 적용강도는 아래와 같이 정식화할 수 있는 '형량 제2법칙(second law of balancing)'[120)]에 의해 결정된다고 본다.

> 헌법상 권리에 대한 제한이 중대할수록 그 제한을 정당화하는 전제사실들에 대한 확실성이 커야 한다.[121)]

즉, Alexy의 형량 제2법칙은 인식론적 재량이 발생하는 상황에서 과잉금지원칙의 적용강도는 헌법상 권리 제한의 중대성의 정도에 따라 결정된다는 의미이다. 제한의 중대성의 정도는 연속적으로 다양하게 파악할 수 있으므로, 인식론적 재량이 발생하면 과잉금지원칙의 적용강도를 여러 가지로 다양화할 수 있다. 이러한 관점에서 Alexy는 독일연방헌법재판소의 공동결정에서의 3단계 위헌심사강도 분류를 '내용에 관한 심층심사(intensive review of content)', '납득가능성 심사(plausibility review)', '증거 심사(evidential review)'로 보고, 이를 인식론적 재량을 형량 제2법칙에 맞추어 3단계로 유형화 하는 것에 상응한 것이라고 평가한다. 즉, Alexy

---

120) 형량 제2법칙은 '경험적 요소에 관한 형량법칙(empirical law of balancing)'이라고도 한다(*Ibid.*, p. 418).
121) 원문은 다음과 같다. "The more heavily an interference in a constitutional right weighs, the greater must be the certainty of its underlying premises."(*Ibid.*, p. 419)

에 따르면 헌법상 권리에 대한 제한이 중대하면 그 경험적 전제의 실질적 내용 자체의 확실성도 높아야 한다. 중간 정도의 확실성은 헌법상 권리 제한의 전제가 납득가능하거나 주장 가능할 정도는 되어야 함을 의미한다. 가장 낮은 정도의 확실성은 경험적 전제를 뒷받침하는 증거들이 오류가 아니면 된다는 것을 의미한다.[122]

## II. Rivers의 이론

### 1. 개관

Rivers의 이론은 Alexy의 구조적 재량과 인식론적 재량 개념을 기본으로 한다. Rivers는 과잉금지원칙 적용에 있어서는 '실체적인 과잉금지의 원리(substantive principle of proportionality)'와 '형식적인 과잉금지원칙의 적용강도의 원리(formal principle of intensity of review)'의 두 가지가 작동하고, 인식론적 혹은 규범적 불확실성을 해결하기 위한 과잉금지원칙의 적용강도의 원리는 기관의 능력과 정당성을 고려한 권력분립을 감안하여야 한다고 주장한다.[123] 이를 바탕으로 Rivers는 '과잉금지원칙의 적용강도 다양화 원칙(doctrine of variable intensity of review)'에[124] 관한 연구를 수행한다. 과잉금지원칙의 적용강도 다양화 원칙에 관한 Rivers의 이론은 물론이고, 그에 대한 평가 역시 과잉금지원칙의 적용강도 다양화 원칙이 위헌심사척도 선택 단계에서 과잉금지원칙이라는 위헌심사척도를 선택할지 여부에 관한 것이 아니라, 불확실성 해소 단계에서 과잉금

---

122) *Ibid.*, pp. 419-420. Alexy는 내용에 관한 심층심사를 채택한 독일연방헌법재판소 결정례로 종신형에 관한 BVerfGE 50, 290(333)을, 납득가능성 심사를 채택한 결정례로 마리화나에 관한 BVerfGE 90, 145(182)를 든다.
123) Julian Rivers 2006, *op. cit.*, p. 177, 182.
124) *Ibid.*, p. 207.

지원칙이라는 위헌심사척도를 적용하는 강도의 다양화라는 점을 분명히 인식하는 바탕 위에서 이루어진다.125)

Rivers의 연구는 권력분립원리가 붕괴되지 않으려면 재량에 관한 이론이 과잉금지원칙의 전 영역에 걸쳐 차원을 달리하여 구축되어야 함을 전제로 한다.126) 즉, 과잉금지원칙의 내용은 입법부가 적용할 때나 사법부가 적용할 때나 차이가 없기 때문에, 사법부가 과잉금지원칙 위반 여부의 최종적 판단권을 가지고 있는 이상 입법부의 판단은 항상 사법부의 판단으로 대체될 위험이 있다는 것이다. 이러한 이유에서 Rivers는 과잉금지원칙을 실제로 적용함에 있어서는 과잉금지원칙 자체와는 구별되는 적용 원칙이 있어야만 권력분립원리와의 모순을 피할 수 있다고 본다. 이를 통해 과잉금지원칙은 강하게도 약하게도 적용할 수 있는 원칙이 된다.127) Rivers는 이와 같이 과잉금지원칙이 여러 종류의 다양한 위헌심사척도 중 최고로 강력한 위헌심사척도라기보다는 그 자체로 여러 가지 강도로 적용될 수 있는 유연한 원리이므로, 그 적용강도의 다양화를 논하는 것이 논리적으로 맞아 떨어진다고 본다.128)

## 2. 형량 제2법칙의 구체화

Rivers는 과잉금지원칙 적용에 있어 불확실성을 인정하고, 형량 제2법칙을 구체화함으로써 과잉금지원칙 적용에 있어 불확실성과 입법재량과

---

125) Jeff King, "Proportionality: A Halfway House", *New Zealand Law Review*(2010), p. 359.
126) Julian Rivers, "Proportionality and discretion in International and European Law", *Transnational Constitutionalism: International and European Perspectives*, ed. N. Tsagourias, Cambridge University Press(2007b), p. 107.
127) Julian Rivers, "Constitutional Rights and Statutory Limitations", *Institutionalized Reason: The Jurisprudence of Robert Alexy*, ed. Matthias Klatt, Oxford University Press(2012), p. 252.
128) Julian Rivers 2006, *op. cit.*, p. 203.

의 관계를 좀 더 자세히 이론화한다. 우선, Rivers는 Alexy가 형량 제2법칙에서 말하는 "확실성(certainty)"이란 정확히 말해 "가능성(probability)"이 아니라 "신뢰성(reliability)"이라고 보고,129) 형량 제2법칙을 다음과 같이 재정의한다.

> 헌법상 권리 제한의 정도가 크면 클수록 입법목적이 충분히 큰 정도로 실현될 수 있다는 입법자의 판단에 대한 신뢰성이(reliability) 커야만 한다.130)

즉, Rivers에 따르면, 이와 같이 규범-인식론적 재량 혹은 입증재량은 입법자의 사실에 관한 예측 판단의 신뢰성에 관한 것이고, 헌법상 권리 제한의 정도가 크면 클수록 사법부는 사법심사 과정에서 입법자에게 예측 판단의 신뢰성을 더 강하게 입증하도록 요구할 수 있다.131) Rivers는 사법부가 권리의 제한 정도나 입법목적의 구체적 실현 정도를 평가함에 있어 얼마나 세밀한 눈금을 사용하는지에 따라 입법부의 재량이 결정되고, 입법자의 재량은 눈금의 세밀함에 반비례한다고 본다.132) Rivers는 형량 제2법칙을 다음과 같이 구체화한다.

> 형량 제2법칙은 과잉금지원칙의 적용강도를 결정하는 법칙이므로 이를 일반화하면, "헌법상 권리 제한의 정도가 클수록 사법부의 과잉금지원칙 적용강도는 강해져야 한다"가 된다. 과잉금지원칙의 적용강도를 결정하는 일반원칙으로서의 형량 제2법칙은 다음의 네 가지로 구체화할 수 있다. (1) 판단 대상인 헌법상 권리가 중요하면 할수록 구조적 재량의 범위는 줄어든다. (2) 헌법상 권리 제한의 정도가 크면 클수록 심판대상조항을 제정한 사실상의 근거를 확립

---

129) 이 점에 관해서는 Alexy도 Rivers의 주장이 맞다고 인정하였다(Robert Alexy 2017, op. cit., p. 345).
130) Julian Rivers 2007a, op. cit., pp. 182-183.
131) Ibid., p. 183.
132) Ibid., pp. 184-185.

함에 있어 입법절차에서 더 많은 자원을 투입 하여야 한다. (3) 헌법상 권리 제한의 정도가 클수록 사법부는 동일한 정도로 입법목적을 달성하면서도 헌법상 권리 제한의 정도가 조금이라도 적은 입법대안을 찾으려고 더욱 노력하고, (4) 입법목적 달성의 정도와 헌법상 권리 제한의 정도를 더욱 세밀하게 구별하여 판단한다.133)

나아가 Rivers는 과잉금지원칙의 적용강도 완화의 근거를 사법부의 전문성의 상대적 부족을 이유로 과잉금지원칙의 적용강도를 낮추는 '존중(deference)'과 정당성의 부족을 이유로 과잉금지원칙의 적용강도를 낮추는 '자제(restraint)'로 나눈다.134) 결국 Rivers에 따르면, 제한되는 헌법상 권리의 중대성, 헌법상 권리의 제한 정도, 당해 사안에 관한 사법부의 상대적 전문성 및 정당성에 따라 구체적 사건에서 다양한 과잉금지원칙의 적용강도 중 어느 것을 택할지를 정하게 된다.

### 3. 과잉금지원칙의 하위 원칙별 적용강도의 다양화

Rivers는 우선 목적의 정당성 원칙과 수단의 적합성 원칙 단계에는 입법자의 재량의 영역이 매우 넓으므로, 그 한계를 명확히 정해 주는 것으로 충분하고 '존중(deference)'과 '자제(restraint)'는 발생하지 않는다고 본다.135) 다음으로 Rivers는, 피해의 최소성 원칙 심사는 효율성 혹은 파레토 적합성을 따지는 것이므로, 입법자에게는 실현할 공익의 수준을 정할 재량이 있고, 이 단계에서 사법부는 실현할 공익의 정도의 당부에 대해서는 판단을 '자제'해야 한다고 본다. Rivers에 따르면, 심판대상조항이나 입법대안이 입법목적을 얼마나 달성하는지는 정확히 측정할 수 없는 예

---

133) Julian Rivers 2007a, op. cit., p. 187.
134) Julian Rivers 2012, op. cit., p. 195, 203.
135) Ibid., p. 198, 202.

측판단이므로 불확실성이 있고, 그러한 예측판단에 있어 입법부가 전문성이 있다면 사법부는 입법부의 판단을 '존중'하는 것이 타당하다고 주장한다.136)

법익의 균형성 원칙에 관하여 Rivers는 세 가지 단계의 사법 자제가 가능하다고 본다. 그에 따르면, '높은 수준의 사법 자제'란 사법부가 특정 수준의 공익을 달성하기 위해 필요할 뿐 아니라 법익 사이의 균형도 이루었다는 입법부의 판단에 의문을 제기하는 것을 매우 꺼려하는 것을 말하고, '중간 수준의 사법 자제'란 사법부가 심판대상조항의 득과 실이 대략적으로 균형 잡혀 있는지를 살펴보는 것을 말하며, '낮은 수준의 사법 자제'란 심판대상조항이 설령 입법목적 달성을 위해 필요하다 하더라도 그것이 관련된 권리와 이익을 조정하는 최선의 방안인지를 심사하는 것을 의미한다.137)

Rivers는 '존중(deference)'의 경우, 사법부의 상대적인 전문성 열위에서 오는 것이므로 그 수준은 사법부가 입법부의 전문적 능력을 얼마나 신뢰하는지에 따라 다양한 형태로 가능하다고 본다. Rivers에 따르면, 존중의 정도는 사법부가 입법부의 판단을 신뢰하기 위해 요구하는 근거의 엄격함에 따라 정해지는데, 사법부는 입법부의 주장을 그대로 받아들일 수도 있고, 선서를 요구할 수도 있으며, 입법부에게 자신의 판단의 근거가 된 사실 자료를 제출하라고 요구할 수도 있으며, 사실 자료 수집 과정의 엄격성까지 요구할 수도 있다.138)

---

136) *Ibid.*, pp. 199-200.
137) *Ibid.*, p. 203.
138) *Ibid.*, pp. 203-204.

## III. Klatt과 Meister의 이론

### 1. 개관

Klatt과 Meister는 목적의 정당성 원칙과 수단의 적합성 원칙 단계에서 입법자는 정당한 목적들 사이에 어느 것을 선택할 것인지, 입법목적 달성에 기여하는 여러 종류의 수단들 중 어느 것을 선택할 것인지에 있어 넓은 구조적 재량이 있다고 보고, 피해의 최소성 원칙 단계에서는 특정한 수준의 목적을 달성하면서 헌법상 권리 제한 정도는 동일한 여러 법률안들 중 어느 하나를 선택할 구조적 재량이, 법익의 균형성 원칙 단계에서는 대립하는 헌법원리들 각각이 제한되는 정도가 동일한 경우에 어느 쪽을 우선시 할 것인지를 선택할 구조적 재량이 있다고 본다.[139] Klatt과 Meister는 인식론적 불확실성이 생기는 경우에는 항상 인식론적 재량이 발생하고, 이러한 인식론적 불확실성은 경험적인 문제에도 규범적인 문제에도 생길 수 있는데, 양자는 모두 Alexy의 형량 제2법칙과 관련된다고 본다.[140] 이러한 점에서 Klatt과 Meister의 이론은 Alexy와 Rivers의 이론과 맥락을 같이 한다.

Klatt과 Meister는 Alexy와 Rivers의 이론을 더 발전시켜 헌법상 권리 제한 정도 자체의 불확실성을 해결할 수 있는 원칙으로 분류형량을 제시하고,[141] Alexy의 형량 제2법칙에서 과잉금지원칙의 적용강도에 관한 부분을 개념상 완전히 분리해 내어 이를 '형식적 헌법원리가 작용하는 심사 차원'으로 개념화한다.[142]

---

139) Matthias Klatt, Moritz Meister 2012, *op. cit.*, pp. 79-80.
140) *Ibid.*, p. 130.
141) *Ibid.*, p. 118.
142) *Ibid.*, p. 143.

## 2. 분류형량(classification balancing)

Klatt과 Meister의 분류형량 이론은 '헌법상 권리에 대한 제한이 얼마나 중대한지에 관해서도 불확실성이 있을 수 있는데, 이를 어떻게 해결할지에 관한 논의가 결여되어 있는 것이 오늘날 비교형량이론의 근본적인 공백임'을 인식하는 지점에서부터 출발한다.[143] Klatt과 Meister는 헌법상 권리 제한의 정도가 불확실한 경우, 이는 ①헌법상 권리 제한이 중대하다고 볼 수 있는 전제들의 '신뢰성(reliability)'과 ②헌법상 권리 제한이 중대하지 않다고 볼 수 있는 전제들 사이의 신뢰성 사이의 형량으로 해결해야 한다고 본다.[144] Klatt과 Meister는 이를 헌법상 권리 제한의 정도를 분류하기 위한 형량이라는 의미에서 '분류형량(classification balancing)'이라고 부른다.[145] Klatt과 Meister에 따르면, 비교형량을 하는 사람이 임의로 헌법상 권리 제한 정도가 경한지 중한지를 정하는 것이 아니라 분류형량의 결과에 따라 헌법상 권리 제한 정도를 결정해야 하고, 분류형량

---

143) Ibid., p. 115.
144) Ibid., pp. 117-118.
145) Ibid., p. 117. Klatt과 Meister는 이를 수식으로 다음과 같이 표현한다(Ibid., p. 118).

$$C_{i1,2} = \frac{C_{i1}}{C_{i2}} = \frac{I_{i1} \times R_{i1}}{I_{i2} \times R_{i2}}$$

이때 C는 헌법상 권리 제한의 가능량을 의미한다. C는 상정 가능한 헌법상 권리 제한의 중대성에 그러한 중대성을 인정할 수 있는 근거들의 신뢰성을 곱한 양이다. 헌법상 권리 제한의 정도가 불확실한 상황에서 헌법상 권리 제한의 정도는 확률적으로 파악할 수밖에 없고, 그것이 바로 헌법상 권리 제한의 가능량인 C가 의미하는 바이다. 즉, C는 헌법상 권리 제한의 정도 I에 신뢰도 R을 곱한 값이다. 위 식에서 $C_{i1}$은 상정 가능한 첫 번째 헌법상 권리 제한의 가능량을, $I_{i1}$는 상정 가능한 첫 번째 헌법상 권리 제한의 심각성의 정도를, $R_{i1}$은 상정 가능한 첫 번째 헌법상 권리 제한의 정도의 신뢰성을 나타낸다. 같은 이치로 $C_{i2}, I_{i2}, R_{i2}$는 상정 가능한 두 번째 헌법상 권리 제한정도의 가능량, 심각성, 신뢰성을 의미한다.

의 결과가 판단불능 상태(stalemate)에 빠질 때 비로소 비교형량을 하는 사람에게 헌법상 권리 제한 정도를 정할 재량이 부여된다.146) Klatt과 Meister는 헌법상 권리 제한 정도에 관해서는 입법자의 주장을 그대로 받아들이는 Alexy의 이론은 입법자도 헌법에 기속된다는 점과 모순된다고 주장한다.147)

## 3. Alexy의 형량 제2법칙으로부터 과잉금지원칙의 적용강도의 분리

Klatt과 Meister는 Alexy의 형량 제2법칙의 검토 대상인 '전제사실들'은 형량 대상인 각 원리에 각각 관련된 전제사실들이라는 점을 강조한다.148) 즉, Klatt과 Meister는 Alexy의 형량 제2법칙이 형량 제1법칙에서 형량 되는 원리들 각각에 대해 따로 적용된다는 점을 짚어내고, 분류형량 개념을 사용하여 Alexy의 형량 제2법칙을 다음과 같이 재정식화 한다.

어떠한 원리 'P'에 대한 제한이 심하면 심할수록, 'P'에 대한 제한의 정도 'I'를 심하다고 분류하는 것을 정당화하는 전제사실의 확실성도 커야만 한다.149)

Klatt과 Meister와 같이 형량 제2법칙을 재정식화하고 나면, 형량 제2법칙은 권력분립원리와 같은 형식적 헌법원리와는 무관한 내용만을 포함하게 된다. 즉, Alexy의 형량 제2법칙은 제한되는 헌법상 권리의 중대성과 이를 정당화 하는 대립되는 헌법원리의 확실성을 비교함으로써 형식적 헌법원리에 관련된 과잉금지원칙의 적용강도에 관한 내용과 형식적 헌법원리와 무관한 분류형량에 관한 내용을 한 데 합쳤으나, Klatt과

---

146) 이상은 *Ibid.*, pp. 118-119에 제시된 설명을 필자가 구체화하여 알기 쉽게 풀어쓴 것이다.
147) *Ibid.*, p. 119.
148) *Ibid.*, p. 122.
149) *Ibid.*, p. 123.

Meister는 이를 분리하여 후자만을 형량 제2법칙으로 재구성한 것이다.
    Klatt과 Meister는 ①인식론적 불확실성을 고려한 실체적 헌법원리에 관한 비교형량과 ②입법부와 사법부 사이의 재량과 권한의 한계를 정하는 '형식적 헌법원리들(formal principles)은 서로 분명히 구별된다고 본다.150) Klatt과 Meister는 Alexy나 Rivers보다 그 구별을 한층 더 예리하게 가다듬은 결과, Alexy의 형량 제2법칙은 실체적 헌법원리들의 제한 정도 결정과 그에 관한 인식론적 확실성 사이의 균형을 요구하는 측면에서는 정당하지만, Alexy의 명시적인 주장과 달리 형식적 원리들과 실체적 원리들 사이의 균형을 요구하는 것은 형량 제2법칙의 내용이 될 수 없다고 주장한다.151)

### 4. 비교형량과 사법심사를 구별하는 2차원 모형(the two-level model)

    Klatt과 Meister는 두 개의 대립하는 실체적 헌법원리들을 비교형량하는 것은 입법부와 헌법재판소의 권한 범위를 정하는 것과는 무관하다고 보고, 이것을 제1차원[='비교형량 차원(balancing level)']으로 명명한다. 즉, Alexy의 형량 제1법칙과 Klatt과 Meister가 앞서 살펴본 바와 같이 재정식화 한 형량 제2법칙은 제1차원(비교형량 차원)에서 적용되고, 제1차원(비교형량 차원)에서는 권력분립원리와 같은 형식적 헌법원리들은 아무런 역할을 하지 않는다는 주장이다.152) 이어 Klatt과 Meister는 입법부와 헌법재판소의 관계는 기관의 권한에 관한 형식적 헌법원리에 관련된 것일 뿐 실체적 헌법원리와는 무관하므로, 이를 따로 떼어내어 제2차원[='사법심사 차원(review level)']으로 명명한다. Klatt과 Meister는 비교형량 차원과 사법심사 차원을 구별함으로써 양자의 혼동에서 비롯되는 과잉금지원칙 자체에 대한 오해를 피할 수 있고, 과잉금지원칙 자체를 변형시키지 않

---

150) *Ibid.*, p. 140.
151) *Ibid.*
152) *Ibid.*, p. 142.

제2장 과잉금지원칙의 이론  83

고서도 사법부의 입법부 통제 이외의 사법작용에까지 과잉금지원칙을 널리 일반화하여 적용할 수 있다고 주장한다.153)

## IV. Brady의 이론

### 1. 이론의 기본 구조: Alexy의 구조적, 인식론적 재량 이론

Brady는 과잉금지원칙의 각 하위 원칙마다 불확실성이 발생할 수 있음을 전제로 하여, 각 하위 원칙별로 입법부나 행정부의 1차적 판단에 대한 사법부의 존중(deference) 정도에 관해 상세한 연구를 하였다.154) Brady는 Alexy가 말하는 '재량(discretion)'은 deference와 기능적으로 유사하므로 deference로 대체해서 이해해도 무방하다고 보고, Alexy의 구조적 재량, 인식론적 재량 이론을 과잉금지원칙의 각 하위 원칙에 적용하여 '구조적(structural)' deference, '인식론적(epistemic)' deference의 관점에서 설명한다.

### 2. 구조적 deference

Brady는 '구조적 deference'를 목적의 정당성 원칙, 피해의 최소성 원칙, 법익의 균형성 원칙에서 생길 수 있다고 보는데, 그에 따르면 '구조적 deference'는 입법부와 같은 1차 판단권자가 선택한 선택지와 그 외의 대안적 선택지 사이의 비교에 관한 것이기 때문에 주로 피해의 최소성

---

153) *Ibid.*, p. 144, 146.
154) Brday는 입법작용뿐 아니라 행정작용에 대한 사법심사에 적용되는 과잉금지원칙의 deference를 망라적으로 연구하였다. 다만, 이 책은 법률에 대한 사법심사에 관하여 서술하므로 Brady의 과잉금지원칙 적용강도 이론도 법률에 대한 과잉금지원칙 적용을 전제로 하여 소개하기로 한다.

원칙에서 발생한다.155) Brady는 피해의 최소성 원칙에서 입법목적을 동일하게 달성하면서 인권 제한 정도도 같은 여러 개의 방안이 있을 때 입법자에게 부여되는 재량을 '구조적 deference'의 대표적인 예로 설명한다.156) 또한 Brady에 따르면, 복수의 정당한 목적 중에 어느 하나를 입법자가 선택한 경우, 그 선택에 대해 목적의 정당성 원칙에서 '구조적 deference'가 부여된다.157) Brady는 법익의 균형성 원칙의 경우, Alexy가 말하는 '판단불가상황(stalemates)'에 '구조적 deference'가 부여된다고 주장한다. 즉, 공익과 인권이 정확히 균형을 이룬 경우에 입법자는 둘 중 어느 것을 우선할 것인지 선택할 수 있는데, Brady는 이를 법익의 균형성 원칙에서의 '구조적 deference'로 본다.158)

### 3. 인식론적 deference

Brady는 '구조적 deference'의 경우, 인권 제한 정도와 공익 달성 정도를 정확하게 측정할 수 있음을 전제로 하나 측정에 관해 불확실성이 있기 때문에 정확한 측정이 항상 가능한 것은 아니라고 보고, 측정에 관한 불확실성 때문에 법관이 겪는 어려움은 '인식론적 deference'에 의해 해소될 수 있다고 주장한다.159) 즉, Brady의 견해는 예컨대, 어떠한 법률조항이 의도한 입법목적을 얼마나 달성하는지에 대한 완벽한 증거를 요구할 수는 없으므로 사법부가 '인식론적 deference'의 정도를 정해 그러한 불확실성을 해결하여야 한다는 것이다.160)

---

155) Alan Brady 2012, *op. cit.*, pp. 63-64.
156) *Ibid.*, p. 64.
157) *Ibid.*, p. 65.
158) *Ibid.*, p. 66.
159) *Ibid.*, pp. 66-67.
160) *Ibid.*, p. 67.

### 가. 경험-인식론적 deference

Brady는 목적의 정당성 원칙에서는 추구하는 목적이 인권을 제한할 필요가 있을 정도로 중요한지에 관해 불확실성이 발생할 수 있고, 수단의 적합성 원칙에서는 어떠한 조치가 의도한 목적을 달성했는지 여부가 불확실할 수 있으므로, 이 때 '경험-인식론적 deference'가 발생할 수 있다고 본다.161) Brady에 따르면, 피해의 최소성 원칙에서는 심판대상조항과 입법대안의 입법목적 달성의 정도와 인권 제한의 정도를 측정할 때 불확실성이 개입할 여지가 있고, 그러한 경우 1차 판단권자에게 '경험-인식론적 deference'가 부여된다.162) 나아가 Brady는 법익의 균형성 원칙의 경우, 심판대상조항이 인권에 미치는 영향의 정도와 심판대상조항에 의한 입법목적의 실현 정도 사이의 균형이 있는지를 판단함에 있어 불확실성이 발생할 수 있고, 이 때 '경험-인식론적 deference'가 부여된다고 본다.163)

### 나. 규범-인식론적 deference

Brady는 '규범-인식론적 deference'를 가치의 우선순위를 정하는 상황에서 필요한 것으로 보아, 규범적 평가를 내용으로 하는 목적의 정당성 원칙과 법익의 균형성 원칙에서 사법부가 의회나 행정부가 정한 우선순위를 존중하고자 할 때 '규범-인식론적 deference'를 부여할 수 있다고 본다. 반면, 수단의 적합성 원칙과 피해의 최소성 원칙 부분에서는 '규범-인식론적 deference'가 발생하지 않는다고 본다.164) 이는 '헌법은 과잉금지심사의 제1단계(목적의 정당성 원칙)에서 등장했다가 제2단계(수단의 적합성 원칙), 제3단계(피해의 최소성 원칙)에서 사라졌다가 제4단계(법

---

161) *Ibid.*, p. 70.
162) *Ibid.*, pp. 70-71.
163) *Ibid.*, p. 71.
164) *Ibid.*, pp. 71-72.

익의 균형성 원칙) 부분에서 다시 등장한다'는 Grimm의 견해와165) 같은 맥락이다.

구체적으로 Brady는 목적의 정당성 원칙에서의 '규범-인식론적 deference'는 '어떠한 목적을 추구할 것인가'라는 의회의 규범적 선택이나, '선택한 목적에 얼마만큼의 중요성을(weight) 부여할 것인가'라는 의회의 규범적 선택을 사법부가 얼마나 존중할 것인지를 정하는 개념으로 파악한다.166) 또한 Brady는 법익의 균형성 원칙에서의 '규범-인식론적 deference'는 대립하는 원리들이 모두 적절하게 균형을 이루어 어느 원리에 우선순위를 두어야 할지 규범적 판단이 곤란한 경우에 사법부가 의회의 판단을 얼마나 존중할지를 정하는 개념으로 본다.

### 4. deference의 정도의 결정

Brady는 불확실성을 해결하기 위해 deference가 필요한 것이므로, 불확실성 해결에 관해 사법부가 입법부의 1차 판단을 존중해야 하는 구체적인 이유가 있는 때에 deference는 정당화 된다는 전제하에, 구체적으로 '구조적 deference'와 '규범-인식론적 deference'는 주로 민주적 정당성으로, '경험-인식론적 deference'는 기관의 능력으로 정당화 될 수 있다고 본다. 그 이유로 Brady는 '구조적 deference'는 정당한 목적들 사이의 선택 및 똑같이 인권 제한적인 수단들 사이의 선택에서 발생하고, '규범-인식론적 deference'는 대립하는 원리들 사이에 균형이 이루어졌는지가 불확실할 때 발생하는데 양자 모두 규범적인 성격이 있는 점, 규범적인 불확실성이 있는 경우 이에 대해 민주적 정당성을 가지고 결단을 내릴 수 있는 기관의 의사를 존중할 필요가 있는 점을 든다.167) Brady는 사안에

---

165) 헌법재판소 비교헌법연구회, 비교헌법연구회 세미나 발표자료집(2018. 6. 19.), 제22-23쪽.
166) Alan Brady 2012, op. cit., p. 72.
167) Ibid., pp. 107-108.

관계없이 민주적 정당성이 '구조적 deference'나 '규범-인식론적 deference'의 근거가 되는 것은 아니라, 사회적 논란의 대상인 사안이거나 민주적 결정에 근거를 둘 경우에 더 잘 받아들여질 수 있는 사안일 경우에 '구조적 deference'나 '규범-인식론적 deference'의 부여가 정당성을 얻을 수 있음을 강조한다.168)

한편, Brady는 어떠한 공익상의 요청이 얼마나 큰지, 특정 조치를 취할 경우 그러한 요청에 얼마나 부응할 수 있는지는 정확히 측정할 수 없으므로 이에 대해서는 입법부에 '경험-인식론적 deference'를 부여하는 것이 적절하다고 본다.169) 다만 Brady는 입법부가 특정 사안에 대해 판단할 권한을 가진다거나, 특정 정보에 접근할 권한이 있다고 해서 곧바로 '경험-인식론적 deference'를 부여하여야 하는 것은 아니라고 강조한다.170) 또한 Brady는 사법부가 전문성이 있는 분야에 대해서는 '경험-인식론적 deference'를 부여할 근거가 줄어드는 것으로 본다.171) 요컨대, Brady의 견해는 '경험-인식론적 deference'의 근거인 기관의 전문성은 고정적인 것이 아니라 사법부의 전문성과 비교해서 사안에 따라 결정하여야 하는 상대적인 요소라는 것이다.172)

## V. Kavanagh의 이론

### 1. deference의 개념

Kavanagh는 법률 분야뿐 아니라 여러 분야에서 공통적으로 사용될 수

---

168) *Ibid.*, pp. 110-111.
169) *Ibid.*, p. 113.
170) *Ibid.*, pp. 114-115.
171) *Ibid.*, pp. 116-117.
172) *Ibid.*, p. 207.

있는 deference라는 용어는 '다른 사람의 판단에 얼마나 우선권을 부여할 것인지'를 의미한다고 보고, 이를 다시 일정한 정도로 다른 이의 판단을 존중하는 '일부 존중(partial deference)'과 다른 이의 판단을 항상 우선시하는 '절대 존중(complete deference)'으로 구별한 다음, 법률에 대한 위헌 여부 심사에서의 deference는 일부 존중이므로 일도양단이 아니라 스펙트럼과 같이 단계적으로 정할 수 있는 것으로 본다.173) 이를 전제로 Kavanagh는 일부 존중을 그 정도에 따라 '최소 deference(minimal deference)'과 '실질 deference(substantial deference)'로 구별한다.174)

    Kavanagh는 어떠한 이유로 deference를 부여하든, deference 부여와 법률에 대한 합헌 선언은 동의어가 아니므로, 결론이 위헌인지, 합헌인지는 deference와 필연적인 상관관계가 없다고 강조한다.175) 즉, Kavanagh에 따르면 사법부가 당해 사안에 적절한 deference를 부여하는지가 중요하지, deference 자체가 좋거나 나쁜 것은 아니다. 그에 따르면 적절하게 부여된 deference는 사법부가 책임을 다하지 않는 징표라기보다는 사법부가 책임을 다하는 여러 수단 중 하나이다.176)

    나아가 Kavanagh는 법률의 위헌 여부 심사에 있어 deference의 논의는 과잉금지원칙에도 적용되는데, 과잉금지원칙을 이루는 하위 원칙들은 '심사의 틀(method of reviewing)'을 제공하고, deference는 그러한 틀이 적용되는 '강도(intensity)'를 가리킨다고 본다. 이러한 분석틀에 따라 Kavanagh는 과잉금지원칙을 명백한 부적절성을 통제하는 최소한의 통제에서 출발하여 강력한 통제에 이르기까지 다양한 방식으로 적용할 수 있는 것으로 본다.177)

---

173) Aileen Kavanagh 2008, op. cit., pp. 186-187.
174) Ibid., pp. 191-192.
175) Ibid., p. 213.
176) Ibid., p. 215.
177) Aileen Kavanagh 2009, op. cit., pp. 237-238.

## 2. deference의 결정 방법

Kavanagh는 deference가 '전부 아니면 전무(all or nothing)'의 둘 중 하나로 정해지는 것이 아니라 개별 사건의 각종 요소들에 의해 다양하게 달라진다는 점을 강조하고, 이러한 취지에서 정의를 실현하겠다는 선서를 한 재판관들이 입법부에 대해 '관행적으로(in a routine manner)' deference를 부여하는 것은 그들의 의무를 방기하는 것이라고 주장한다.[178]

Kavanagh에 따르면, 사법부는 원칙적으로 입법부의 판단에 대해 '최소 deference'을 부여해야 한다. Kavanagh는 '최소 deference'란 심판대상조항에 오류나 문제가 있다고 보는 것이 아니라 심판대상조항이 사회문제를 해결하기 위한 선의에서 제정되었다고 가정하고 사법심사를 행하고, 설령 위헌의 결론에 이르더라도 심판대상조항에 대한 존중을 표시하는 것을 의미한다고 보고, 이를 통해 사법부는 단지 심판대상조항에 동의할 수 없다거나 자신이 입법권이 있었다면 다른 식으로 법률을 제정하였을 것이라는 이유만으로는 심판대상조항을 위헌으로 선언할 수 없게 된다고 주장한다.[179]

'실질 deference'는 입법부에게 '더 나은 기관 능력(more institutional competence)', '더 나은 전문성(more expertise)', '특정 주제를 다룰 정당성(more legitimacy to assess the particular issue)'이 인정될 때 예외적으로 부여되어야 한다.[180] '더 나은 기관 능력'이란, 판사들은 기존의 법 논리를 적용함에 있어서 발생하는 문제를 해결하는 훈련이 되어 있을 뿐, 법 전반을 급진적으로 개혁하는 능력은 없으므로, 책임감 있는 판사라면 다양한 법분야 전반에 걸친 급진적인 개혁에 영향을 주는 사건에서는 때로는 입법자의 법제정 능력에 대해 실질적인 존중을 부여할 것을 의미한다.[181] 다만, Kavanagh는 그러한 사안에서 무조건 사법부가 입법부를 존

---

178) Aileen Kavanagh 2008, op. cit., pp. 201-202.
179) Ibid.
180) Ibid., pp. 191-192.

중해야 된다는 의미가 아니라, 사법부가 그러한 사안을 적극적으로 해결함으로써 부분적 개혁을 달성할 경우의 위험을 정의 실현이라는 사법부의 의무와 비교형량한 결과에 따라 deference 부여의 정도를 결정해야 한다고 주장한다.[182]

Kavanagh에 따르면, '실질 deference' 부여의 근거가 되는 '더 나은 전문성'은 해당 사안이 '정책 문제인지 아닌지'가 아니라 해당 사안이 '사법부의 특징(features), 능력(competence), 정당성에(legitimacy) 비추어 사법부가 판단하기에 적절한 종류의 정책결정인지 아니면 사법부의 능력을 벗어나는 종류의 정책결정인지'가 되어야 한다고 주장한다. 즉 Kavanagh는 정책에 관한 사안이라고 해서 무조건 '실질 deference'를 부여할 것이 아니라, 개별 구체적 사안의 모든 요소를 고려하여 사법부의 상대적인 능력, 전문성, 정당성을 판단하고 이에 비추어 deference의 정도를 정해야 한다는 입장이다.[183]

또한 '실질 deference' 부여의 근거가 되는 '특정 주제를 다룰 정당성'에 관해 Kavanagh는, 민주적 정당성이 '실질 deference'의 근거가 되려면 각각의 구체적 사안에서 그럴 만한 추가적인 이유가 있어야 한다고 보고, 이에 관해 당해 사안이 사법부보다는 입법부에서 논의되는 것이 입법절차나 입법부의 여론 수집 및 토론 능력에 비추어 적당하다든가, 특정국가의 법적 혹은 정치적 문화상 입법부에 의한 변화가 사회적으로 더 잘 받아들여진다는 등의 사정을 예로 든다.[184]

Kavanagh는 deference의 부여 정도는 개별 구체적인 사건마다 사법부의 전문성(expertise), 능력(competence), 정당성(legitimacy), 제한되는 권리의 중요성, 권리 제한의 심각성, 입법목적의 중요성, 인권 침해를 해소하기 위해 필요한 법적 개혁의 범위와 종류 등 매우 다양한 요소를 고려하

---

181) *Ibid.*, p. 193.
182) *Ibid.*, p. 194.
183) *Ibid.*, p. 197.
184) *Ibid.*, pp. 200-201.

여야 할 뿐만 아니라 그 요소들 중 어느 것에 더 무게를 둘 것인지에 따라 다르므로, 이를 명확한 기준에 따라 분류하여 정확히 예측하는 것은 불가능하다고 본다.[185] 또한, Kavanagh는 결정이 미칠 사회적 파장, 결정에 따른 사법부의 권한 축소 위험성 등 전략적인 이유에서 '실질 deference'가 인정되기도 하지만, 이러한 경우에도 deference 부여는 특정의 구체적 상황에서 기관의 적절한 역할이 무엇인지에 관한 사법부의 가치판단의 결과라고 주장한다.[186]

## VI. 과잉금지원칙의 적용강도 조절의 이론적 근거 : 권력분립원리

### 1. 권력분립원리에 대한 검토 필요성

앞서 살펴본 바와 같이 입법재량 존중 정도는 위헌심사척도의 선택과 과잉금지원칙의 적용강도 조절의 두 가지 국면에서 작동한다. 과잉금지원칙의 적용강도 조절의 국면에서 작동하는 입법재량 존중 정도는 '기본권 제한의 정도'나 '입법목적 달성의 정도', '양자가 균형을 이루었는지 여부'와 같은 요소들에 대한 판단에는 불확실성을 배제할 수 없음을 전제로, 그러한 불확실성을 해결하기 위한 도구로 기능한다. 그런데 법률에 대해 과잉금지원칙을 적용하는 경우에 발생하는 불확실성을 해결하기 위해 합헌 또는 위헌 판단의 경향성을 정하는 것은 곧 권력분립원리의 문제로 연결된다는 특징이 있다. 이에 관해 Choudhry는 다음과 같이 말한다.

과잉금지원칙의 각 단계별로 이를 뒷받침할 증거를 요구하는 것과 불확실성

---

185) *Ibid.*, p. 198; Aileen Kavanagh 2009, *op. cit.*, pp. 237-238.
186) *Ibid.*, pp. 203-207.

속에서 이루어지는 정책 수립의 현실 사이의 모순이 사법부가 안고 있는 거대한 딜레마이다. 결국 과잉금지원칙의 핵심은 불확실한 정보를 가지고 불확실성 속에서 이루어지는 입법에 따르는 위험을 어떻게 분배할 것인지이다.[187]

Choudhry가 말하는 위험의 분배는 과잉금지원칙의 적용 국면에서 불확실성에 따른 위험부담자를 입법부 혹은 사법부로 정하는 것을 의미한다. 사법부가 입법부의 판단 재량을 전혀 존중하지 않는 방식으로 불확실성을 해결한다면, 사법부가 불확실성을 모두 떠안고 입법부의 역할을 대신하는 결과가 초래된다.[188] 이는 권력분립원리에 위배될 위험이 있다.

이와 같이 법률의 위헌 여부 심사에 있어 과잉금지원칙의 적용강도가 입법재량 존중의 정도에 좌우되므로, 과잉금지원칙의 적용강도 조절의 정당성은 권력분립원리의 측면에서 검토할 필요가 있다. 과잉금지원칙의 적용강도를 강화하는 것은 권력분립원리의 견제와 균형이라는 측면에서 쉽게 정당화된다. 그러나 그 적용강도를 완화하는 것은 견제와 균형만으로 설명하기는 어려운 측면이 있다. 예컨대, Davidov는 사법부의 민주적 정당성 부족을 deference의 부여의 근거로 볼 수 없다는 주장의 근거를 아래와 같이 제시한다.

> 입헌민주주의(constitutional democracy)는 견제와 균형이라는 체계 위에, 권력분립원리 위에 세워져 있다. 입법부와 집행부와 꼭 같이, 사법부도 이 체계 안

---

187) Sujit Choudhry 2006, op. cit., pp. 503-504.
188) 이러한 우려가 독일공법학에서 과잉금지원칙을 경찰행정법의 영역을 넘어 헌법상 일반원리로 격상시키는 데에 대한 반대의견의 주된 근거였다(이에 관해서는 황치연, 위의 책(1995), 제37-38쪽; Matthias Klatt, Moritz Meister 2012, op. cit., pp. 75-76 참조). 다만, 독일에서 과잉금지원칙을 법률의 위헌 여부 심사의 척도로 사용하는 것에 대한 반대 견해는 힘을 잃어 1970년대 후반에는 이를 인정하는 견해가 지배적이 되었다(Niels Petersen 2017, op. cit., pp. 97-98). 과잉금지원칙의 적용강도에 관한 민주적 정당성 관점에서의 접근으로, 강승식, 위의 논문(2011), 제68-78쪽 참조.

에서 권한과 의무를 부여 받았으므로 그에 따른 권한을 행사해야만 한다. 어떠한 법률이나 국가작용이 사법심사로부터 어떠한 형태의 면제를 받는 상황은 그것이 무엇이든 간에 헌법 원리(constitutional principles)에 완전히 어긋난다.189)

위와 같이 권력분립원리를 견제와 균형과 동의어로 볼 경우 과잉금지원칙의 적용강도의 완화는 정당화하기 어려워진다. 이는 권력분립원리가 견제와 균형과는 반대로 작동하여야 자연스럽게 설명할 수 있다. 이것이 가능한지 여부를 이하에서 검토한다.

## 2. 권력분립원리에 따른 국가기관간의 분업과 협동

### 가. 권력분립원리의 두 가지 발현 양상

권력분립원리가 통상 '견제와 균형'과 같은 말로 표현되는 이유는 권력남용에 따른 피비린내 나는 역사적 경험 때문인 것으로 보인다. 그러나 권력의 분립 자체는 '견제와 균형'과 필연적인 연관성이 없는 중립적인 개념으로 볼 수 있다. '분할'이란 견제와 균형의 전제조건이기도 하지만, 동시에 분업과 협동의 전제조건이기도 하기 때문이다. 즉, 권력의 분립은 권력을 나누는 중립적 행위이므로, 나누어 놓은 권력들을 서로 견제와 균형 관계에 둘지 분업과 협동 관계에 둘지는 제도 설계자가 선택할 수 있다. 이러한 관점에서 Le Sueur, Sunkin, Murkens는 권력분립원리가 이론가는 물론이고 실무적 감각이 있는 사람들의 주목을 받은 이유를 '(a) 헌법제도를 설계하는 교본이 될 수 있다. (b) 개인의 자유를 보호할 수 있다. **(c) 국가의 효율성을 증진할 수 있다.**'의 세 가지로 정리한다 (강조는 필자).190)

---

189) Guy Davidov 2001, *op. cit.*, p. 145.
190) Andrew Le Sueur, Maurice Sunkin, Jo Eric Khushal Murkens, *Public Law - Text,*

권력분립원리의 발현 양상 중 '견제와 균형'에 관해서는 이미 많은 연구가 이루어졌다. 이는 요컨대, '국가는 국민의 자유와 권리를 보호하기 위해 존재한다. 국가가 국민의 자유와 권리를 침해하지 못하도록 권력기관들을 서로 견제하게 하여 상호간 균형 상태를 만들어야 한다.'라는 것이다. 이러한 논변은 '인간은 누구의 간섭도 받지 않고 자유를 누릴 때 가장 잘 살아갈 수 있다.'라는 근대적 인간관을 전제로 한다.

그러나 다른 한 편 인간은 협동함으로써 개인적 능력의 한계를 극복할 수도 있다. 인간은 누구나 불완전한 면이 있고, 그 불완전함을 협동을 통해 극복할 수 있기 때문이다.[191] 고래로 인간은 협동을 통해 혼자서 해낼 수 없는 거대한 규모의 성취를 거두었다. 고대 이집트의 피라미드에서부터 UN에 이르기까지 인류 문명은 거대한 협력의 결과물이다. 이와 같은 맥락에서 보면, 국가는 거대한 협력 장치이기도 하다. 특히 국가는 강제력을 가지고 있으므로, 협력을 통해 그 효율성을 증대시키는 것은 매우 중요하다.[192]

분업과 협동을 통해 효율을 높일 수 있다는 경제학 원리의 타당성은[193] 국가의 효율적 작동을 위한 국가기관 간의 분업과 협동에도 적용될 수 있다.[194] 이는 새롭고 기이한 접근방법이 아니다. 왜냐하면, 인간

---

　　*Cases, and Materials* -, Oxford University Press(2013), p. 132.
191) Alfred Adler, *Understanding Human Nature*, Permabooks(1949), pp. 27-28.
192) 국가의 효율적 운영과 단결을 강조하는 것은 견제와 균형을 특징으로 하는 미국헌법을 설계한 페더럴리스트들에게 있어서도 예외가 아니었다. 이에 관해서는, 알렉산더 해밀턴, 제임스 매디슨, 존 제이/김동영 옮김, 페더럴리스트 페이퍼, 한울아카데미(1995), 제18-19, 23-24, 30, 296, 378, 442-443쪽 참조.
193) 예컨대, Adam Smith의 국부론은 핀공장의 분업을 통한 효율증대를 예로 들면서 시작한다[Adam Smith, *The Wealth of Nations*, Penguin Books(1999), pp. 109-110].
194) 권력간 협동의 중요성을 강조하는 견해로, 계희열, "헌법원리로서의 권력분립원리", 고려법학 38호(2002. 4.), 제26-27쪽; 윤명선, "권력분립원리에 관한 재조명", 미국헌법연구 제18권 제1호(2007. 2.), 제2, 5-6, 10, 14-15쪽; 이부하, "권력분립에서 기능법설에 대한 평가", 헌법학연구 제12권 제1호(2006), 제440-441쪽.

이 국가를 만드는 이유는 자신의 자유와 권리를 침해받지 않기 위한 소극적인 목적뿐 아니라, 국가라는 거대한 조직을 통해 자신이 원하는 목표와 행복을 더 잘 실현하려고 하는 적극적인 목적도 있기 때문이다.[195]

예컨대, 사법권 독립은 왕의 업무상 과부하를 해소하기 위한 측면도 있었다. 권력분립의 시작은 왕으로 대표되는 국가의 효율적 작동을 위한 것이기도 하였다.[196] Adam Smith는 사법권의 독립 역사에 관해 아래와 같이 서술한다.

> 행정권에서 사법권이 독립된 것은 원래 사회 발전이 증대함에 따라 발생하는 사건들이 너무나 많아진 데에서 기인한 것으로 보인다. 사법 업무가 너무 많아지고 복잡해지는 바람에 재판을 하려면 다른 일은 할 수 없게 되어버렸다. 행정권을 가진 사람은 사인들 사이의 소송을 직접 다룰 여유가 없어졌기 때문에 자신을 대신할 사람을 임명하였다.[197]

요컨대, 국가권력의 분할을 통해 인권 보장이라는 소극적인 국가기능을 달성하는 것과 별개로, 더 효율적인 행복실현이라는 적극적인 국가기능도 달성할 수 있다. 권력 분할을 통한 국가의 효율성 증진을 강조하는 견해는 왕권신수설을 통해 절대왕정을 옹호한 이론가로 유명한 Jean Bodin은 물론이고, 권력분립원리의 창시자인 Montesquieu를 거쳐, 현대에 이르러 '적극적 입헌주의'로 이어지고 있다.[198]

---

195) Stephen Holmes, *Passions and Constraint - On the Theory of Liberal Democracy -*, The University of Chicago Press(1995a), p. 101. Stephen Holmes는 이와 같은 입장을 '적극적 입헌주의(positive constitutionalism)'라고 부른다(*Ibid.*, p. 102).
196) Stephen Holmes 1995a *op. cit.*, p. 165.
197) Adam Smith 1999, *op. cit.*, p. 309.
198) Jean Bodin과 Stephen Homles에 관한 연구 내용은 필자가 캐나다 토론토 대학에서 방문학자로 연구하던 때에 같은 대학의 Ran Hirschl 교수에게 필자의 법률 진화 이론에 관한 아이디어를 설명하고 이에 관해 토론하는 과정에서 Bodin과 Homles와 같이 국가작용의 효율성 측면에서 접근할 것을 조언 받고

## 나. Jean Bodin의 견해: 사법권 독립을 통한 왕권의 효율성 증진

Jean Bodin은 16세기에 왕권신수설을 통해 절대왕정을 옹호하였다. 하지만 그는 무제한적 왕권을 주장하지 않았다. Bodin에 따르면, 왕은 왕권의 핵심적 부분을 보유하고 있다는 전제하에, 자신의 나머지 권력을 제한함으로써 권력을 더욱 강화할 수 있다.199) Bodin의 주장은, 무제한적 권력은 비효율적이므로 국가의 효율성을 높이기 위해 권력을 전략적으로 제한할 필요가 있다는 것이다.200) Bodin은 다음과 같이 말한다.

> 왕이 그의 권위에 걸맞은 권한을 가지고 있고, 상원은 자신의 권위를 유지하며, 법관들이 그들의 정당한 권한을 행사한다면, 국가는 번영할 수밖에 없다. 왕이 원로원과 법관들이 담당하여야 하는 영역까지 자신의 것으로 만들면, 그로 인해 오히려 왕권이 약화된다.201)

Bodin 사상의 핵심은 왕은 자신의 권력을 나누어 줌으로써 신민들의 협력을 획득하고 이를 통해 효율성을 높여 권력을 키울 수 있다는 것이다. 즉, 왕이 자신 앞에 놓인 여러 사안들을 얼마나 자기 뜻대로 잘 해결할 수 있는지가 권력의 크기를 결정하는데, 왕 앞에 놓인 사안의 해결이 어려울수록 다른 사람들의 도움이 더 필요하므로, 도움을 잘 얻을 수 있는 환경을 만들어 두는 것이 곧 권력 강화로 이어진다는 것이다.202)

---

연구한 것임을 밝혀 둔다. 사회, 경제 진화의 일반이론으로는 Geoffrey Hodgson, Thorbjørn Knudsen, *Darwin's Conjecture: The Search for General Principles of Social and Economic Evolution*, Chicago University Press(2012) 참조.

199) Jean Bodin/abridged and translated by M. J. Tooley *Les six livres de la république, translated as Six Books of the Commonwealth*, Seven Treasures Publications(2009), p. 175. Bodin은 왕권에는 신성법, 자연법(*Ibid.*, p. 68, 69, 73), 왕국의 헌법규범(*Ibid.*, p. 71), 동의 없는 과세 금지(*Ibid.*, p. 72) 등의 제한이 따른다고 주장한다.
200) Stephen Holmes 1995a, *op. cit.*, p. 101, 102, 109.
201) Jean Bodin/abridged and translated by M. J. Tooley *2009, op. cit.*, p. 175.

이와 같은 Bodin의 논리는 사법권 독립을 보는 시각에서 두드러진다. Bodin은 사법권을 독립시켜 과태료를 부과하고 형사처벌을 하는 것과 같이 신민들을 기분 나쁘게 하는 일을 판사에게 맡기고 나면, 왕은 훈장을 주고 포상을 주고 사면을 하고 특권을 부여하는 것과 같이 신민들을 기분 좋게 하는 일만 스스로 함으로써 신민들의 사랑을 받을 수 있고, 이는 왕의 권위 유지와 강화로 이어지므로, 사법권 독립이 필요하다고 본다.203) 권력자는 단순한 복종이 아니라 자발적 협력이 있어야 자기가 원하는 일을 마음껏 할 수 있다는 것이 Bodin의 견해이고, 이와 같은 견지에서 보면 사법권을 독립시킴으로써 왕은 사람들로부터 사랑받을 일만 하면 되기 때문에 그들로부터 자발적 협력을 끌어내기 쉬워진다. 이러한 이유에서 사법권 독립은 왕의 권한을 제한하는 것이 아니라 강화하기 위해 필요한 것이다.204)

국가의 효율적 작동을 중시하는 위와 같은 Bodin의 주장은 그 후에도 Spinoza, Montesquieu, Hume, Thomas Jefferson, John Stuart Mill 등의 정치사상에도 영향을 주었다.205)

### 다. Montesquieu의 견해

#### 1) 국가기관의 기능 전문화를 전제로 한 분업을 통한 효율성 증대

Montesquieu는 19세기에 권력 사이의 견제를 통한 자의적 통치 방지를 주장함으로써 근대적 의미의 삼권분립이론을 창시한 사람으로 알려져 있다. Montesquieu가 시민의 자유를 보장하기 위해 권력이 집중되어서는 안 된다는 주장을 편 것은 사실이나, 그가 국가기관 사이의 견제와 균형만을 강조한 것은 아니다. 그는 정치체제의 작동 실패를 방지하기 위해 권력에

---

202) Stephen Holmes 1995a, op. cit., p. 119.
203) Jean Bodin/abridged and translated by M. J. Tooley 2009, op. cit., p. 174.
204) Stephen Holmes 1995a, op. cit., p. 118.
205) Ibid., pp. 131-133.

대한 견제에 한계를 두어야 한다고 주장하였다. Montesquieu는 다음과 같이 지적한다.

> 그러나 집행권이 입법권을 견제할 수단을 가져야 하는 것과 반대로 입법권은 집행권을 견제하는 권한을 가져서는 안 된다. 왜냐하면, 집행은 그 본질상 한계를 가지고 있기 때문에 그것을 추가로 제한하는 것은 불필요하기 때문이다. 게다가 집행권은 언제나 즉시성이 필요한 사안에 대해 행사되기 때문에 제한해서는 안 된다. 이런 이유 때문에 입법권 및 집행권 모두를 견제할 권한을 가졌던 로마의 호민관 제도가 심각한 폐해를 낳은 것이다.[206]

한걸음 더 나아가 그는, 분업을 통한 효율성 증대 사고에 기반하여 특정 국가기관이 그 특성에 맞는 권한을 전담해야 한다고 주장한다.

> 집행권은 군주의 권한이 되어야만 한다. 왜냐하면 집행이라는 국가의 기능은 거의 항상 즉각적인 행동을 요하는데, 이것은 다수 보다는 한 사람에 의해 더 잘 수행될 수 있다. 반면에 입법권은 한 사람보다는 많은 사람들에 의해 수행될 수 있다.[207]
> 
> 일단 군대가 조직되면, 군대는 반드시 집행권에 직속되어야 하고, 입법권에 속해서는 안 된다. 이것이 사물의 본질에 합당한 것이다. 왜냐하면, 군대는 숙고하는 것보다는 행동하는 것에 더욱 주안점이 맞추어진 기관이기 때문이다.[208]

### 2) 사법권 독립을 통한 군주 및 사법부의 효율성 증진

Montesquieu는 군주가 스스로의 기능을 더 잘 수행하기 위해서 사법

---

206) *Ibid.*, p. 162.
207) Montesquieu/translated by Anne M. Cohler, Basia C. Miller, Harold Stone, *The Spirit of Laws*, Cambridge University Press(1989), p. 161.
208) *Ibid.*, p. 165.

권의 독립이 필요하다는 취지에서 아래와 같이 주장하였다.

> 법은 군주의 눈이다. 군주는 그 눈을 통해 법이 없었다면 보지 못했을 수 있었던 것을 본다. 군주가 재판도 하고 싶은가? 그렇게 한다면 그는 자신을 위해서가 아니라 그를 속일 사람들을 위해 일하는 것이 된다.[209]

즉, 군주는 사법권을 재판기관에 넘김으로써 제대로 된 눈을 얻게 되고, 이를 통해 군주 자신의 역할을 더 잘 수행할 수 있으나, 스스로 재판을 하게 되면 그 눈을 잃게 되어 자신을 속이는 사람들을 위해 자신의 권한을 행사하는 수렁에 빠진다는 의미이다.

나아가 Montesquieu는 아래와 같이 사법권을 왕으로부터 독립시킴으로써 재판작용의 핵심인 '공정성'을 더욱 효과적으로 확보할 수 있다고 주장한다.

> 독재국가의 왕은 스스로 재판할 수 있다. 그러나 군주국에서는 왕이 스스로 재판할 수 없다. 왕이 스스로 재판할 경우 국가구조가 파괴되고 중간적인 권력이 사라질 것이다. (중략) 군주가 판결을 내리는 것은 불공정과 권력남용의 마르지 않는 샘이 된다. 대신들은 정치적 술수로 군주를 졸라서 판결의 결론을 멋대로 주무를 것이다. 재판에 열광한 로마 황제들 몇몇이 있었다. 이제껏 불공정이라는 측면에서 그들보다 세상을 놀라게 한 사람은 없다.[210]

**3) 국가기관 사이의 협력과 피드백 활성화를 통한 효율성 증진**

Montesquieu는 권력을 나누어 놓고 권력 상호간의 견제장치를 마련하는 정치체제의 실제 작동은 조화로운 움직임으로 귀결된다고 주장함으로써, 국가기관의 조화와 협력에 대해 언급한다.

---

209) *Ibid.*, p. 80.
210) "(중략)" 표시를 기준으로 순차로, *Ibid.*, p. 78 및 p. 79.

이와 같은 형태의 삼권은 그 구도만 정적으로 놓고 보면 정체 혹은 비활동 상태에 놓일 수 있다. 그러나 그 권력기관들이 사물의 필연적인 운동방향에 따라 움직이도록 강제된다면, 그 권력기관들은 조화를 이루어 움직이게 될 수밖에 없다.[211]

견제장치가 어떻게 조화로운 움직임으로 귀결되는지는 피드백 원리로 설명이 가능하다. Montesquieu는 아래와 같이 입법부가 자신의 법률이 집행부에 의해 잘 집행되고 있는지를 조사할 권한이 있고, 그렇게 해야만 입법부가 책임을 다하는 것이라고 주장하였다. 이는 피드백 활성화을 통한 국가의 효율성 증진으로 이해할 수 있다.

그러나 자유국가에서 입법권이 집행권을 견제할 권리를 가져서는 안 되지만, 입법권은 자신이 만든 법률이 어떻게 집행되고 있는지를 조사할 권한이 있고 조사해야만 한다. 이와 같이 할 경우 Crete의 kosmoi나 Lacedaemonia의 ehhors처럼 자신의 법률의 집행에 대해 무책임한 정치체제의 문제점을 해결할 수 있다.[212]

### 라. 적극적 입헌주의(Positive Constitutionalism)

#### 1) 개념

입헌주의란 불문의 헌법원리 및 성문헌법에 따라 국가를 조직하는 국가조직원리를 말한다.[213] 입헌주의는 역사적으로 군주에 의한 자의적 통치를 제한하는 원리로 탄생하였다. 이러한 역사적 배경 때문에 입헌주의는 흔히 권력 제한의 측면에서 다루어지고 이를 '소극적 입헌주의

---

211) *Ibid.*, p. 165.
212) *Ibid.*, p. 162.
213) Stephen Holmes, "Constitutionalism", *The Encyclopedia of Democracy Vol. 1*, Routledge (1995b), p. 299.

(negative constitutionalism)' 한다. 그러나 입헌주의라는 용어의 전통은 위와 같이 소극적인 의미뿐 아니라 적극적인 의미의 입헌주의 개념을 구성해 낼 수 있을 만큼 유연하다.214) 즉 소극적 입헌주의와 반대로 헌법을 국가기관을 만들고, 국가기관들에 임무를 할당하고, 국가목적을 설정하고 나아가 국가가 제대로 기능하게 하는 도구로 보는 관점을 '적극적 입헌주의(positive constitutionalism)'라 한다.215)

적극적 입헌주의는 '제한(limitations)'에 대한 고정관념을 깸으로써 소극적 헌법주의에서 탈피할 것을 주장한다. 즉, 문법의 규칙이라는 제한을 토대로 풍요로운 의사소통이 가능한 것처럼, 헌법을 통해 국가를 만들고 권한을 조직하고 그 방향성을 설정해 두는 것을 토대로 국가가 존재하고 활발하게 기능할 수 있다는 것이다.216) 적극적 입헌주의에서는 '제한정부(limited government)'와 '통제정부(controlled government)'를 구별한다. 즉, '제한정부'는 권력 제한의 도구로서의 헌법에 어울리지만, '통제정부'는 권력 제한의 도구로서의 헌법뿐 아니라, 사람들이 원하는 일을 하는 정부를 만드는 도구로서의 헌법도 의미한다는 주장이다.217)

### 2) 필요성

적극적 입헌주의자들은 국가작용을 적절한 것, 부적절한 것, 그리고 하도록 요구되는 것의 세 가지 범주로 나누어 볼 때, 세 번째 범주인 '하도록 요구되는 것'을 잘 하게 하는 것도 헌법의 중요한 기능으로 본다.

---

214) Nicholas Barber, "Constitutionalism: Negative and Positive", *SSRN Electronic Journal* (2015) 10.2139/ssrn.2565721, p. 10.
215) Stephen Holmes 1995a, *op. cit.*, pp. 101-102.
216) *Ibid.*, pp. 163-164.
217) Jeremy Waldron, "Constitutionalism: A Skeptical View", *Public Law & Legal Theory Research Paper Series Working Paper no. 10-87*, p. 14, 15, 17(http://ssrn.com/abstract=1722771). Waldron은 역사적 배경은 다르지만, rule of law 역시 정부의 행위를 제한하는 법 및 정부의 행위를 촉진하는 법에 의한 정부 통제를 의미한다고 주장한다(*Ibid.*, p. 19).

즉, 사람들은 법의 집행이나 외교, 국방, 사회보장 등과 같이 혼자서 할 수 없는 공공의 프로젝트를 서로 힘을 모아 이루어내기 위해 헌법을 통해 의회, 정부, 사법부 등 각종의 국가기관을 만들어 낸 것이므로, 협력을 통해 그러한 공공의 프로젝트를 잘 수행하도록 하는 것 역시 헌법의 중요한 기능이라는 주장이다.[218]

입헌주의가 국가의 조직 원리인 이상, 국가도 사람들 사이의 협동을 통해 효율을 높인다는 조직 구성의 근본적인 이유에서 벗어날 수 없다.[219] 거대하고 복잡한 사회에서 사람들이 잘 살려면 국가가 필요하기 때문에 국가를 만든 것이므로, 그러한 기능을 하지 않는 국가는 국가의 정의에도 부합하지 않는다.[220] 따라서 국가 작용을 효율성을 높이기 위한 입헌주의의 기능 역시 중요하다.

### 3) 권력분립원리를 보는 시각

적극적 입헌주의의 관점에서는 국가기관간의 권력 분할을 분업과 협동의 관점에서 접근한다. 예컨대, Holmes는 권력분립원리가 '분업의 원리의 정치적 판본(political version of division of labor)'으로써 이를 통해 다양한 사회문제에 대한 국가의 감수성이 높아지는 한도에서, 적극적 국가목표 수행을 위해 창조적인 기능을 할 수 있는 장치가 될 수 있다고 한다.[221] 같은 맥락에서 Edley는 국가의사결정과정의 엄격한 '3분법

---

[218] *Ibid.*, pp. 19-21. Waldron은 사회적 기본권과 같이 그 실현에 국가의 적극적인 행위가 필요한 기본권 규정은 그 자체로 적극적 입헌주의의 표현이라고 주장하고, 그 예로 남아프리카공화국 헌법 제26조 및 이에 관한 *Grootbromm* case를 든다(*Ibid.*, p. 18).
[219] Nicholas Barber 2015, *op. cit.*, p. 1.
[220] *Ibid.*, p. 6, 11.
[221] 나아가 그는 권력분립원리는 특히 입법부와 집행부를 분할함으로써 입법자로 하여금 자신이 만든 법이 자신에게도 적용되리라는 전제 하에 법을 만들도록 강제하는 효과를 통해 입법자가 국민 전체를 대표하는 기능을 충실히 하도록 만들기 때문에 결국 민주주의를 강화하는 효과도 있다고 주장한다 (Stephen Holmes 1995a, *op. cit.*, pp. 164-166).

(trichotomy)'은 '좋은 국가운영(sound governance)'을 위한 '3중주(trio)'가 되어야 한다고 주장한다.222)

이러한 관점에 서면 법률의 위헌 여부 심사는 입법부에 대한 피드백 기능을 활성화하는 도구로 이해할 수 있다. 권력분립원리는 효율성을 희생해서라도 권력 간의 통제를 통해 국민의 권리를 보호하려는 장치라는 통념을223) 넘어, 다양한 의견을 수렴하는 피드백 장치로서 궁극적으로는 국가가 당면한 과제에 대해 가장 좋은 답을 찾도록 돕는 도구가 된다.224) 이와 같은 측면에서의 권력분립원리와 결합한 민주주의를 입헌주의적 민주주의라 할 수 있는데, 그 핵심적인 기능은 시행착오를 통한 자기 수정의 효율성에 있다.225)

### 마. 분업과 협동의 원리로서의 권력분립원리

#### 1) 개념

국가 작용의 효율성에 관한 위와 같은 사상의 전통은 결국 권력분립원리를 분업과 협동의 관점에서도 바라볼 수 있음을 시사한다. 협력의 원리로서의 권력분립원리는 국민의 행복이라는 단일한 목표 하에 새로운 법률을 만들어내고 시험해 보고 평가하는 국가상을 전제로 한다. 즉 협력의 원리로서의 권력분립원리 하에서 입법부, 집행부, 사법부는 법률의 개선이라는 단일한 목표를 위해 노력하는 하나의 몸을 이루는 기관이 된다.

권력분립원리의 견제와 균형이 권력을 분할하여 상호 견제하게 함으

---

222) Christopher Edley, *Administrative Law: Rethinking Judicial Control of Bureaucracy*, Yale University Press(1990), p. 223, 232.
223) Nicholas Barber 2015, *op. cit.*, pp. 4-5.
224) Jeremy Waldron, *op. cit.*, pp. 22-23; 피드백 기제의 일반론에 관해서는 Norbert Wiener 1954, *op. cit.*, p. 26, pp. 48-50, 58-63 참조.
225) Stephen Holmes 1995b, *op. cit.*, p. 304.

로써 권력 상호간의 정적인 평형상태를 도모하는 원리라면, 권력분립원리의 분업과 협동은 권력을 분할한 다음 각자가 잘하는 일을 전문화함으로써 국민이 원하는 것을 법률을 통해 실현할 길을 찾아나가는 역동적인 변화과정을 효과적으로 실현하는 원리이다.226) 그리고 그 국가기관들 각각의 고유한 업무분장 및 업무능력향상과 국가기관들 간의 상호작용의 효율성 향상이 분업과 협동의 원리로서의 권력분립원리의 구체적인 모습이 된다. 분업과 효율의 원리로서의 권력분립원리의 중요한 함의는 국가기관 사이의 상호작용을 원활히 할 수 있는 제도적 장치를 마련할 필요성을 드러낸다는 점에도 있다.227)

입법부, 집행부, 사법부가 법률 개선 과정 중 자신이 맡은 부분에 대해 최선의 노력을 다하고, 최고의 이성과 판단력을 동원하여 최상의 전문적 능력을 키운다면, 더 좋은 법률이 탄생한다. 그러한 전문성을 바탕으로 집행부와 사법부는 자신의 업무수행결과를 법률의 생산자인 입법부에게 전달한다. 구체적으로 집행부는 법률안제출의 형태로, 사법부는 법률의 위헌 여부 심사와 합헌적 법률해석을 통해 각각 입법부에 대하여 법률 개선에 관한 피드백을 한다. 이러한 피드백을 가급적 효율적으로 그리고 가급적 많이 하여 최적의 법을 찾아가는 속도를 늘리면 좋은 법률을 효율적으로 만들 수 있다.

끊임없이 변하는 세계와 그 불확실성, 그리고 인간의 제한된 이성을 고려하면, 단번에 최적의 법률을 만들어내는 것은 원리상 불가능기 때문에, 결국 시행착오를 많이 겪는 것이 가장 효율적으로 최적의 법률에 이르는 방법이다.228) 이와 같은 방법은 언뜻 보자면 효율성이 떨어지는 것

---

226) 미국헌법은 뉴턴의 기계론적 세계관에 기초하여 권력분립원리를 채택하였으나, 이는 다윈의 진화론적 세계관에 따라 실제로 운용될 수밖에 없다는 견해로, Woodrow Wilson, *Constitutional Government In the United States*, Columbia University Press(1917), pp. 54-57 참조.
227) 이에 관해서는, 이재홍, "명령·규칙에 대한 사법심사의 구조와 전망 - 부수적 규범통제를 중심으로 -", 법조(2014. 6.), 제76-89쪽 참조.
228) 이러한 과정의 일반적 설명으로, Eric Beinhocker, *The Origin of Wealth*, Harvard

처럼 보이지만, 이것이 인간이 놓인 조건일 뿐 아니라, '복잡적응계(Complex Adaptive Systems)'를 이루는 세상 만물이 환경에 적응하며 변천해 온 공통원리이다.[229] 이러한 공통원리는 법률 변화의 국면에서는 권력분립원리를 매개로 한 국가기관 간의 분업과 협동의 모습으로 나타난다. 즉, 분업과 협동의 원리로서의 권력분립원리란, 입법부, 집행부, 사법부가 법률 개선에 관한 각자의 고유한 업무에 특화된 업무수행능력을 기르고, 집행부, 사법부가 법률개선에 관한 자신의 업무수행결과물을 적극적으로 입법부에 전달함으로써 국민의 바람에 일치하는 더 나은 법률을 효율적으로 만드는 것을 핵심으로 한다. 이렇게 보면, 법률은 입법부, 집행부, 사법부, 국민 사이의 피드백에 의한 인공선택의 결과물로 이해할 수 있다. 즉, 국민이 원하는 법률을 만들어 내기 위해 '입법부의 법률 제정-사법부와 집행부의 피드백-입법부의 법률 개정'을 반복하는 것은 육종가가 소비자가 원하는 비둘기나 강아지 품종을 만들어 내기 위해 '변이-피드백-인공선택'을 반복하는 것과 원리상 유사하다.[230] 특히 이러한 관념은 의원내각제를 상정할 경우 더 쉽게 이해할 수 있다.[231]

### 2) 캐나다에서의 사례

이와 같은 관점에 서면, 캐나다 연방대법원의 권고적 의견(reference) 관할권을 법률 개선을 위한 피드백 장치로 이해할 수 있다. 캐나다 연방대법원법 제53조에 따르면 캐나다 총독은 연방대법원에 헌법해석, 연방법이나 주법의 위헌성, 연방이나 주 의회 혹은 정부의 권한 등에 관한 중대한 법적, 사실적 쟁점에 대해 권고적 의견을 요청할 수 있다. 캐나

---

Business School Press(2006), pp. 202-213 참조.
229) Ibid., pp. 213-216.
230) 새로운 동물 품종을 개발하는 육종가의 인공선택에 관해서는 찰스 다윈/장대익 옮김, 종의 기원, 사이언스북스(2019), 제47-91쪽 참조.
231) 의원내각제의 분업과 협동 측면에서의 우월성에 관해서는, 월터 배젓/이태숙 옮김, 영국헌정, 지식을만드는지식(2012), 제66-67, 97, 108, 374-376쪽 참조.

다 연방대법원의 권고적 의견은 이론상 법적 구속력은 없지만 최고법원의 판단이기 때문에 실무상 판결만큼의 구속력이 있는 것으로 취급되어 왔다.232) 권고적 의견 관할권은 퀘벡 분리 독립(Reference re Secession of Quebec, [1998] 2 S.C.R. 217), 동성결혼(Reference re Same-Sex Marriage [2004] 3 S.C.R. 698) 등 사회적으로 중요한 사안을 해결하는 기능을 수행해 오고 있다.233) 같은 커먼로 국가이지만, 미국이나 호주에서는 권고적 의견 관할권을 위헌적인 제도로 보고 있고, 영국 역시 매우 다른 형태를 띠고 있기 때문에 권고적 의견 관할권은 캐나다의 독특한 제도이다.234) 권고적 의견 관할권은 견제와 균형의 관점에서 보면 권력분립원칙 원칙 위반으로 볼 여지가 있는 제도이지만, 분업과 협동의 관점에서는 권력분립원칙으로 충분히 정당화가 가능하다.235)

또한 캐나다 연방대법원의 사법심사에 대한 '헌법적 대화(constitutional dialogue)' 관점에서의 접근도236) 분업과 협동, 피드백 증진의 관점에서 이해할 수 있다. 예컨대 캐나다 연방대법원은 다음과 같이 판시하였다.

사법심사와 이를 통한 입법부, 행정부와의 대화는 각각의 부가 다른 부에 대

---

232) Jeremy Webber 2015, op. cit., p. 126; Adam Dodek, Rosemary Cairns Way 2017, op. cit., p. 214.
233) 권고적 의견에 대한 헌법적 대화이론 관점에서의 분석으로 김선희, 위의 책 (2018), 제92-108쪽 참조.
234) Robert Sharpe, Kent Roach 2017, op. cit., pp. 121-122.
235) 캐나다 헌법은 사법부가 입법부나 행정부로부터 영향을 받지 않도록 하는 것을 목표로 하지만, 제도적으로 사법부를 절대적으로 분할하는 형태는 아니라는 지적으로, Jeremy Webber 2015. op. cit., p. 122.
236) 김선희, 위의 책(2018), 제49-67쪽; Peter Hogg, Ravi Amarnath, "Understanding Dialogue Theory", *The Oxford Handbook of Canadian Constitution*, ed. Peter Oliver, Patrick Macklem, Nathalie des Rosiers, Oxford University Press(2017), pp. 1053-1071; Rosalind Dixon, "The Sumpreme Court of Canada, Charter Dialogue, and Deference", *Osgoode Hall Law Journal* Vol. 47, No. 2(2009), pp. 252-256, 272-282; Robert Sharpe, Kent Roach 2017, op. cit., pp. 39-42.

해 어느 정도의 책임성을 가지게 된다는 점에 큰 가치가 있다. 입법부가 한 일이 사법부에 의해 심사되고, 사법부가 한 일에 대해 입법부는 법률 개정으로 대응할 수 있다(캐나다권리자유헌장 제33조에 근거한 번복권한이 있는 법률까지도 포함하여). 이러한 상호간의 대화와 각 부의 책임성은 민주주의라는 과정을 촉진하는 것이고 이를 거부하는 것이 아니다.[237]

## 3. 권력분립원리와 과잉금지원칙의 적용강도

### 가. 과잉금지원칙의 적용강도의 두 가지 측면

과잉금지원칙의 적용강도에는 두 가지 측면이 있다. 헌법상 권리 침해 방지라는 권력분립원리의 견제와 균형 측면에서의 요청과 국가효율성 증대라는 권력분립원리의 분업과 협동 측면에서의 요청이 그것이다. 전자는 낯익은 것이지만, 후자는 낯선 측면이 있다. 하지만, 앞서 살펴본 바와 같이 후자 역시 국가의 중요한 존재 이유이고 입법부나 집행부도 헌법상 권리를 포함한 헌법가치를 실현하기 위한 기관이다. 예컨대, 영국의 경우에는 인권법(Human Rights Act) 자체가 유럽인권협약상 권리의 보호책임이 의회와 법원에 공동으로 있음을 전제로 규정되어 있다.[238] 또한, 입법부나 집행부에 나름의 특화된 기능을 부여하여 분업을 도모하는 것은 국가 설계의 기본이자 현실이다. Beatty는 다음과 같이 주장한다.

과잉금지원칙은 사법부와 선출된 권력들이 서로 협동할 수 있도록 권력분립원리를 구조화함으로써 사법부, 입법부, 집행부가 서로 협동하여 낯선 사람들이 모여서 이루어진 공동체를 가능한 한 정의롭고 공정하게 만들도록 한다.[239]

---

237) *Vriend v. Alberta* [1998] 1 SCR 493, para. 139.
238) Julian Rivers 2006, *op. cit.*, p. 175. Rivers는 특히 HRA 제4조 제2항과 제10조를 예로 든다.
239) David Beatty 2004, *op. cit.*, p. 172.

같은 맥락에서 캐나다 연방대법원은 아래와 같이 판시하였다.

민주주의를 통해 달성하려는 목표는 입법부와 사법부의 공동 작업에 의해 달성된다. Choudhry와 Howse가 정확히 언급한 바와 같이 "(중략) 구체적인 기준을 만들어 내려는 사법부와 입법부의 협력을 통해 희미하고 복잡한 헌법적 규범들이 비로소 적용 가능한 실체가 있는 무언가가 된다"[240]

### 나. 권력분립원리에 의한 과잉금지원칙의 적용강도 조절 정당화

견제와 균형의 원리로서의 권력분립원리의 측면에서 보면, 과잉금지원칙은 입법부가 법률을 수단으로 삼아 헌법상 권리를 침해하지 못하도록 견제하는 수단이다. 이와 같은 관점에 서게 되면, 과잉금지원칙의 적용강도는 원칙적으로 강화하는 것이 바람직하다. 예컨대, Alexy의 형량 제2법칙과 같이 헌법상 권리 제한의 정도가 클수록 과잉금지원칙의 적용강도도 강해져야 한다는 것이다.

한편, 분업과 협동의 원리로서 권력분립원리는 국가기관들이 각각 고유한 전문성을 키우고 상호 존중하여야 국가 전체의 효율성이 높아진다는 점에 주목한다. 이러한 관점에 서면, 과잉금지원칙은 입법부와 사법부 사이의 분업과 협동을 촉진하여 법률 개정의 효율성을 높일 수 있는 장치이다. 따라서 과잉금지원칙의 적용강도는 각각의 국가기관이 헌법상 권리 보장에 어떻게 기여하는 것이 헌법상 적절한 것인지를 주의 깊게 살펴 종합적으로 결정해야 한다.[241] 즉, 헌법상 권리 보장의 영역에서 사법부에게 주된 임무로 맡겨진 분야가 어디인지를 기본적인 기준으

---

240) *Chaoulli v. Quebec(Attorney General)* [2005] 1 S.C.R. 791, para. 90.
241) Julian Rivers 2006, *op. cit.*, p. 176. 캐나다에서 과잉금지원칙을 매개로 한 이와 같은 긍정적인 상호작용에 관해서는 Alec Stone Sweet, Jud Mathews 2008, *op. cit.*, pp. 118-122 참조. 이러한 상호작용은 앞서 본 바와 같이 '헌법적 대화(constitutional dialogue)'라는 개념으로 이론화되어 논의되기도 한다.

로 하여 개별 구체적 사안마다 사법부의 영역과 입법부의 영역을 판단해야 한다. 이와 같이 볼 때, 과잉금지원칙의 적용강도의 완화를 지지하는 요소들도 비로소 권력분립원리의 관점에서 헌법상 정당화된다.

이와 같이 권력분립원리의 견제와 균형 측면, 분업과 협동 측면을 아울러 염두에 두면, 과잉금지원칙의 적용강도 조절이 민주주의와 법의 지배 사이의 적절한 균형점을 도출하는 기능을 한다는 점을 이해할 수 있다.[242] 예컨대, 헌법재판소는 과잉금지원칙의 적용강도 조절을 통해 다른 국가기관으로 하여금 특정한 사건에서 헌법, 특히 기본권 규정에 관한 해석에 적극적으로 참여하게 할 수 있다.[243] 따라서 헌법재판소가 의회나 행정부가 수행함이 적절한 기능을 자신이 수행하려 하거나, 혹은 헌법재판소가 수행함이 적절한 기능을 수행하지 않으려고 할 때에는 그러한 권한 유월을 뒷받침할 수 있는 과잉금지원칙의 적용강도 조절 근거를 제시해야만 한다.[244]

---

242) 자유주의를 법이 어떠해야 하는지를 정하는 원리로, 민주주의를 법이 어떻게 될지를 정하는 방법에 관한 원리로 파악하는 Hayek의 논지를 받아들여 이를 법의 지배와 민주주의 사이의 관계와 같다고 보고 과잉금지원칙을 통해 사법부가 그 균형점을 모색하는 장을 마련한다는 주장으로, Iryna Ponomarenko 2016a, op. cit., pp. 1160-1161.
243) Iryna Ponomarenko 2016a, op. cit., p. 1159; Stephen Gardbaum, "Proportionality and Democratic Constitutionalism", ed. Grant Hushcroft, Bradley Miller, Grégorie Webber, Proportionality and the Rule of Law: Rights, Justification, Reasoning, Cambridge University Press(2014), p. 273.
244) Julian Rivers 2006, op. cit., p. 182.

## 제1절 캐나다 연방대법원의 과잉금지원칙 실무

### Ⅰ. 캐나다 연방대법원의 위헌법률심사 개관

#### 1. 캐나다와 캐나다 헌법

캐나다는 10개의 '주(province)'와 3개의 '준주(territory)'로 이루어진 연방국가이다. 캐나다는 엘리자베스 2세를 '국가원수(Head of State)'로 하는 의회군주제 국가로서 양원제 의원내각제를 채택하고 있다. 캐나다는 북미대륙의 원주민들(First Nations), 프랑스계 이주민들, 영국계 이주민들 등의 역동적인 상호작용을 통해 형성된 국가이다. 특히 각 집단들이 고유한 정체성을 지키려는 노력에서 비롯된 '다양성'은 캐나다의 역사와 문화, 정치, 헌법을 가로지르는 특징이다.

캐나다 헌법은 이러한 역사를 반영하듯 단일 문서로 되어 있지 않다.[1] Constitution Act, 1867(이하 '캐나다헌법[1867]'이라 한다)은 Constitution Act, 1982(이하 '캐나다헌법[1982]'이라 한다) 제정 전까지 캐나다 헌법질서의 근간으로 기능해왔다. 캐나다헌법[1867]의 원래의 명칭은 British North America Act, 1867(이하 '영국령북미법[1867]'이라 한다)이었고, 정확한 법적 지위는 영국의회가 제정한 법률이었다. 영국령북미법[1867]은 캐나다헌법 [1982]의 제53조 제1항 '부속서(schedule)' 제1호에 의해 캐나다헌법[1867]으로 명칭이 변경되었다.

캐나다는 1931년에 제정된 Statute of Westminster에 따라 입법의 측면에서 완전히 영국으로부터 독립하게 되었지만, 영국령북미법[1867]을 비

---

[1] 헌법 제정의 관점에서 캐나다의 역동적인 역사를 개관하는 내용으로, Jeremy Webber, *The Constitution of Canada: A Contextual Analysis*, Hart Publishing(2015), pp. 9-42 참조. 캐나다 헌법 전반에 대한 기본적인 개관으로는, Adam Dodek, *The Canadian Constitution*, Dundurn Press(2016) 참조.

롯한 헌법적 지위를 가지는 법률의 개정권은 여전히 영국의회에 유보되어 있었다. 캐나다만의 독자적인 헌법질서는 캐나다헌법[1982]를 통해 헌법개정권을 캐나다로 이양함으로써 비로소 완성되었는데, 이를 'patriation'이라 한다. 캐나다헌법[1982]에 의한 캐나다 헌법질서의 주요 변화로, (1) 인권 보장의 헌법전화, (2) 원주민들의 권리의 헌법적 확인, (3) 캐나다의 독자적 헌법개정절차 신설, (4) 재생불가능 자원 권리의 주에의 귀속을 들 수 있다.[2] 캐나다헌법[1982]는 법체계상으로는 영국법률인 Canada Act 1982[이하 '캐나다법[1982]'라 한다] 'B 부속서(Schedule B)'이다. 캐나다법[1982] 제1조는 같은 법 B 부속서에 규정된 캐나다헌법[1982]이 캐나다 전역에 구속력이 있다고 규정하고, 제2조는 캐나다헌법[1982]의 발효 이후에는 영국 의회가 캐나다에 효력을 미치는 법률을 제정할 수 없다고 규정한다.

캐나다헌법[1982] 제52조 제2항은 캐나다헌법(Constitution of Canada)에는 (a) 캐나다 헌법[1982], (b) 캐나다헌법[1982]의 '부속서(schedule)'에 명시된 30개의 '법률(Act)' 또는 '명령(order)', (c) 위 (a), (b)에 대한 개정법률 또는 개정명령이 '포함된다(includes)'고 규정한다. 캐나다 연방대법원은 이 조문의 '포함된다(includes)'라는 표현은 이 조문이 열거적인 규정이 아니라는 의미이고, 따라서 캐나다 헌법의 목록은 더 늘어날 수 있다고 판시하였다.[3]

캐나다헌법[1867]에는 헌법의 최고규범성이 명문으로 규정되어 있지 않았다. 헌법의 최고규범성은 캐나다헌법[1982] 제52조 제1항에 규정되었

---

2) Roy Romanow, John Whyte, Howard Leeson, *Canada... Notwithstanding: The Making of Constitution 1976-1982*, Thompson(2007), p. 263. 1982년 헌법 제정에 관한 상세한 내용은 Patrick Monahan, Byron Shaw, *Constitutional Law*, Irwin Law(2013), pp. 188-237도 참조.

3) *New Brunswick Broadcasting Co. v. Nova Scotia(Speaker of the Houese of Assembly)* 1 S.C.R 319, 378. 제52조 제2항에 열거된 법령들과 헌법적으로 중요한 법령들의 세부적인 내용은, Bernard Funston, Eugene Meehan, *Canadian Constitutional Documents Consolidated*, Carswell(2007) 참조.

고, 이로써 캐나다 연방대법원의 위헌법률심사권의 확실한 근거가 마련되었다. 또한 캐나다헌법[1867]에는 권리장전이 포함되어 있지 않았으나, 캐나다헌법[1982]의 '제1장(Part 1)'에 처음으로 34개 조문에 걸쳐 헌법상 권리에 관한 규정을 두었고, 이를 '캐나다권리자유헌장(Canadian Charter of Rights and Freedoms)'이라 명명하였다.

## 2. 캐나다 연방대법원의 사법심사권과 캐나다권리자유헌장

캐나다헌법[1867] 제101조는 캐나다 연방의회에 캐나다 전역을 관할하는 상고심 법원을 포함한 각종 법원을 설립할 권한을 부여하였고, 의회는 1875년에 연방대법원법을 제정하여 캐나다 연방대법원을 설립하였다. 캐나다 연방대법원은 대법원장을 포함하여 9명의 대법관으로 구성된 캐나다의 최고법원이다. 다만, 형사사건의 경우 1933년까지, 민사사건의 경우 1949년까지 영국국왕의 '추밀원 사법위원회(the Judicial Committee of the Privy Council)'가 캐나다 연방대법원 판결의 상급심으로 기능하였기 때문에 캐나다 연방대법원의 역할에는 구조적인 한계가 있었다. 캐나다 연방대법원을 거치지 않고 주법원에서 곧바로 추밀원 사법위원회로 상고하는 것도 가능했다.[4]

9명의 대법관 중 세 명은 퀘벡주 출신이어야 한다. 대법원장 이외의 대법관은 'puisne judge'라고 부른다. 또한 관행상 세 명의 대법관은 온타리오 주에서, 한 명의 대법관은 동부의 주에서, 나머지 두 명의 대법관은 서부의 주에서 임명된다.[5] 대법관의 정년은 75세이지만, 대부분의 대법관은 정년이 되기 전에 사임하고 로펌이나 학계로 진출한다.[6]

---

4) Jeremy Webber 2015, *op. cit.*, p. 120.
5) Robert Sharpe, Kent Roach, *The Charter of Rights and Freedoms*, Irwin Law(2017), p. 134.
6) Adam Dodek, Rosemary Cairns Way, "The Supreme Court of Canada and Appointment of Judges in Canada", *The Oxford Handbook of Canadian Constitution*, ed. Peter Oliver,

캐나다 연방대법원의 심리정족수는 5인이고 심리에 참여한 대법관들의 다수결로 판결한다.[7] 또한 캐나다 연방대법원의 심리는 커먼로 전통에 따라 당사자주의에 입각한 절차로 진행된다. 각 당사자는 통상 40쪽 이내의 준비서면을 제출하고, 1시간 이내의 구두변론을 할 수 있다. 평의를 포함한 변론 이후의 심리절차는 비공개이다. 평의 후에 다수의견에 가담한 대법관 중 대법원장이 지명하는 1인이 다수의견 초고를 회람하고, 이에 기초하여 보충의견, 반대의견들이 나오고 결국 최종 판결문이 완성된다. 이 과정에서 대법관들을 도와 조사와 연구를 하고 최종 결정문 작성을 지원하는 로클럭들이 중요한 역할을 한다.[8] 캐나다 연방대법원은 주 최고법원 또는 연방 2심 법원의 판결에 대한 상고심 법원으로 기능하는데, '허가상고(leave to appeal)' 사건, '권리상고(appeals as of right)' 사건, '권고의견(references)' 사건을[9] 다룬다. 그 중 허가상고 사건이 대략 80%, 권리상고 사건이 대략 20%이다.[10]

어떠한 사건에서든 캐나다 연방대법원은 헌법에 관한 쟁점에 대해 판단할 수 있다.[11] 다만, 캐나다헌법[1982] 제정 전까지의 헌법적 판단은 캐나다헌법[1867]상 연방주의를 사법심사의 척도로 삼거나,[12] 커먼로 법리, 제정법에 대한 해석을 통해 이루어졌을 뿐이었다.[13] 이는 헌법 수준의 권리장전의 부재라는 구조적 제약 때문이기도 하지만, 인권 보장을 의회의 임무로 여기는 영국 전통의 영향 때문이기도 하다.[14] 캐나다헌

---

Patrick Macklem, Nathalie des Rosiers, Oxford University Press(2017), p. 213.
7) 연방대법원법 제25조, 제26조.
8) Robert Sharpe, Kent Roach 2017, *op. cit.*, p. 138.
9) 연방대법원법 제53조.
10) Adam Dodek, Rosemary Cairns Way 2017. *op. cit.*, p. 213.
11) 그밖에 캐나다 연방대법원의 구성과 관할에 관해서는 Peter Hogg, *Constitutional Law of Canada[2018 Student Edition]*, Thompson Reuters Canada(2018), pp. 8-1 내지 8-32; Jeremy Webber 2015, *op. cit.*, pp. 111-121 참조.
12) Peter Hogg 2018, *op. cit.*, 36-5, 40-2.
13) 캐나다헌법[1982] 제정 전까지의 인권 보장 체제에 관해서는 Robert Sharpe, Kent Roach 2017, *op. cit.*, pp. 4-19 참조.

법[1982]에 위헌법률심사의 근거규정이 마련되고, 캐나다권리자유헌장도 그 헌법의 일부로 규정됨에 따라 캐나다 연방대법원의 위헌법률심사권은 이전과는 비교할 수 없을 정도로 커졌다.15) 이로 인해 캐나다 연방대법원은 명실상부한 헌법의 수호자로서의 임무를 수행하게 되었고,16) 조용한 국가기관에서 국민의 시선이 언제나 집중되는 국가기관으로 탈바꿈하였다.17)

헌장상 권리의 사법적(司法的) 보장은 통상 법적 분쟁에 관한 소송에서 당사자가 해당 사건의 사실관계에 적용되는 법률이 헌장상 권리를 침해하여 위헌, 무효라는 주장을 하면 개시된다.18) 위헌 주장이 제기되면 법원은 심급을 막론하고 법률이 헌장상 권리를 침해하여 무효인지를 판단한다.19) 이와 같이 법률의 위헌 여부 심사는 민사, 형사 등 통상적인 소송계속중에 개시되는 것이 일반적이다. 다만, 캐나다 연방대법원은 법무부장관이 법률의 위헌 여부의 확인만을 구하는 소송을 제기하는 것을 허용한다.20)

캐나다권리자유헌장에 의하여 캐나다 연방대법원의 사법심사권이 크게 확대되었으나, 캐나다권리자유헌장은 국가의 행위에만 적용될 뿐이고, 재산권과 사회적 기본권에 관한 명시적 규정은 두고 있지 않다. 이로 인하여 캐나다권리자유헌장 제정 후에도 사인간의 인권침해 사안이나 사회적 기본권의 보장 등에 있어서는 법률이 인권 보장에 있어 중요

---

14) *Ibid.*, p. 5.
15) Jeremy Webber 2015, *op. cit.*, pp. 178-179.
16) Antonio Lamer, "A Brief History of the Court", *The Supreme Court of Canada 1875-2000*, Dundurn & Supreme Court of Canada(2000), p. 5.
17) Beverley McLachlin, "Preface", *The Supreme Court of Canada 1875-2000*, Dundurn & Supreme Court of Canada(2000), p. 5.
18) Peter Hogg, *Constitutional Law of Canada*, $5^{th}$ edn., Vol II, Thomson Carswell(2007), p. 771.
19) Peter Hogg 2007, *op. cit.*, pp. 793-794.
20) *Ibid.*, p. 776. 뿐만 아니라 공익인권 단체들의 참가도 널리 허용된다. 이에 관해서는 Robert Sharpe, Kent Roach 2017, *op. cit.*, pp. 120-121.

한 기능을 담당하고 있다. 이러한 이유 때문에 인권을 보장하는 방향으로 법률을 해석해야 한다는 법률 해석 원칙이나, 연방 권한 침해를 이유로 한 주법에 대한 무효선언을 통한 법원의 간접적인 인권 보장 역시 캐나다권리자유헌장에 따른 사법심사와 별도로 사법부에 의한 인권 보장 기제로 작동한다.[21]

### 3. 캐나다권리자유헌장 제1조와 *Oakes* 판결

캐나다권리자유헌장 '제1조(section 1)'는 헌장상 권리에 대한 일반적 법률 유보 규정인데, 그 구체적인 내용은 다음과 같다.

> 1. (권리 및 자유의 보장) 권리 및 자유에 관한 캐나다헌장은, 이 헌장에 규정된 자유와 권리에 대하여는, 자유롭고 민주적인 사회에서 명백히 정당화될 수 있을 정도로 합리적인 법률에 의한 제한만이 가능함을 보장한다.

캐나다권리자유헌장은 헌장상 권리 제한이 정당화될 수 있는 형식적 요건으로 "법률에 규정되어야 할 것"을 요구하고,[22] 실질적 요건으로 "자유롭고 민주적인 사회에서 명백히 정당화될 수 있을 정도로 합리적인 제한일 것"을 규정한다. 두 가지 요건 중 "자유롭고 민주적인 사회에서 명백히 정당화될 수 있을 정도로 합리적인 제한"이 과연 무엇인지는 1986년 캐나다 연방대법원의 *R. v. Oakes* 판결(이하 '*Oakes* 판결' 이라 한다)[23]에서 구체적으로 판시되었다.[24] *Oakes* 판결에서 법정의견은 Dickson 대법원장이 집필

---

21) Robert Sharpe, Kent Roach 2017, *op. cit.*, pp. 180-181.
22) 캐나다 연방대법원은 이 때 "법률"이란 예측가능성이 보장되는 최소한의 명확성을 갖춘 법률이어야 함을 요구하는 경향이 있다(Robert Sharpe, Kent Roach 2017, *op. cit.*, pp. 67-69).
23) *R. v. Oakes*, [1986] 1 S.C.R. 103.
24) *Oakes* 판결 이전에 내려진 *R. v. Big M Drug Mart Ltd.* [1985] 1 S.C.R. 295 판결에

하였는데, 그 중 캐나다권리자유헌장 제1조 위반 여부에 관한 논증 부분은 후에 'Oakes 심사'로 불리게 된다. Oakes 심사는 헌장상 권리 침해 여부에 관한 확고한 위헌심사척도로 자리 잡았고,[25] Oakes 판결은 '성경(holy writ)'이라고 표현될 정도로 굳건한 지위를 획득한다.[26]

캐나다 연방대법원이 Oakes 판결에서 설시한 과잉금지원칙에 관한 법리는 캐나다권리자유헌장 제1조에 규정된 "자유롭고 민주적인 사회에서 명백히 정당화될 수 있을 정도로 합리적인 제한"에 관한 캐나다 연방대법원의 해석론이다. 캐나다권리자유헌장 제1조는 과잉금지원칙의 근거가 아니라 현저한 재량 일탈 여부만을 심사하는 합리성심사의 근거로 해석될 수도 있지만, 캐나다 연방대법원은 의식적으로 이를 과잉금지원칙의 근거로 해석하였다.[27]

캐나다 연방대법원은 판결문에 국내외의 학설이나 외국의 판례를 출전을 표시하여 인용하는 경우가 많음에도 불구하고, Oakes 판결에서는 외국 판례는 물론이고 어떠한 학설도 논거로 제시하지 않았다. 즉, 캐나다 연방대법원이 캐나다권리자유헌장 제1조를 해석한 결과가 Oakes 심사 법리라고 설시한 것이다.[28] 이는 Oakes 심사를 캐나다권리자유헌장

---

서도 과잉금지심사가 언급되었다(위 판례집 p. 352). 다만, 이 사건은 입법목적이 쟁점이었기 때문에 과잉금지심사에 관한 본격적인 논증이 없었고, 제시된 과잉금지심사의 세부원칙도 최소피해성까지만을 내용으로 하였다.

25) Alec Stone Sweet, Jud Mathews 2008, op. cit., p. 118. 특히 표현의 자유와 같은 권리의 경우에는 거의 모든 논의가 Oakes 심사 과정에서 이루어질 정도로 결정적인 기능을 한다[Dwight Newman, "Canadian Proportionality Analysis: $5\frac{1}{2}$ Myths", 73 Supreme Court Law Review(2016), p. 93, fn. 2]

26) Errol Mendes, "Section 1 of the Charter after 30 years: The Soul or the Dagger at its Heart?", 61 Supreme Court Law Review(2013), p. 295.

27) Alec Stone Sweet, Jud Mathews 2008, op. cit., p. 115. 캐나다 연방대법원은 Oakes 법리를 가다듬는 데에 있어서도 캐나다권리자유헌장상 문언을 근거로 삼는다. 예컨대, R. v. Keegstra [1990] 3 S.C.R. 697, pp. 736-738.

28) Sweet와 Mathews는 이 점을 매우 놀랍다고 평가한다(Alec Stone Sweet, Jud Mathews 2008, op. cit., p. 117).

자체에 뿌리박기 위한 것으로 보인다.

과잉금지원칙의 근거가 캐나다권리자유헌장 제1조인지에 대해서는 학계에서도 논의가 이루어졌다. 학계의 논의는 '캐나다권리자유헌장 제1조의 문언과 Oakes 심사의 문언이 다르므로 그 간극을 메울 수 있어야 한다'는 점에서 출발한다.[29] 그러한 논의 중 캐나다권리자유헌장 제1조의 해석을 통해 과잉금지원칙의 근거를 분명히 하려는 Ponomarenko의 연구 성과가 주목할 만하다. Ponomarenko는 이를 다음과 같은 두 가지 쟁점으로 요약한다.

① 캐나다권리자유헌장이 규칙과 같은(rule-like) 형태의 판단구조를 취할 것을 명하는지, 아니면 기준과 같은(standard-like) 형태의 판단구조를 취할 것을 명하는지? 이때 규칙과 같은 형태의 판단구조란 미국의 범주적 논증과 같이 판단구조의 첫 부분인 권리를 정의하는 단계에서 은밀하게 형량이 이루어지는 것을 말한다. 기준과 같은 형태의 판단구조는 형량을 드러내놓고 하는 모든 종류의 형량 논증을 말한다. ② 만약, 범주적 논증처럼 규칙 형태의 판단구조를 취하지 않는다면, 다음으로 어떠한 형태의 심사기준을 택하는 것이 인권 보장에 적합한 것인지의 판단이 남는다. 이때 고려할 수 있는 현실적인 심사척도 선택지는 많지 않다.[30] (중략) "합리적 제한(reasonable limit)"이라는 헌장의 문언상 선택할 수 있는 것은 합리성심사(reasonableness standard) 혹은 인권을 제한하려고 하는 당사자에게 무거운 입증책임을 부여하는 더욱 엄격하고 충실한 심사의 두 가지이다.[31]

첫 번째 쟁점에 관해 Ponomarenko는 캐나다권리자유헌장 제1조와 같은 일반적 법률유보 조항의 존재 자체가 권리를 정의하는 과정에서 추

---

29) Iryna Ponomarenko 2016a, op. cit., pp. 1134-1135, 1139-1140.
30) Ibid., pp. 1143-1144.
31) Ibid., p. 1148.

상적 형량을 함으로써 제한의 헌법적 정당화 여부를 판단하는 미국식의 '범주적 논증'과 어울리지 않는다고 주장한다. 즉, '범주적 논증'은 미국이 그러하듯이 일반적 법률유보 조항 없이도 가능하므로, 헌법제정자가 굳이 헌장 제1조를 둔 것은 '범주적 논증' 대신 권리 제한의 정당화 여부를 심사하는 단계에서 명시적인 형량을 하도록 한 것으로 보는 것이 헌장 제1조의 해석상 타당하다는 것이다.[32]

두 번째 쟁점에 관해 Ponomarenko는 먼저 합리성심사와 과잉금지심사 사이의 선택에 관해 분석한다. Ponomarenko는 "헌장상 권리의 보장이 원칙이고 제한은 예외이며, 헌장 제1조의 '명백하게(demonstrably)'라는 용어가 헌장상 권리 제한을 한 당사자에게 입증책임을 부과할 근거"라는 *Oakes* 판결에서의 Dickson 대법원장의 판시내용을 근거로 과잉금지심사를 선택하는 것이 헌장의 해석상 타당하다고 주장한다.[33] 다음으로, Ponomarenko는 헌장 제1조의 '자유롭고 민주적인 사회(free and democratic society)'라는 표현은 헌장상 권리를 제한하는 법률이 자유롭고 민주적인 사회를 만드는 데에 기여하는 측면이 있을 것을 요구하는 것인데, 헌장 제1조에 '명백하게 정당화되는(demonstrably justified)'이라는 표현이 사용된 이상 어떠한 헌장상 권리를 제한하는 법률이 헌장 제1조에 의해 정당화되려면 단순히 합리적인 것만으로는 부족하다는 결론에 이른다.[34] 이러한 논리에 따라 Ponomarenko는 헌장 제1조의 '합리적인 제한(reasonable limits)'이라는 문언은 합리성심사라는 위헌심사척도를 가리키는 것이 아니라 과잉금지원칙이 위헌심사척도임을 전제로 하여 그 적용강도를 조절할 수 있다는 의미로 해석한다.[35]

---

32) *Ibid.*, pp. 1145-1146.
33) *Ibid.*, p. 1148.
34) *Ibid.*, pp. 1148-1150.
35) *Ibid.*, p. 1150.

## II. 캐나다연방대법원의 과잉금지원칙 논증구조

### 1. *Oakes* 심사의 논증구조

*Oakes* 심사는 크게 목적의 충분한 중요성 여부의 심사를 한 다음 과잉금지심사를 하는 순서로 이루어진다. *Oakes* 심사 중 과잉금지심사는 다시 '합리적 관련성(rational connection)', '최소피해성(minimal impairment)', '효과의 비례성(proportionality of effects)'의 삼단계로 나뉜다. 앞 단계를 통과해야 다음 단계의 심사로 나아가고, 어느 한 단계를 통과하지 못하면 다음 단계 심사로 나아갈 필요 없이 곧바로 위헌의 결론에 이른다.[36] 하지만, *Oakes* 심사는 일견 간단해 보이는 논증구조와 달리 매우 어려운 것임이 이내 밝혀졌다.[37]

이 책에서는 편의상 *Oakes* 심사를 '제1단계(목적의 충분한 중요성)', '제2-1단계(합리적 관련성)', '제2-2단계(최소피해성)', '제2-3단계(효과의 비례성)'로 분류하여 서술하기로 한다.

#### 가. *Oakes* 심사 제1단계: 목적의 충분한 중요성

제1단계는 제한의 목적에 관한 것이다. 제1단계는 심판대상조항의 목적이 헌법상 권리나 자유에 우선되어야 할 정도로 충분히 중요한지를 심사한다.[38] 다만, 캐나다 연방대법원은 경우에 따라 이를 유효한지 혹은 충분히 중요한지의 심사로 완화한다.[39] 이때 충분히 중요하다는 것

---

36) 예컨대, *R. v. Oakes* [1986] 1 S.C.R. 103, para. 79; *Carter v. Canada* [2015] 1 S.C.R. 331, para. 112.
37) Dwight Newman 2016, *op. cit.*, pp. 93-95.
38) *R. v. Oakes*, [1986] 1 S.C.R. 103, para. 69.
39) Sujit Choudhry 2006, *op. cit.*, pp. 509-510. 독일과의 차이에 관해서는 Dieter Grimm 2007, *op. cit.*, p. 388. 목적의 충분한 중요성 심사에 관한 비판으로, Robert Alexy, "Proportionality and Rationality", *Proportionality: New Frontiers, New*

은 자유롭고 민주적인 사회에서 해결해야 할 긴절하고 중요한 사안들과 관련이 되어 있어야 한다는 의미이다. 예컨대, 특정한 종교를 믿거나 종교적 관습을 강제하는 법률은 정당한 목적이 될 수 없다.[40] 연방대법원은 이를 입증할 증거를 특별히 요구하지 않고 대체로 의회의 판단을 존중하는 경향을 보이지만, 제1단계를 통과하지 못하는 사건들도 더러 있다. 일반적으로 말해 입법목적을 넓게 잡을수록 입법대안을 더 많이 상정할 수 있어서 제2-2단계인 최소피해성 심사 통과가 어려워진다.[41]

## 나. *Oakes* 심사 제2단계: 과잉금지심사

심판대상조항이 제1단계 심사를 통과하면 제2단계로 나아간다. 제2단계는 충분히 중요한 입법목적을 달성하기 위해 선택한 수단이 합리적이며 명백히 정당화 될 수 있는지의 심사이다. 캐나다 연방대법원은 제2단계를 '과잉금지심사의 일종(a form of proportionality test)'으로 본다.[42] 제2단계는 다시 제2-1, 2-2, 2-3단계로 나뉜다.

### 1) *Oakes* 심사 제2-1단계: 합리적 관련성

제2-1단계는 '수단과 목적 사이의 합리적 관련성(rationally connected to the objective)'을 심사한다.[43] 이성과 논리에 근거하여 볼 때 입법목적과

---

*Challenges*, ed. Vicki Jackson, Mark Tushnet, Cambridge University Press(2017) p. 19; Peter Hogg, *Constitutional Law of Canada*, Carswell(2010), pp. 38-44, 38-44.1; Dieter Grimm 2007, *op. cit.*, pp. 388-399 참조; 목적의 충분한 중요성 심사와 효과의 비례성 심사의 관계에 관한 판례의 입장으로, *R. v. K.R.J.* 1 S.C.R. 906, para. 61 참조.

40) *Alberta v. Hutterian Brethren of Wilson Colony*, [2009] 2 S.C.R. 567, para. 92.
41) Robert Sharpe, Kent Roach 2017, *op. cit.*, pp. 70-73. 입법목적을 어떻게 잡는지가 심사의 결론에 곧바로 영향을 주는 것은 아니지만, 논증구조의 강조점을 결정하는 요인이 될 수 있음에 관해서는, *Toronto Star Newspapers Ltd. v. Canada* 1 S.C.R. 721, para. 20 참조.
42) *R. v. Oakes*, [1986] 1 S.C.R. 103, para. 70.

심판대상조항 사이에 '조건적 인과관계(causal relationship)'가 있으면 합리적 관련성이 인정된다.[44] 심판대상조항이 입법목적을 증진시키는 효과가 조금이라도 있으면, 다시 말해, 심판대상조항이 없다고 가정할 경우 입법목적 달성의 정도가 조금이라도 줄어든다면, 합리적 관련성은 인정된다. 하지만, 앞서 과잉금지원칙 논증구조 이론에서 본 바와 같이 '합리적'이라는 용어 때문에 합리적 관련성 심사에 형량의 요소를 넣어 판단하는 오류를 범하기 쉽다.

Oakes 판결은 과잉금지원칙을 도입한 기념비적 판결이지만, 합리적 관련성 심사에 형량의 요소까지 포함시키는 논증을 전개하였다. 이 판결에서 캐나다 연방대법원은 마약 소지 사실이 입증될 경우 유통할 목적으로 소지한 것으로 추정하는 내용의 심판대상조항에 대해 합리적 관련성이 없다고 판단하였다. 즉, 캐나다 연방대법원은 적은 양의 혹은 무시할 수 있을 정도로 소량의 마약을 소지한 경우에까지도 심판대상조항의 적용대상이 될 수 있기 때문에 심판대상조항은 지나치게 적용 범위가 넓고, 마약유통이 무기징역형까지 가능한 중대한 범죄라는 점을 고려하면, 심판대상조항은 사안에 따라 합리성과 공정성을 잃을 수 있으므로 합리적 관련성을 충족시키지 못한다고 보았다.[45]

그러나 마약소지 사실을 곧바로 유통목적 소지로 추정함으로써 유통목적 마약소지자에 대한 검찰의 입증책임이 완화되어 유통목적 마약소지자에 대한 처벌이 더 확대될 수 있는 이상, 심판대상조항은 입법목적 달성에 기여하므로, 합리적 관련성은 인정된다. 특히 Oakes 판결의 합리적 관련성 판단에는 형량에 관한 내용, 즉 효과의 비례성 판단까지 들어있다. 이와 같은 논증구조에 의할 경우, 합리적 관련성과 그 이후 단계의

---

43) R. v. Oakes, [1986] 1 S.C.R. 103, para. 70. 캐나다 연방대법원의 합리적 관련성 심사에 관한 분석으로는 Carrissima Mathen, "Rational Connections: Oakes, Section 1 and the Charter's Legal Rights", 43 Ottawa Law Review(2012), pp. 491-509 참조.
44) RJR-MacDonald Inc. v. Canada(Attorney General) [1995] 3 S.C.R. 199, para. 153.
45) R. v. Oakes, [1986] 1 S.C.R., 103, para. 78.

심사 사이의 구별이 흐려지므로 이러한 논증구조는 바람직하지 않다.46)

 Oakes 판결과 같은 방식의 합리적 관련성 심사는 그 이후의 판례에서는 더 이상 적용되지 않는 것으로 보인다.47) 그 후 캐나다 연방대법원은 합리적 관련성 심사는 조건적 인과관계로 족하므로 심판대상조항에 의할 경우에만 입법목적이 달성되어야 한다거나, 심판대상조항에 의해 입법목적이 충분한 정도로 달성될 것까지 요구하는 것은 아니라고 판시하였다.48) 또한 캐나다 연방대법원은 합리적 관련성이라는 표현에는 형량의 요소가 포함되지 않는다고 아래와 같이 명시적으로 판시하였다.

> 합리적 관련성 단계에서는 단순히 권리 침해적 조치와 정부의 입법목적 사이에 합리적인 연결고리가 있는지를 판단한다. 당해 수단의 긍정적 효과와 부정적 효과 사이의 비교형량은 헌장 제1조 분석의 마지막 단계의 판단 대상이다.49)

또한 합리적 관련성을 인정하기 위해 과학적 증거를 통한 정확한 입증까지 요구하는 것은 아니지만,50) 입증의 정도는 일반적인 민사사건과 같은 정도여야 한다.51) 캐나다 연방대법원은 제2-1단계 심사의 적용강도를 완화하여 의회의 판단을 존중하는 경향이 있기 때문에 제2-1단계 심사를 통과하지 못하여 위헌이 되는 사건은 드물다.52) 특정 집단에 대한 혜택을 배제하는 것이 입법목적 달성에 기여할 수 없다는 논리 구조에

---

46) *Oakes* 심사를 최초로 제시한 판결인 *Oakes* 판결부터 합리적 관련성을 잘못 적용하였다는 견해로, Dwight Newman 2016, *op. cit.*, pp. 93-95.
47) Robert Sharpe, Kent Roach 2017, *op. cit.*, p. 74.
48) 예컨대, *Mounted Police Association of Ontario v. Canada (Attorney General)* [2015] 1 S.C.R. 3, para. 143.
49) *Alberta v. Hutterian Brethren* [2009] 2 S.C.R. 567, para. 51.
50) Robert Sharpe, Kent Roach 2017, *op. cit.*, p. 76.
51) '증거의 우위(balance of probabilities, preponderance of evidence)'를 의미한다 {*RJR-MacDonald Inc. v. Canada(Attorney General)* [1995] 3 S.C.R. 199, para. 153}.
52) Robert Sharpe, Kent Roach 2017, *op. cit.*, p. 73

의하는 경우가 합리적 관련성을 부정하는 대표적인 예이다. 예컨대 캐나다 연방대법원은 동성혼이 파탄된 경우에는 경제적 지원을 하지 않도록 하는 심판대상조항은 이성혼의 파탄 후 여성의 경제적 어려움 해소라는 입법목적 증진과 합리적 관련성이 없다고 판단하였다.53) 또한 캐나다 연방대법원은 수형자에게 투표권을 배제하는 것은 반민주적이므로 '수형자들에 대한 준법교육'이라는 입법목적과 자기모순이고, 공동체 구성원으로서의 집단정체성과 소속감, 책임감을 빼앗을 우려가 있으므로 합리적 관련성이 없다고 판단하였다.54)

### 2) *Oakes* 심사 제2-2단계: 최소피해성

*Oakes* 판결에 의하면, 제2-2단계 심사는 "심판대상조항이 권리나 자유를 가능한 한 적게 침해하는지(the means should impair as little as possible the right or freedom in question)"를 점검하는 것이다. *Oakes* 판결에서 제시한 제2-2단계 심사의 정의에는 입법대안에 대한 언급이 없다. 또한 *Oakes* 판결은 *Oakes* 심사의 하위 위헌심사척도 중 유독 최소피해성에 대해서는 그 의미를 구체적으로 설명하지 않았다. 하지만 이후 *Oakes* 심사는 *Oakes* 판결에서 단 한 줄의 설명에 불과하였던 최소피해성 위주로 이루어졌다.55)

이후의 판결에서 캐나다 연방대법원은 *Oakes* 판결에서 제시한 최소피해성을 여러 가지로 다르게 표현하였다. 예컨대, 최소피해성은 "권리에 대한 제한이 그 제한을 정당화하기 위해 제시된 긴절하고 중대한 목적을 위해 합리적으로 재단된 것인지(whether the limit on the right is reasonably tailored to the pressing and substantial goal put forward to justify the limit)" 혹은 "입법목적을 달성하는 덜 해로운 수단이 있는지(whether there are less harmful means of achieving legislative goal)"라고 표현되기도

---

53) *M. v. H.* [1999] 2 S.C.R. 3, paras. 108-109.
54) *Sauvé v. Canada(Chief Electoral Officer)* [2002] 3 S.C.R. 519, paras. 28-53.
55) Patrick Monahan, Byron Shaw 2013, *op. cit.*, p. 438, 441.

하였다.[56] 이러한 표현들은 서로 정확히 같은 의미가 아닌 것으로 해석할 여지가 있기 때문에 최소피해성의 정확한 의미가 무엇인지가 분명해지는 데까지는 상당한 시간이 필요하였다. 이에 관한 자세한 내용은 항을 달리하여 살펴보기로 한다.

### 3) Oakes 심사 제2-3단계: 효과의 비례성

제2-2단계 심사를 통과하면 제2-3단계 심사를 하는데, 이는 '권리나 자유를 제한하는 수단이 야기하는 효과와 충분한 중요성이 인정된 목적 사이에 비례성이 있는지(proportionality between the effects of the measures which are responsible for limiting the Charter right or freedom and the objective which has been identified as of sufficient importance)'를 판단한다. 이때 비례성이란 심판대상조항의 부정적 효과가 중대할수록 그 입법목적이 중요해야 함을 의미한다.

Oakes 판결의 효과의 비례성 설시 중 첫째로 주목할 점은 효과의 비례성의 중요성을 강조하였다는 것이다. Oakes 판결 자체는 합리적 관련성이 쟁점이었음에도 불구하고, 캐나다 연방대법원은 효과의 비례성에 관해 자세히 설명하였고, 특히 효과의 비례성 판단에 이르러야 당해 사안의 구체적인 헌장상 권리 제한 정도가 충분히 검토될 수 있고, 그 정당화 여부가 비로소 판단의 중심에 선다는 점을 분명히 설시하였다. 이는 Oakes 심사가 과잉금지원칙의 한 가지 적용례인 이상 그 핵심은 비교형량을 내용으로 하는 효과의 비례성임을 인식하였기 때문인 것으로 보인다. 그러나 Oakes 판결 이후 캐나다 연방대법원의 판결의 실제에서 효과의 비례성은 그다지 큰 역할을 하지 못하는 경우가 많았다.

Oakes 판결에서 제시한 효과의 비례성 심사에서 두 번째로 주목할 부분은 '효과와 목적' 사이의 비례성이라는 판시이다. 이와 같은 표현은 과잉금지원칙에 대한 강력한 비판론인 '통약불가능론(incommensurability)'

---

56) *Alberta v. Hutterian Brethren* [2009] 2 S.C.R. 567, para. 53.

의 손쉬운 표적이 되기 때문이다. 즉 효과와 목적은 서로 공통점이 없는 대상이므로 비교 자체가 불가능하다는 비판이 가능하다. 또한 *Oakes* 심사의 제1단계에서 이미 입법목적의 충분한 중요성을 인정한 이상, 이를 능가할만한 권리나 자유에 대한 제한 효과라는 것이 실제로 존재할 수 있는지에 대해서도 의문을 제기할 수 있다. 추상적 의미에서의 입법목적은 그 중요성을 부정하기 어렵기 때문이다. 이는 후에 효과의 비례성을 재정식화함으로써 해결되는데, 이에 관해서는 항을 달리하여 살펴본다.

## 2. 최소피해성 논증구조의 변형

### 가. *R. v. Edwards Books & Art Ltd.* 판결

#### 1) 사건의 개요

*R. v. Edwards Books & Art Ltd.* 판결은(이하 '*Edwards Books* 판결'이라 한다)[57] 7인 이상의 점원과 5,000 제곱피트 이상의 면적을 가진 소매점의 일요일 의무휴업을 강제하고 이에 위반할 경우 10,000 캐나다 달러 이하의 벌금형에 처할 수 있도록 한 내용의 Ontario 주법조항의 위헌 여부가 쟁점이었다. 심판대상조항은 일요일 휴무를 강제함으로써 근로자들에게 가족과 친구들과 여가 시간을 함께 보낼 수 있는 기회를 보장하는 것이었다. 이에 대해 종교적 신념에 따라 토요일에 휴무하려는 사업주들은 위 심판대상조항이 종교의 자유를 침해하여 위헌이라고 주장하였다. 캐나다 연방대법원은 심판대상조항을 합헌으로 판단하였다.[58]

---

57) [1986] 2 S.C.R. 713
58) 합헌의견: Dickson 대법원장, Beetz 대법관, McIntyre 대법관, Chouinard 대법관, Le Dain 대법관, La Forest 대법관. 위헌의견: Wilson 대법관.

## 2) 최소피해성 판시 내용(Dickson 대법원장 집필)

수단은 '가능한 한 적게(as little as possible)' 헌장상 권리을 제한해야 한다. (중략)[59] 이 사건의 핵심에 닿아 있는 더 어려운 쟁점은 심판대상조항이 토요일 안식일을 준수하는 사람들의 종교의 자유를 '합리적으로 가능한 범위 내에서 적게(as little as is reasonably possible)' 헌장상 권리를 제한하는 것인지이다. 물론 제3조 제4항의 예외에 따라 소규모 소매점을 운영하는 토요일 안식일 준수자에 대한 충격이 경감되는 것도 사실이다. 그러나 '주정부가 입법목적을 달성하면서도 종교의 자유에 부정적 효과는 더 적게 미치는 합리적인 대안이 있는지(some reasonable alternative scheme which would allow the province to achieve its objective with fewer detrimental effects on religious freedom)' 여부를 반드시 판단해야 한다.[60]

## 3) 최소피해성 논증구조 변형의 배경 및 내용

앞서 살펴본 바와 같이 *Oakes* 판결은 최소피해성을 "수단이 목적과 합리적 관련성을 갖는 경우에도 권리나 자유를 <u>가능한 한 적게</u> 제한하는 것이어야 한다."고 정의한다.[61] 그런데 "가능한 한 적게"라는 표현은 자칫 심판대상조항이 상정 가능한 최고의 입법안이어야 한다는 의미가 될 수 있다.[62] 최소피해성을 이렇게 이해하면, *Oakes* 심사는 법률이 입법자에게 허용된 재량의 한계를 벗어났는지를 심사하는 것이 아니라, 입법자가 최상의 입법을 했는지를 심사하는 것이 될 수 있다. 이는 사법

---

59) *R. v. Edwards Books & Art Ltd.* [1986] 2 S.C.R. 713, 768.
60) *Ibid.*, pp. 772-773. 강조는 필자가 한 것이다.
61) *R. v. Oakes*, [1986] 1 S.C.R. 103, para. 70(강조는 원문의 겹따옴표를 밑줄로 바꾼 것이다).
62) Christopher Dassios, Clifton Prophet, "Charter Sectiona 1: The Decline of Grand Unified Theory and the Trend Towards Deference in the Supreme Court of Canada", 15 *Advocates' Quarterly*(1993), p. 301.

부에 부여된 권한과 기능을 넘어서는 것이므로, 구체적 사안에 적합한 결론을 도출하기가 어려워진다.63) 즉, 권력분립원리상 법원에게 맡겨진 역할은 합헌적인 법률을 고안해 내거나 어떠한 법률이 더 나은지를 생각해 보는 것이 아니므로, *Oakes* 심사에서 이루어지는 입법대안에 대한 논의는 심판대상조항이 *Oakes* 심사의 제2-2단계를 만족하는지 여부의 판단이라는 단 하나의 목적을 위한 것일 뿐이다.64)

위와 같은 어려움 때문에 캐나다 연방대법원이 *Oakes* 판결 이후 10개월도 되지 않은 시점에서 *Edwards Books* 판결을 통해 '합리적으로 가능한 범위 내에서 적게'로 최소피해성의 변형을 시도한 것으로 보인다. 이는 위헌심사척도의 '재정식화(re-state)'라고 평가되기도 한다.65) *Oakes* 판결에서의 최소피해성 요건을 통과하려면 심판대상조항은 헌장상 권리의 제한 정도가 가장 적은 수단이어야 하지만, *Edwards Books* 판결에서의 최소피해성 요건을 통과하기 위해서라면 심판대상조항은 헌장상 권리의 제한 정도가 가장 적을 필요가 없다. 심판대상조항은 합리적인 범위 내에서 가능한 한 헌장상 권리를 덜 제한하는 것으로 족하기 때문이다. 이러한 변형은 *Oakes* 심사에서 제시된 원형보다 약화된 심사척도라고 평가할 수 있다.66) 이와 같이 위헌심사척도를 변형한 결과 최소피해성을 사안에 따라 강약을 조절하여 사용할 수 있게 되었지만, 합리적인 범위가 어디인지를 정해야 하게 되었다. 결국 캐나다 연방대법원은 '합리적인 범위'를 결정하기 위해 최소피해성 단계에서 형량의 요소를 도입하는 방향으로 나아가게 된다.

---

63) 과잉금지원칙은 유럽인권협약상 권리 보장의 관점에서 입법자가 넘어서는 안 될 최종적인 하한선에도 못 미치는지를 판단하는 원칙일 뿐이라는 점에 관해서는, Aileen Kavanagh, *Constitutional Review under the UK Human Rights Act*, Cambridge University Press(2009), p. 241; Mark Elliot, Robert Thomas 2014, *op. cit.*, p. 545.
64) *R. v. Edwards Books & Art Ltd.* [1986] 2 S.C.R. 713, 783).
65) Christopher Dassios, Clifton Prophet 1993, *op. cit.*, p. 301.
66) *Ibid.*, pp. 304-305.

*Edwards Books* 판결에서 최소피해성은 *Oakes* 판결을 변형한 형태로 설시되었을 뿐 아니라, 서로 다른 두 가지 표현으로 판시되었다. 최소피해성은 입법대안과의 비교를 명시적으로 언급하지 않는 형태인 "심판대상조항이 합리적으로 가능한 범위 내에서 최소한도로 헌장상 권리를 제한하는 것인지"라고도 판시되었고, 입법대안과의 비교를 내용으로 하는 형태인 "입법목적을 달성하면서도 헌장상 권리는 덜 제한하는 합리적인 대안이 있는지"로도 판시되었다.[67] 이에 따라 이후 최소피해성이라는 위헌심사척도의 내용이 무엇인지에 혼란이 가중된다.

### 나. *Edwards Books* 판결 이후 최소피해성 논증구조의 전개

Edwards Books 판결에서 최소피해성을 두 가지 표현으로 판시한 이후 캐나다 연방대법원의 최소피해성 판단은 그 두 가지 표현 중 어느 하나를 강조하거나 둘 다를 모두 적용하는 등의 형태로 다양하게 전개되었다. 예컨대 아래와 같이 최소피해성 판단에서 입법대안이 심판대상조항만큼 효과적으로 입법목적을 달성해야 한다고 명시적으로 판시하는 판례도 있다.

> 캐나다권리자유헌장 제1조 위반 여부에 관한 이 단계의 판단에서 해결하여야 할 문제는 입법부가 심판대상조항만큼 효과적으로 입법목적을 달성할 수 있는 대안을 채택할 수 있었는지 여부이다.[68]

또한 캐나다 연방대법원은 다음과 같이 심판대상조항이 최소피해성

---

67) *Oakes* 판결과 *Edwards Books* 판결에서 제시된 최소피해성 위헌심사척도가 서로 완전히 다른 것이라는 견해 및 그에 대한 학계의 분석에 대해서는, Sujit Choudhry 2006, *op. cit.*, p. 506, 509 참조.
68) *R. v. Chaulk* [1990] 3 S.C.R. 1303, 1341. *Adler v. Ontario* [1996] 3 S.C.R. 609 중 McLachlin 대법관의 최소피해성 논증구조도 이와 같다(위 판결, para. 221).

을 만족시키기 위해 반드시 피해를 최소화할 필요는 없다고 판시하기도 하였다.

최소피해성은 캐나다권리자유헌장에 의해 보장되는 권리의 제한이 정당화 될 수 있는지에 관한 논쟁에 있어 핵심이 되는 경우가 많다. 제한되는 권리나 자유를 최소한으로 침해해야만 하는 입법적 제한조치는 그것이 가장 덜 제한 적인 조치일 필요는 없다.[69]

이와 같이 최소피해성이 여러 가지 의미로 사용됨에 따라, Oakes 심사의 논증 경향은 최소피해성 판단 부분에서 심판대상조항에 관한 온갖 고려 요소들을 종합하여 헌장상 권리의 제한이 정당화될 수 있는지를 판단하는 쪽으로 흘러갔다.[70]

### 3. 효과의 비례성의 재정식화
: *Dagenais v. Canadian Broadcasting Corp.* 판결

*Oakes* 판결 이후 효과의 비례성 부분은 이른바 '맥락적 접근법(contextual approach)'에[71] 따라 관련 법익의 추상적인 중요성보다는 구체적인 맥락 에서의 중요성을 심사하는 형태로 자리 잡아 갔다. *Oakes* 심사의 효과의 비례성은 *Dagenais v. Canadian Broadcasting Corp.* 판결(이하 '*Dagenais* 판결'이라 한다)에서[72] 분명하게 재정식화 되었다.

---

69) *Multani v. Commission scolaire Marguerite-Bourgeoys* [2006] 1 S.C.R. 256, para. 50.
70) Vicki Jackson, "Ambivalent Resistance and Comparative Constitutional Constitutionalism: Opening Up the Conversation on Proportionality, Rights and Federalism", 1 *University of Pennsylvania Journal of Constitutional Law*(1999), *op. cit.*, p. 608.
71) Patrick Macklem, Carol Rogerson et al., *Canadian Constitutional Law*, Emond Montgomery Publications(2010), p. 780. 이는 *Edmonton Journal v. Alberta(Attorney General)* 사건의 Wilson 대법관의 보충의견에서 최초로 제시되었다. [1989] 2 S.C.R. 1326, 1355, 1356.
72) [1994] 3 S.C.R. 835.

## 가. 사안의 개요

이 판결은 *Dagenais* 등 4명의 카톨릭 교회 교사들이 자신들의 성추행 혐의에 관하여 '캐나다방송(Canadian Broadcasting Coporation)'이 제작한 영상물의 방영을 자신들에 대한 형사재판이 끝날 때까지 금지하여 달라는 내용의 가처분 신청에 대한 상고사건이다. 심리결과 상고인용 5인, 상고기각 3인으로 상고인용 판결이 내려졌다.[73]

이 사건에서 캐나다 연방대법원은 피상고인들의 공정한 재판을 받을 권리에 관하여 심리하면서 '커먼로(common law)' 법리에 따라 방영금지로 인한 실질적인 이로운 효과가 방영금지로 인해 발생하는 표현의 자유에 대한 부정적인 파장을 능가하는지를 판단하였다. 이 판단을 하면서 캐나다 연방대법원은 위 커먼로 법리가 *Oakes* 심사의 제2-3단계와 매우 유사하다고 설시하면서 효과의 비례성에서 비교형량하는 것이 무엇인지를 재정의한다. 이 사건에서 재정의된 효과의 비례성 법리는 그 이후 *Oakes* 심사의 효과의 비례성 판단에서 반복적으로 인용된다.

## 나. 효과의 비례성의 구체적 내용

Lamer 대법원장이 집필한 다수의견은 *Oakes* 심사의 효과의 비례성 심사의 두 가지 국면에 관해 다음과 같이 판시하였다.

> 많은 경우에, 어떠한 입법적 조치를 실행하는 것은 입법목적을 완전히 혹은 거의 완전히 실현하는 결과를 낳는다. 이 경우 효과의 비례성 심사에서 살펴보는 것은 입법 목적과 이 목적을 실행하기 위한 입법적 조치를 실행함에 따라

---

[73] 상고기각 의견: La Forest 대법관, L'Heureux-Dubé 대법관, Gonthier 대법관. 상고 인용 의견: Lamer 대법원장, Sopinka 대법관, Cory 대법관, Iacobucci 대법관, Major 대법관

발생한 헌장상 권리에 대한 부정적인 효과 사이의 균형관계이다. 한편, 입법적 조치가 중요한 입법 목적과의 관계에서 합리적 관련성이 인정된다 하더라도 입법 목적을 일부만 실현하는 경우도 있다. 나는 이러한 경우에 Oakes 심사의 제2-3단계는 입법적 조치의 목적과 <u>입법적 조치의 집행에서 실제로 발생하는 이로운 효과</u>가 <u>입법적 조치의 기본적 권리와 자유에 대한 해로운 효과</u> 사이에 비례성이 있을 것을 요구하는 것이라고 믿는다. 입법목적은 충분히 긴절하고 중요할 수 있다. 입법적 조치는 그러한 목적과 합리적 관련성이 있을 수 있다. 또한 권리를 덜 제한하는 입법대안이 불가능할 수도 있다. 그럼에도 불구하고, (추상적인 관점에서 본) 입법목적 자체의 중요성이 권리에 미치는 해로운 효과를 능가하는 경우라 할지라도 <u>심판대상조항의 실질적인 이로운 효과가 그 부정적인 효과를 정당화</u>하기에 부족한 경우가 여전히 발생할 수 있다.[74]

요컨대 효과의 비례성이란, '심판대상조항의 이로운 효과와 해로운 효과 사이의 비례성(proportionality between the deleterious and the salutary effects of the measures)'을 의미한다. 이어 Lamer 대법원장은 효과의 비례성 심사의 실제를 두 가지 국면으로 나누어 봄으로써 효과의 비례성 심사의 비교형량의 실체를 다음과 같이 설명한다.

내 생각에는, Oakes 심사의 2-3단계를 입법목적과 그 목적을 달성하기 위한 조치의 해로운 효과 사이의 균형에만 관계된 것으로 구체화하는 것은 지나치게 좁은 의미의 비례성 개념을 전제로 하는 것으로 판단된다. 나는 설령 입법목적이 충분히 중요하고, Oakes 심사의 제2-1단계 및 제2-2단계가 충족되고, 해로운 효과가 입법목적 사이에 비례성이 있다고 하더라도, 어떠한 입법조치가 그로 인한 해로운 효과와 이로운 효과사이의 비례성이 없다는 이유로 자유롭고 민주적인 사회에서 명백하게 정당화 되는 합리적인 조치가 되지 못하는 경우가 여전히 발생할 수 있다고 믿는다. 따라서 나는 Oakes 심사의 제2-3단계를

---

74) [1994] 3 S.C.R. 835, 887, 888. 밑줄은 원문에 있는 그대로이다.

다음과 같이 재정식화 하고자 한다: 자유와 권리를 제한하는 입법적 조치의 해로운 효과와 입법목적 사이에 비례성이 있어야만 하고, 입법적 조치의 해로운 효과와 이로운 효과 사이에 비례성이 있어야 한다.[75]

이 판결에서 이루어진 효과의 비례성의 재정식화의 핵심은 구체적 비교형량이라는 점에 있다. 입법목적의 추상적 가치와 헌장상 권리의 구체적 제한 정도 사이의 비교형량을 넘어, 심판대상조항에 의해 발생하는 구체적인 이로운 효과와 헌장상 권리에 미치는 구체적인 해로운 효과를 비교형량하여야 하고, 그와 같은 비교형량은 경우에 따라 헌장상 권리 제한이 지나치다는 결론에 이를 수 있다는 것이다. 입법목적은 추상적인 관점에서는 흔히 중대할 수밖에 없지만, 구체적으로 그것이 달성되는 정도는 미약할 수 있기 때문이다.

물론 *Dagenais* 판결에 따르면, 효과의 비례성은 입법목적과 해로운 효과 사이의 비교형량도 의미하나, 이는 심판대상조항이 입법목적을 완전히 또는 거의 완전히 달성하는 경우에만 적용되는 것이라고 판시되었다. 이 경우에는 추상적인 입법목적과 심판대상조항에 의해 실제로 달성된 입법목적의 구체적인 효과가 동일하다. 따라서 이 경우에도 실제로 비교형량되는 것은 심판대상조항에 의해 발생하는 구체적인 이로운 효과와 심판대상조항이 헌장상 권리에 미치는 구체적인 해로운 효과이다. 결국 *Dagenais* 판결에서 재정식화된 효과의 비례성 판단은 언제나 '구체적 효과'와 '구체적 효과'를 서로 비교하는 것이다. 이와 같이 '구체적 효과'라는 측면에서 서로 공통점이 있는 대상을 비교하는 것은 법익의 균형성 원칙에서의 비교는 원리상 불가능하다는 취지의 이른바 '통약불가능론(incommensurability)'의 비판에 대한 첫 번째 방어선으로서 중요한 의미가 있다.

---

75) *Ibid.*, p. 887, 889.

## 4. 최소피해성의 비대화 및 효과의 비례성의 공동화(空洞化)

### 가. 효과의 비례성을 강조하는 원론적 입장

*Oakes* 판결에서 캐나다 연방대법원은 *Oakes* 법리를 설시하면서 *R. v. Big M Drug Mart Ltd.* 판결의 과잉금지심사 부분을 인용하는데,[76] *R. v. Big M Drug Mart Ltd.* 판결에서 제시된 과잉금지심사의 하위 원칙은 최소피해성까지 만을 내용으로 하는 것이었다.[77] 그럼에도 불구하고 *Oakes* 판결은 제2-2단계(최소피해성)와 제2-3단계(효과의 비례성)를 명확히 구별하여 *Oakes* 심사 법리를 정립하였다. 특히 *Oakes* 판결은 효과의 비례성 판단을 어떻게 해야 하는지에 대한 실체적 내용 또한 풍부하게 제시한다. 이와 같이 *Oakes* 법리의 출발점에서부터 캐나다 연방대법원은 *Oakes* 심사의 제2-3단계(효과의 비례성)의 독자적 중요성을 인식하고 있었던 것으로 보인다.

캐나다 연방대법원은 *Oakes* 판결 이후에도, 예컨대 *Thomson Newspapers Co. v. Canada(Attorney General)* 판결에서 아래와 같이 제2-3단계 심사가 제2-2단계 심사와 근본적으로 다른 기능을 수행한다고 명시적으로 판시하기도 하였다.

> 제2-3단계 심사는 근본적으로 다른 역할을 수행한다. (중략) 제2-1단계 및 제2-2단계 심사에서 초점은 입법적 조치와 헌장상 권리 사이의 관계가 아니라 입법적 조치의 목적과 수단 사이의 관계에 맞추어져 있다. 최소피해성 부분에서도 헌장상 권리 제한이 얼마나 이루어졌는지를 필수적으로 들여다보아야 하지만, 이는 당해 입법목적 자체는 문제가 없다고 전제한 상태에서 헌장상 권리 제한이 가능한 최소한 이루어진 것인지를 살펴보는 것에 불과하다. 제2-3단계

---

[76] *R. v. Oakes* [1986] 1 S.C.R. 103, para. 70.
[77] [1985] 1 S.C.R. 295, p. 352.

는 그 전 단계 심사에 드러난 실질적이고 구체적인 요소들을 전제로 하여, 헌장상 권리 제한으로 얻는 이익과 그로 인한 해로운 효과가 캐나다권리자유헌장에 내재한 가치들에 비추어 비례성이 있는지를 평가하는 것이다.78)

### 나. 최소피해성이 결정적인 역할을 하는 판례의 확산

위와 같은 원론적 입장에도 불구하고, Oakes 판결과 Edwards Books 판결 이후 캐나다 연방대법원의 과잉금지심사의 실제를 보면, 거의 대부분 제2-2단계(최소피해성)가 결정적인 역할을 하였다.79) 이러한 경향은 Oakes 심사 도입 직후부터 이어져 온 것인데,80) 위헌의 결론에 이른 판결만을 보더라도, 2015년 12월까지의 캐나다 연방대법원의 법률에 대한 위헌판결 중 거의 2/3가 최소피해성 위반을 논거로 하였다.81) 이러한 경향이 생긴 이유는 캐나다 연방대법원이 주로 제2-2단계(최소피해성)에서 심판대상조항이 과연 최소 침해적 수단인가를 판단하면서 심판대상조항과 관련된 여러 가지 가치와 이익들을 망라적으로 살펴보는 방식으로 형량을 하고 나서 제2-3단계(효과의 비례성)에서는 별다른 논증을 하지 않았기 때문이다.82)

이러한 경향은 Edwards Books 판결에서 최소피해성을 '합리적으로 가능한 범위에서 최소한'으로 변형할 때 예고된 것으로 볼 수 있다. 합리

---

78) *Thomson Newspapers Co. v. Canada(Attorney General)*, [1998] 1 S.C.R. 877, para. 125. 밑줄은 판결문 원문에 있는 것을 그대로 옮긴 것이다.
79) Beverley McLachlin 2015, *op. cit.*, p. 7; Iryna Ponomarenko 2016a, *op. cit.*, pp. 1115-1116; Don Stuart, *Charter Justice in Canadian Criminal Law*, Carswell(2014), *op. cit.*, p. 24.
80) Christopher Dassios, Clifton Prophet 1993, *op. cit.*, p. 306.
81) Niels Petersen 2017, *op. cit.*, p. 100.
82) Vicki Jackson 1999, *op. cit.*, p. 583, 608; Kai Möller 2012, *op. cit.*, p. 201; Grant Huscroft, Bradley Miller, Grégoire Webber 2014, *op. cit.* p. 3; Marshall Haughey, "The Camera and the Colony: A Comment on *Alberta v. Hutterian Brethren*", 74 *Saskatchewan Law Review*(2011), pp. 69-70.

적인 범위를 정하기 위해 최소피해성 판단 부분에서 형량을 할 수 있기 때문이다. 결국 많은 경우 효과의 비례성은 과잉금지심사에서 중요한 역할을 하지 못하였고,[83] 효과의 비례성 부분은 '최소피해성 부분에서 살펴본 바를 토대로 하면 효과의 비례성은 쉽게 인정된다'는 식으로 간략히 마무리 하는 것이 주류적인 경향으로 자리 잡았다.[84] 결국 캐나다 연방대법원의 과잉금지원칙심사에서 효과의 비례성 부분은 앞 단계에서 논증한 바를 다시 한 번 정리하는 것에 불과하게 되었다.[85]

### 다. 효과의 비례성을 강조하는 예외적인 판례들

이와 같은 주류적인 판례들과 달리 효과의 비례성에서 주된 논증을 하는 *R. v. Logan* 판결이나[86] *R. v. Sharpe* 판결과[87] 같은 판결들도 있었으나, 소수에 불과하였다.[88] 또한 최소피해성 중심의 *Oakes* 심사에 반대

---

83) Patrick Macklem, Carol Rogerson et al. 2010, *op. cit.*, p. 778; Dieter Grimm 2007, *op. cit.*, pp. 394-395.
84) 예컨대, *RJR-MacDonald Inc. v. Canada(Attorney General)* [1995] 3 S.C.R. 199 중 La Forest 대법관이 집필한 합헌 의견의 최소피해성 판단은 15페이지에 이르지만 (*Ibid.*, pp. 304-319), 효과의 비례성 판단은 1/3 페이지에 불과하다(*Ibid.*, pp. 319-320).
85) Niels Petersen 2017, *op. cit.*, p. 102; Patrick Macklem, Carol Rogerson et al. 2010, *op. cit.*, p. 779; 대표적 판결로 *R. v. Keegstra* [1990] 3 S.C.R. 697, *McKinney v. University of Guelph* [1990] 3 S.C.R. 229. 유사한 경향이 영국에서는 효과의 비례성 심사를 생략하는 형태의 학설이나 판례로 나타나기도 하였다(Julian Rivers 2006, *op. cit.*, pp. 177-179 참조).
86) [1990] 2 S.C.R. 731, pp. 746-747.
87) [2001] 1 S.C.R. 45. 이 판결에서 캐나다 연방대법원은 효과의 비례성이 과잉금지원칙 판단의 핵심임을 강조하고(*Ibid.*, para. 97), 형량에 공을 들였다(*Ibid.*, paras. 102-110). 반대의견 역시 효과의 비례성 판단을 세밀하게 하였다(*Ibid.*, paras. 234-242).
88) Petersen에 따르면, 이러한 예외적인 판결은 2009년 이전의 법률에 대한 위헌 판결 중 5% 미만이다(Niels Petersen 2017, *op. cit.*, p. 102).

하는 대법관들의 의견이 제시되기도 하였으나,[89] 판례의 흐름을 바꾸지는 못했다.

최소피해성을 강조하는 판례 흐름 속에서, 2007년의 *Canada(Advocate General) v. JTI-MacDonald Corp.* 판결은 다음과 같은 의견을 전원일치로 설시하였다.

> 최소피해성 판단에서 사건이 해결되는 경우가 가장 많지만, 효과의 비례성 판단은 필수불가결하다. 효과의 비례성 판단에서만 목적 달성과 권리 침해가 서로 형량된다. 만약 합리적 관련성과 최소피해성을 만족한다고 해서 심사를 중단해 버린다면, 덜 중요한 목적 달성을 위해 심각한 권리 제한을 용인해 버리게 될 수 있다.[90]

이 판결에서도 주된 논증은 최소피해성에 집중되었으나, 효과의 비례성에 관해서도 일정 부분 논증이 이루어졌다.[91] 이 판결은 효과의 비례성 논증에 본격적으로 집중한 2009년의 *Hutterian Brethren* 판결의[92] 전조로 평가할 수 있다.[93]

5. 새로운 흐름의 시작: *Hutterian Brethren* 판결

가. 사안의 개요

피상고인들은 후터파 교도들인데, 우상 숭배 금지에 관한 종교적 신념에 따라 자발적으로 사진을 찍지 않는다. Alberta주 교통안전법은 1974

---

89) 예컨대, *R. v. Lucas* [1998] 1 S.C.R. 439, 487, 488.
90) *Canada(Advocate General) v. JTI-MacDonald Corp.* [2007] 2 S.C.R. 610, para. 46.
91) 효과의 비례성 논증으로 예컨대, *Ibid.*, paras. 52, 68, 94.
92) [2009] 2 S.C.R. 567.
93) Alec Stone Sweet, Jud Mathews 2008, *op. cit.*, p. 163.

년부터 운전면허증에 사진을 부착하되, 행정청의 재량으로 예외를 인정할 수 있도록 규정하였다. 후터파 교도들은 위 예외 규정에 따라 사진이 부착되지 않은 면허증을 받아왔다.

앨버타 주는 2003년에 교통안전법을 개정하여 종래의 사진 부착 예외 규정을 폐지하고 모든 운전면허증에 사진을 부착하도록 하였다. 이는 모든 운전면허증에 사진을 부착함으로써 운전면허증의 이중발급을 통한 신분위조의 피해를 막기 위해서였다. 피상고인들은 사진을 제출해야만 운전면허증을 갱신할 수 있게 되자 소송을 제기하면서, 모든 운전면허증에 예외 없이 사진을 부착하도록 한 교통안전법 규정이 그들의 종교의 자유를 침해하여 위헌이므로 무효라고 주장하였다.

이 판결에는 7명의 대법관이 관여하였는데, 4:3으로 합헌결정이 내려졌다.[94] 대법관들 모두 심판대상조항이 *Oakes* 심사의 제1단계, 제2-1단계를 통과한다는 데에는 의견을 같이 했으나, 제2-2단계 및 제2-3단계 판단의 논증구조나 논증결과에 관해서는 의견이 나뉘었다. 이하에서 최소피해성, 효과의 비례성에 관한 각 대법관들의 구체적인 논증방법과 논증내용을 판결문에 적시된 순서에 따라 차례로 살펴본다.

### 나. 4인의 합헌의견: McLachlin 대법원장 집필

#### 1) 최소피해성 판단

4인의 합헌의견은 긴절하고 중대한 목적을 달성하기 위한 수단이 합리적으로 재단되었는지라는 물음은 입법목적을 달성하는 덜 해로운 수단이 있는지를 묻는 것과 같다고 전제한 후,[95] '최소피해성은 입법목적을 달성할 필요성이 있음을 전제로 하는 판단'이라는 Aharon Barak의 논문을 인용한 다음 아래와 같이 판시한다.

---

[94] 합헌의견: McLachlin 대법원장, Binnie 대법관, Deschamps 대법관, Rothstein 대법관, 위헌의견: Abella 대법관, Lebel 대법관, Fish 대법관.
[95] [2009] 2 *S.C.R.* 567, para. 53.

입법목적을 실질적으로 달성하지는 못하지만 덜 해로운 수단은 최소피해성 단계에서 고려되지 않는다.[96]

이러한 법리를 전제로 4인의 합헌의견은 후터파 교도들에게만 사진이 없는 면허증을 발급하되 면허증에 "신분증명 용도로 사용불가"라고 적는 입법대안의 경우 전체 데이터뱅크에서 사진 없는 운전면허증 소지자 부분이 비게 되어 신원도용 방지라는 입법목적을 심판대상조항만큼 달성할 수 없으므로, 이러한 입법대안은 최소피해성 단계에서 고려할 수 없다고 판단한다.[97] 나아가 4인의 합헌의견은 심판대상조항 이외의 방법들은 운전면허증을 이용한 신원도용의 위험을 크게 증가시키므로 심판대상조항은 최소피해성을 만족시킨다고 판단한 후, 효과의 비례성 판단으로 나아간다.[98]

#### 2) 효과의 비례성 판단

4인의 합헌의견은 이 사건에서의 효과의 비례성 판단은 '심판대상조항이 청구인들에게 미치는 전반적인 영향이 입법목적에 비해 비례성을 잃었는지? 청구인들의 종교의 자유에 미치는 해악을 운전면허에 대해 일률적인 사진 부착을 요구함으로써 얻는 이익과 형량했을 때 권리에 가해지는 제한이 그러한 제한으로 인해 얻는 공공의 이익에 비해 효과의 측면에서 비례성이 있는지?'라는 물음에 답하는 것이라고 정리한다.[99] 그런 다음, 효과의 비례성 법리에 대해 다음과 같이 판시한다.

Dickson 대법원장은 *Oakes* 판결에서 제2-3단계 판단의 중요성을 강조하였으나, 선례에서 실제로 효과의 비례성을 중요하게 사용하는 경우는 많지 않았다.

---

96) *Ibid.*, para. 54.
97) *Ibid.*, paras. 59, 60.
98) *Ibid.*, paras. 61, 62.
99) *Ibid.*, para. 72.

Hogg 교수는 *Oakes* 심사의 네 번째 부분은 사실 군더더기라고 주장한다.100) (중략) 효과의 비례성 판단에 이르기 전까지 *Oakes* 심사의 삼단계는 기본적으로 입법목적에 관한 판단에 뿌리박고 있을 뿐이다. 오직 네 번째 단계에 이르러서야 심판대상조항이 개인 또는 집단에게 미치는 유해한 영향의 심각성에 대해 전면적으로 들여다 볼 수 있다. (중략) 최소피해성과 효과의 비례성 분석은 다른 종류의 '저울질(balancing)'을 포함하므로, 최소피해성과 효과의 비례성을 구별함으로써 '논증의 명료함과 투명성(analytical clarity and transparency)'을 확보할 수 있다. 입법목적을 달성할 수 있는 입법대안이 없을 때에는 심판대상조항에 의한 헌장상 권리 제한의 정도가 심판대상조항을 통해 실현 가능한 이익과 비례관계가 있는지가 실질적인 쟁점으로 등장한다. 사법부는 최소피해성 판단 단계에서 심판대상조항의 입법목적 달성 정도를 임의로 줄일 것이 아니라, 심판대상조항만큼 입법목적을 달성할 수 있는 대안이 없음을 인정한 다음 *Oakes* 심사의 마지막 단계로 나아가야만 한다.101)

이와 같은 법리를 설시한 후 4인의 합헌의견은 *Dagenais* 판결에서 재정식화한 효과의 비례성 판단을 위해 '이로운 효과(Salutary Effects)', '해로운 효과(Deleterious Effects)', '이로운 효과와 해로운 효과의 비교(Weighing the Salutary and Deleterious Effects)'라는 목차를 잡아 심판대상조항에 의한 이로운 효과, 해로운 효과 각각을 측정한 다음 양자를 서로 비교한다.

가) 이로운 효과의 측정

4인의 합헌의견은 심판대상조항으로 인한 이로운 효과는 운전면허체계의 보안 수준 상승, 도로교통상의 안전 및 신원 확인 확보에 기여, 다

---

100) *Ibid.*, para. 75.
101) "(중략)" 표시를 기준으로 순차로, *Ibid.*, paras. 75, 76. 제76단락에 Aharon Barak, "Proportionality Effect: The Isareli Experience", 57 *University of Toronto Law Journal*(2007), p. 374의 내용이 그대로 인용된다.

른 주의 운전면허 체계와의 조화의 세 가지로 보고, 그 중 첫째가 가장 중요하다고 판단한다.102) 그런 다음 이로운 효과를 구체적으로 측정하기 위해 심판대상조항이 있는 상태와 없는 상태를 다음과 같이 비교한다.

운전면허증에 사진을 첨부하도록 강제하면 한 사람이 여러 장의 면허증을 갖는 것을 컴퓨터 대조 시스템을 이용해 걸러낼 수 있다. (중략) 어떠한 방식이든 예외를 허용하면 한 사람이 여러 장의 면허증을 갖는 것을 확실하게 방지할 수 없다.103) 청구인들에게 예외를 허용할 경우 얼마나 그러한 위험이 증가하는지 수량화할 수는 없지만, 그러한 위험이 발생하는 것은 분명하다. 이 점이 그와 같은 위험이 매우 가정적인 것에 불과하였던 종교의 자유 제한 관련 선례들과 이 사건의 차이이다.104)

나) 해로운 효과의 측정

4인의 합헌의견은 해로운 효과를 알기 위해서는 청구인들의 종교의 자유에 대한 제한의 심각성을 분석해야 하는데, 제한의 심각성은 *Oakes* 판결에서 설시된 바와 같이 제한된 권리의 속성, 제한된 범위, 자유롭고 민주적인 사회의 기본 원리에 미치는 영향에 따라 사건마다 다르다고 밝힌다.105) 이어 4인의 합헌의견은 심판대상조항이 신앙을 가진 사람에게 자신의 종교적 신념과 관행을 따를 것인지 말지를 정할 수 있는 의미 있는 수준의 선택의 자유를 남겨두는지가 관건이라고 정리하고,106) 제한의 심각성의 측정 일반에 관해 아래와 같이 판시한다.

제한의 심각성을 측정할 수 있는 마법의 측정 장비는 없다. 종교는 신앙이

---

102) *Ibid.*, paras. 79, 80.
103) *Ibid.*, para. 80.
104) *Ibid.*, para. 81.
105) *Ibid.*, paras. 86, 87.
106) *Ibid.*, para. 88.

문화와 결합되어 나타나는 것이다. 그것은 개인적이기도 하고 심오하게 공동체적이기도 하다. 종교는 핵심적인 의례와 같은 비타협적인 부분에서 시작하여 신도 스스로의 선택에 따라 따를 수도 따르지 않을 수도 있는 부분까지 다양한 스펙트럼에 걸쳐 있다. (중략) 종교의 자유의 제한의 정도를 평가함에 있어 그 제한을 주장하는 사람들의 말이 중요하기는 하지만 그것을 단순히 받아들여서는 안 되고 다문화적이고 다종교적인 우리 사회의 맥락을 고려해야만 한다.[107]

이와 같은 일반론을 제시한 후, 4인의 합헌의견은 이 사건에 있어 헌장상 권리 제한의 심각성을 구체적으로 살펴보기 위한 개념적 도구로 우연한 효과에 의한 제한을 어떻게 취급할 것인지에 대해 다음과 같이 설시한다.

직접 종교적인 의무를 강제하는 것을 목적으로 하는 법률의 경우 선택의 자유에 대한 제한이 심각하다는 것을 쉽게 알 수 있다. 그러나 법률이 의도하지 않은 우연한 효과로 종교의 자유를 제한하는 경우에는 제한의 정도를 평가하기가 쉽지 않다. (중략) 우연한 효과가 너무 중대해서 그러한 법률이 선택의 기회를 사실상 박탈하는 경우도 있다.[108] 하지만 대부분의 경우에는 우연한 효과에 의한 종교의 자유 제한은 덜 심각하다. 즉, 많은 경우 종교의 자유 제한은 경제적으로 더 많은 지출을 해야 한다거나, 전통을 좀 더 양보해야 한다거나 불편함을 좀 더 감수해야 하는 정도에 그친다. (중략) 이러한 추가적인 비용부담이 종교의 신봉자로부터 의미 있는 선택의 기회를 박탈하지 않는 한 종교의 자유 제한 정도는 덜 심각한 것으로 평가할 수 있다.[109]

---

107) "(중략)" 표시를 기준으로 순차로, *Ibid.*, paras. 89, 90.
108) "(중략)" 표시를 기준으로 순차로, *Ibid.*, paras. 93, 94.
109) *Ibid.*, para. 95.

4인의 합헌의견은 이와 같은 논증을 거쳐 이 사건에서 심판대상조항에 의한 헌장상 권리 제한의 정도를 측정하기 위한 틀을 만들어 둔 다음, 아래와 같이 심판대상조항이 없는 경우와 있는 경우 사이의 구체적인 차이를 비교함으로써 그 측정 작업을 수행한다.

사진 제출을 강제하는 이 사건의 심판대상조항에 의한 우연적 효과는 특정 종교 신봉자로부터 선택의 자유를 박탈하는 데에 이른 *Edwards Books* 판결이나 *Multani* 판결에서의 심판대상조항들이 야기한 우연적 효과와는[110] 다르다. 이 사건에서는 종교 신봉자에게 고속도로에서의 운전 금지라는 추가적인 비용 부담을 줄 뿐이다. 이는 청구인들이 자신의 종교적 관습을 따를지 말지를 결정할 선택의 자유를 박탈하는 수준에까지 이르지는 않는다.[111] 청구인들은 운전면허를 가진 제3자를 고용하여 고속도로를 통한 운송이 필요한 경우 그 필요를 충족할 수 있다. 이러한 제3자 고용 운송은 청구인들의 자급자족 전통에 반하고, 경제적인 부담을 준다. 그러나 그것이 청구인들의 신앙에 따라 금지된 행위라는 증거는 제출되지 않았다. 심판대상조항은 사진을 찍을 것을 강제하는 것이 아니다. 심판대상조항은 운전면허를 받으려면 사진을 제출할 것을 강제할 뿐이다. (중략) 고속도로에서 차를 운전하는 것은 '권리(right)'가 아니라 '특혜(privilege)'일 뿐이다.[112]

이러한 분석의 결과, 4인의 합헌의견은 헌장상 권리 제한의 심각성의 측정 결과를 아래와 같이 제시한다.

---

110) *Edwards Books* 판결(*R. v. Edwards Books & Art Ltd.* [1986] 2 S.C.R. 713)은 일요일 의무휴업이, *Multani* 판결(*Multani v. Commission scolaire Marguerite-Bourgeoys* [2006] 1 S.C.R. 256)은 학교에 시크교도가 휴대해야 하는 대검 모양의 금속인 kirpan의 휴대를 금지하는 것이 문제였다.
111) *Alberta v. Hutterian Brethren of Wilson Colony*, [2009] 2 S.C.R. 567, para. 96.
112) "(중략)" 표시를 기준으로 순차로, *Ibid.*, paras. 97, 98.

결론적으로, 심판대상조항에 의해 부과되는 추가적인 부담이 비록 사소한 것에 불과한 것은 아니지만, 그러한 부담을 준다고 해서 심판대상조항에 의한 청구인들의 종교의 자유의 제한이 심각한 수준에까지 이르는 것으로 평가할 수는 없다. 그러한 추가적인 부담은 종교의 자유의 핵심에 놓여 있는 선택의 자유를 부정하는 것이 아니다.[113]

다) 이로운 효과와 해로운 효과의 비교

이상과 같이 이로운 효과와 해로운 효과를 측정한 후, 4인의 합헌의견은 효과의 비례성 판단의 마지막 단계인 양자의 비교를 수행한다. 그 내용의 요지는 다음과 같다.

심판대상조항은 중요한 사회적 목적을 위한 것이다. 심판대상조항을 통해 운전면허 체계를 효과적으로 운영함으로써 시민들 일반을 신분 위조의 위험으로부터 보호할 수 있다. (중략) 반면에 심판대상조항이 청구인들에게 금전적인 비용 부담이나 불편함을 주기는 하지만, 청구인들이 자신의 믿음에 따라 살아갈 수 없도록 만드는 것은 아니다.[114] 따라서 심판대상조항의 청구인들의 종교 수행의 자유에 대한 제한의 정도는 비례성이 있다.[115]

### 다. Abella 대법관의 위헌의견

#### 1) 최소피해성 판단

Abella 대법관은 *RJR-MacDonald Inc. v. Canada(Attorney General)* 판결에서(이하 '*RJR-MacDonald* 판결'이라 한다)[116] McLachlin 대법관이 집필한 3인의 위헌의견의 판시를 인용하여, '심판대상조항이 전면금지를 내용으

---

113) *Ibid.*, para. 99.
114) "(중략)" 표시를 기준으로 순차로, *Ibid.*, paras. 101, 102.
115) *Ibid.*, para. 103.
116) *RJR-MacDonald Inc. v. Canada(Attorney General)* [1995] 3 S.C.R. 199

로 하는 경우에는 전면금지에 의해서만 입법목적을 달성할 수 있음이 입증된 경우에만 심판대상조항이 최소피해성을 만족시킨다'고 설시한다.117) 이러한 법리를 전제로 하여 Abella 대법관은 아래와 같이 최소피해성 위반의 결론에 이른다.

> 심판대상조항은 청구인들이 사진을 찍는 것을 전제로 하는데 이것은 피상고인들의 종교적 믿음에 반하는 바로 그 행위이다. 사진을 찍어야 한다는 요건은 청구인들의 권리를 완전히 소멸시키므로 RJR-MacDonald 판결에서의 전면 금지에 유사하다. 따라서 심판대상조항이 피상고인들의 종교적 권리를 최소한으로 침해한다고 보기는 어렵다.118)

즉 Abella 대법관은 이 사안을 전면금지를 내용으로 하는 법률에 대한 최소피해성 판단으로 파악한 다음, 앞서 본 바와 같이 후터파 교도들에게만 사진이 없는 면허증을 발급하되 면허증에 "신분증명 용도로 사용 불가"라고 적는 방식의 예외를 인정하는 입법대안에 의할 경우 입법목적 달성에 심각한 저해가 생긴다는 적절한 혹은 설득력 있는 증거가 없으므로, 전면금지에 의해서만 입법목적이 달성된다고 볼 수 없다고 판단한다. 그런데 Abella 대법관은 최소피해성 위반의 결론에 이른 데에 그치지 않고 아래와 같이 설시한 후, 효과의 비례성 판단으로 나아간다.

> 그러나 최소피해성 단계를 만연히 헌장 제1조 심사의 마지막 단계로 보아서는 안 된다. 예컨대, 권리를 최소한으로 침해하지는 않지만, 입법목적의 중요성과의 균형의 측면에서 비례성이 인정되는 법률이 있을 수 있다. 내 생각에는 대부분의 어려운 개념 형량은 바로 이 마지막 단계 - 효과의 비례성 - 에서 이

---

117) *Alberta v. Hutterian Brethren of Wilson Colony*, [2009] 2 S.C.R. 567, para. 148. 인용하는 부분은 *RJR-MacDonald Inc. v. Canada(Attorney General)* [1995] 3 S.C.R. 199, para. 163.
118) *Alberta v. Hutterian Brethren of Wilson Colony*, [2009] 2 S.C.R. 567, para. 148.

루어져야만 한다. 효과의 비례성이란 결국 헌장 제1조 자체이다.[119]

### 2) 효과의 비례성 판단

Abella 대법관은 효과의 비례성을 '헌장상 권리에의 손실과 입법목적에의 이득 사이의 비교'라고 정의하고,[120] 심판대상조항이 효과의 비례성에 위반된다는 결론에 이른다. 그 구체적 판단 내용은 다음과 같다.

> 심판대상조항의 이로운 효과에 관한 정부의 입증은 추측을 엮어 놓은 수준을 벗어나지 못했다. (중략) 컴퓨터에 의한 안면대조 시스템은 완벽한 것이 아니어서 사람이 다시 검증해야 하고, (중략) 29년간 청구인들과 같은 경우에 대해 사진 촬영을 면제해 주었지만 그것이 운전면허 시스템의 완결성에 해를 끼쳤다는 증거도 없다. (중략) 알버타 주에 거주하는 70만 명의 사람이 운전면허가 없는 이상 운전면허시스템에 청구인들과 같은 소수의 예외를 허용하는 것이 시스템 전체에 큰 영향을 준다고 보기도 어렵다. (중략) 운전면허 외에 출생증명, 사회보장증과 같은 다른 서류들도 신분증명 용도로 활용됨에도 정부는 이러한 서류들에 대해서는 아무런 신분위조 방지책도 고안하고 있지 않다.[121]
> 반면, 청구인들의 종교의 자유 제한 정도는 훨씬 중대하다. 청구인들에 자급자족적 생활이 종교적으로 중요하다는 점은 선례나 역사학자들의 연구에서도 확인할 수 있다. 강요로부터의 자유는 종교의 자유의 핵심인데, 심판대상조항은 종교적 신념에 따를 것인지 아니면 자급자족적 생활을 포기할 것인지 사이의 선택을 간접적으로 강요한다. 따라서 심판대상조항은 효과의 비례성에 위반되고, 청구인들의 종교의 자유를 침해한다.[122]

---

119) Ibid., para. 149. Abella 대법관의 이 부분 판시 중 효과의 비례성이 헌장 제1조 자체라는 취지의 맨 마지막 문장은 이후의 판결에서 반복적으로 인용된다.
120) Ibid., para. 152. 이 부분 판시는 Dieter Grimm의 논문을 직접 인용한 것이다.
121) "(중략)" 표시를 기준으로 순차로, Ibid., paras. 154, 155, 156, 158, 159.
122) Ibid., paras. 163-176.

### 라. LeBel 대법관, Fish 대법관의 위헌의견: LeBel 대법관 집필

LeBel 대법관, Fish 대법관의 위헌의견은 합헌의견이 *Oakes* 심사를 구조화하고 적용하는 방법에 관해 몇 가지 우려가 있다는 언급으로 시작한다.[123] 2인의 위헌의견은 구체적으로 다음과 같이 판시한다.

> 헌법학자인 Hogg는 헌장 제1조 소송이 실제로 최소피해성을 중심으로 돌아간다는 견해를 밝혀왔다. 이러한 견해에는 진실의 핵심 이상의 것이 있다. 이는 헌장 제1조 관련 헌법소송과 비례성 분석에서 실제로 어떤 일이 일어나는지를 반영하는 것으로 보인다. 나는 진실로 과잉금지원칙 판단은 최소피해성과 효과의 비례성 사이의 밀접한 관련에 달려 있다고 믿는다. 두 단계에서 사법부의 목표는 동일하다. '국가의 행위, 헌장상 권리의 보존' 및 '헌법상 직접적으로 보장되어 있지는 않을지라도 고도의 사회적 가치나 중요성이 있는 권리나 이익의 보호' 사이의 균형을 달성하는 것이 최소피해성과 효과의 비례성 단계의 공통적인 목표이다. (중략) 최소피해성과 효과의 비례성 사이에 분명한 논리적 구별을 두는 것이 매력적일지 모른다. 그러나 권리 제한이 정당한지를 판단하기 위해서는 입법대안이 입법목적을 달성하는지 여부뿐 아니라 입법목적이 어느 정도까지 실현되어야 하는지에 대한 판단도 포함되어야 한다.[124]

위와 같은 위헌의견은 최소피해성과 효과의 비례성의 융합을 강조하고, 최소피해성 부분에서 입법목적을 달성하는 것이 가치가 있는 것인지에 대한 의문을 제기해야 한다고 주장하는 점에서 합헌의견의 *Oakes* 심사 논증구조와 상당한 차이를 보인다. 이어 2인의 위헌의견은 최소피해성의 의미에 대해 다음과 같이 판시한다.

---

123) *Ibid.*, para. 179.
124) "(중략)" 표시를 기준으로 순차로, *Ibid.*, paras. 191, 192.

이 법원의 선례들을 보면, *Oakes* 심사에서 말하는 "최소"는 일반적인 용례상의 "최소"를 의미하는 것이 아니다. 이는 이미 *Oakes* 판결 직후에 *Edwards Books* 판결에서 "합리적으로 가능한 범위에서 최소"인 것으로 재해석되었다.[125] 심판대상조항이 합리적인 수단들의 범위 내에 들어오는지 판단하기 위해서는 입법목적과 침해되는 헌장상 권리를 형량해야만 한다. (중략) 입법목적은 절대적인 것이 아니고 주어진 것으로 취급되어서는 안 된다. 입법대안은 주어진 입법목적을 최대한 달성하는지 여부를 기준으로 판단해서는 안 된다.[126] (중략) 과잉금지심사는 수단 선택의 관점에서 정부에게 유연성을 부여해야할 필요를 반영한다. 하지만 그러한 수단의 심사에 있어서 법원 역시 입법목적을 실현할 수 있는 대안의 범위에 대한 판단에 있어서나 입법목적과 헌장상 권리 사이에 적절한 균형을 달성하기 위해 입법목적이 얼마나 실현되어야 하는지에 관한 판단에 있어서 어느 정도의 유연성을 가져야 한다.[127]

이러한 위헌의견은 최소피해성에서의 '최소'는 일정한 범위 내에 있는지를 의미할 뿐이므로, 최소피해성 판단을 위해 형량이 필요하다는 입장이다. 이러한 입장에 서면, 최소피해성과 효과의 비례성을 합쳐서 판단하는 것이 자연스럽게 된다. 2인의 위헌의견과 4인의 합헌의견의 최소피해성 논증구조의 결정적인 차이는 입법대안이 심판대상조항만큼 입법목적을 달성해야 하는 것인지 여부에 달려 있다. 즉 4인의 합헌의견은 심판대상조항의 입법목적 달성 정도를 주어진 것으로 보고 입법대안이 이를 달성해야만 하는 것으로 취급하나, 2인의 위헌의견은 그렇지 않다. 2인의 위헌의견은 이어, Abella 대법관이 제시한 실질적 이유들을 원용하여 알버타 주정부는 심판대상조항이 신원도용이라는 사회문제를 해결하기 위한 비례성 있는 조치임을 입증하는 데에 실패하였다고 결론짓는다.[128]

---

125) *Ibid.*, para. 194.
126) *Ibid.*, para. 195.
127) *Ibid.*, para. 196.
128) *Ibid.*, para. 200.

## 6. 최소피해성, 효과의 비례성 논증구조에 대한 학계의 평가와 전망

### 가. *Hutterian Brethren* 판결 이전의 논증구조에 대한 학계의 평가

#### 1) 최소피해성 논증구조에 대한 평가

최소피해성에 논증을 집중하는 *Hutterian Brethren* 판결 이전의 주류적인 Oakes 심사 논증구조를 긍정적으로 평가하는 견해도 있었다.[129] Hogg는 Oakes 심사의 제1단계에서 입법목적이 헌장상 권리를 제한할 만큼 충분히 중요할 것을 요구하므로 이 단계에서 이미 제2-3단계(효과의 비례성) 심사가 선취되고,[130] 따라서 목적의 충분한 중요성이 인정되면 논리적으로 효과의 비례성이 인정되게 되어 결국 효과의 비례성은 목적의 충분한 중요성의 '반복(restatement)'이고 '군더더기(redundant)'라고 평가하였다.[131] 이에 대해 Barak은 다음과 같이 반박하였다.

> 나는 이러한 접근법을 받아들일 수 없다. (중략) 목적이 정당하고, 수단이 적합하며, 그 목적을 달성할 수 있는 덜 제한적인 대안이 없다고 하더라도 심판대상조항은 위헌이 될 수 있다. 왜냐하면 심판대상조항을 통해 입법목적을 달성하는 것이 방어적 민주주의 하에서 정당화될 수 없는 인권에 대한 유해한 효과를 낳을 수 있기 때문이다. (중략) 재판관은 국가의 안전과 존립을 보장해야만 한다. 또한 재판관은 헌장상 권리의 실현도 보장해야만 한다. 재판관들은 적절한 균형관계가 무엇인지 결정하고 이를 보호해야 한다. 이 모든 것은 효과

---

129) Patrick Monahan, Byron Shaw 2013, *op. cit.*, p. 445; Vicki Jackson 1999, *op. cit.*, p. 608, fn. 102 참조.
130) Peter Hogg 2010, *op. cit.*, pp. 38-44, 38-44.1
131) Peter Hogg 2018, *op. cit.*, pp. 38-44; Tom Hickman, "Proportionality: Comparative Law Lessons", *Judicial Review* Vol 12(2007), p. 36. 다만, 이러한 견해들은 *Hutterian Brethren* 판결 이후로는 판례의 경향을 제대로 설명하지 못하는 견해가 된 것으로 보인다. Hogg 스스로도 2018년판 교과서에서 자신의 견해를 '외로운 견해(a lonely view)'라고 평가한다(Peter Hogg 2018, *op. cit.*, pp. 38-45).

의 비례성 심사를 제대로 적용함으로써 달성할 수 있다.132)

Panaccio는 *Hutterian Brethren* 판결과 같은 최소피해성 논증을 '순수한 형태의 최소피해성 논증(pure version of minimal impairment)'라 하고, 최소피해성 부분에서 형량까지 하는 방식의 최소피해성 논증을 '형량 형태의 최소피해성 논증(balancing version of minimal impairment)'라 명명한 다음, 최소피해성은 본래 만족시키기 그리 어렵지 않은 단계이나, 판례 실무상 비례성에 관한 일반적인 판단이 최소피해성 논증에 '잠입하는(smuggle)' 경우가 자주 있다고 분석하였다.133)

나아가 Blache는 *Oakes* 심사가 통상 '수단과 목적 분석(means and ends analysis)'에 그칠 뿐 진정한 의미에서의 '헌장상 권리에의 영향과 입법 목적 사이의 형량(balancing of effects and objectives)'에 이르지 못한다는 비판을 하였다.134) 특히 Dassios와 Prophet은 *Oakes* 심사가 최소피해성에 집중되는 이유에 관해 다음과 같이 예리한 비판을 가하였다.

> 효과의 비례성이 무시되는 경향에 대해 그것이 군더더기이기 때문이라거나 캐나다 연방대법원이 효과의 비례성을 최소피해성의 부속물로 취급하기 때문이라는 분석이 있었지만, 이러한 경향에 대해서는 또 하나의 설득력 있는 설명이 가능하다. 효과의 비례성에서 이루어지는 평가는 사법부의 역할을 극한에까지 밀어 붙인다. 그렇기 때문에 *Oakes* 심사의 이 마지막 부분은 헌법소송 자체의 정당성에 관한 의문을 명백하게 불러일으킨다. *Oakes* 심사의 다른 단계들은 선택한 수단이 특정 정책 목적을 실현하는지 여부의 평가에 그친다. 효과의

---

132) 두번째 "(중략)" 표시를 기준으로 순차로, Aharon Barak 2007, *op. cit.* pp. 381-382.
133) Charles-Maxime Panaccio, "The Justification of Rights Violations: Section 1 of the Charter", *The Oxford Handbook of Canadian Constitution*, ed. Peter Oliver, Patrick Macklem, Nathalie des Rosiers, Oxford University Press(2017), p. 662. 특히 fn. 19.
134) Pierre Blache 1991, *op. cit.*, pp. 441-442.

비례성도 목적 실현 여부 평가에 불과한 다른 단계들과 함께 'Oakes 심사'라는 이름으로 한 데 묶여있지만, 효과의 비례성은 나머지 단계들과 성격이 다르다. 효과의 비례성은 입법자의 선택이 지혜로운지를 사법부가 판단해 볼 기회로의 초대장으로 보는 것이 적절하다. 따라서 권력분립원리 하에서 자신의 역할에 대한 고민의 결과가 '입법부에 대한 존중'에 그치는 사법부라면, 그러한 사법부의 입장에서는 입법목적과 그로 인한 효과를 비교하는 작업은 피해야만 하는 일이 될 것이고, 이러한 결과는 놀랍지 않다.[135]

Davidov는 캐나다 연방대법원이 제2-2단계 심사에 집중하고 제2-3단계 심사는 소홀히 하는 이유를 '대법관들이 정치적 혹은 주관적으로 비치는 것을 꺼려하기 때문에 좀 더 객관적인 외양을 띠는 최소피해성에 의존하는 것'이라고 분석했다.[136] 즉, 사법부는 외관상 실증적인 것으로 보이는 최소피해성 단계를 이용하여 규범적인 가치판단을 숨길 수 있었다.[137] 같은 맥락에서 Grimm은 캐나다 연방대법원의 경우 최소피해성이 과잉금지심사에서 결정적인 역할을 하는 반면 독일연방헌법재판소의 경우 법익의 균형성 원칙이 과잉금지심사에서 결정적인 역할을 하는 점이 양 재판소의 가장 두드러진 차이라고 분석한다.[138] Grimm은 캐나다 연방대법원이 정치적이라는 비난을 피하기 위해 가치중립적인 외관을 띠는 최소피해성 부분에서 실질적인 가치 판단을 하는 것이라면, 이는 '자기기만(self-deception)'의 위험을 무릅쓰는 것이라고 비판하였다.[139]

Ponomarenko는 Oakes 심사에서 효과의 비례성을 약화시키거나 생략하고 최소피해성의 중요성을 강조하는 것은 헌장상 권리 관련 분쟁의

---

[135] Christopher Dassios, Clifton Prophet 1993, op. cit., p. 306.
[136] Guy Davidov, "Separating Minimal Impairment from Balancing", *Review of Constitutional Studies* Vol. V, No. 2(2000), op. cit., p. 200.
[137] Niels Petersen 2017, op. cit., p. 134.
[138] Dieter Grimm 2007, op. cit., p. 384, 393.
[139] *Ibid.*, p. 395.

핵심인 규범적 판단과 규범적 고려요소들을 희미하게 할 수 있다고 주장하였다.140) 나아가 Ponomarenko는 Grimm이 효과의 비례성의 독자성을 설명하기 위해 든 가정적 법률과,141) 효과의 비례성이 최소피해성과는 완전히 다른 기능을 한다는 Rivers의 주장,142) 최소피해성까지 모두 만족하는 법률이라 하더라도 효과의 비례성을 만족시키지 못하는 경우가 있을 수 있다는 Oakes 판결에서의 Dickson 대법원장의 판시내용,143) 그리고 효과의 비례성 부분에서 처음으로 입법목적과 제한되는 헌장상 권리 사이의 관계가 심리된다는 Thomson Newspaper 사건에서의 Gonthier 대법관의 판시내용144) 등을 인용하여 효과의 비례성 판단을 회피하면 쟁점을 정확하게 다루지 못할 위험이 있다고 주장하였다.145) Ponomarenko에 따르면, Oakes 심사를 단순히 수단-목적 사이의 관계에서만 검토하는 시도는 규범적 판단을 포함할 수밖에 없는 헌장상 권리 관련 재판을 왜곡하게 되므로, 기껏해야 자기기만에 그치고 최악의 경우에는 틀린 결론으로 재판을 이끌게 될 뿐이다.146)

    Panaccio는 과잉금지심사의 하위 단계들을 제대로 적용하면 대부분의 논쟁적인 사건들은 효과의 비례성 단계에서 해결될 것이지만, 캐나다 연방대법원의 실무는 합리적 관련성이나 최소피해성과 같은 덜 논쟁적인 단계에서 해결하는 것을 편안해 하는 것으로 보인다고 평가한다. Panaccio는

---

140) Iryna Ponomarenko 2016a, op. cit., p. 1116.
141) "어떠한 법률이 재산을 보호하기 위해 유일한 수단이 범인을 쏘아 죽이는 것인 경우에는 이를 허용한다고 가정해 보면, 이러한 법률은 피해의 최소성 원칙을 통과한다. 만약 여기에서 판단을 멈추면, 생명권과 재산권 사이의 균형을 달성할 수 없다. 위 법률은 합헌이 될 것이고, 그 결과 생명권은 제대로 보호받지 못하게 된다." Dieter Grimm 2007, op. cit., p. 396.
142) Julian Rivers 2006, op. cit., p. 200.
143) R. v. Oakes, [1986] 1 S.C.R. 103, para. 71.
144) Thomson Newspapers Co. v. Canada(Attorney General), [1998] 1 S.C.R. 877, para. 125.
145) Iryna Ponomarenko 2016a, op. cit., pp. 1117-1119.
146) Ibid., p. 1119.

이어, 최소피해성 중심의 캐나다 연방대법원의 주류적인 *Oakes* 심사 적용 방식이 판결이유 작성에 있어 '수사학적 편의(rhetorical benefits)'를 줄 수 있지만, 그러한 편의는 '일종의 기만(a certain kind of deception)'을 하는 대가로 얻어지는 것이라고 비판한다.[147]

#### 2) 최소피해성의 변형에 대한 평가

앞서 살펴본 바와 같이 *Edwards Books* 판결에서 캐나다 연방대법은 *Oakes* 판결에서 설시한 최소피해성 심사척도를 변형하였다. 양자는 서로 다른 위헌심사척도이기 때문에 이에 관하여 비판적인 견해들이 제시되었다.[148] 예컨대 Hickman은 *Oakes* 판결에서 제시된 최소피해성은 그 문언상 심판대상조항이 가능한 가장 적은(minimal) 피해 수단일 것을 명시적으로 요구하므로, 캐나다 연방대법원이 이후의 판례에서 '심판대상조항이 입법목적을 달성하는 합리적으로 가능한 수단들 중 하나이면 된다'라고 설시하거나 '심판대상조항이 피해를 최소로 할 수 있는 수단일 필요는 없다'는 식으로 설시하여 최소피해성을 변형하는 판례들은 '이치에 닿지 않는다(make little sense)'고 평가하였다.[149] 또한 Stuart는 *Edwards Books* 판결과 *Oakes* 판결의 최소피해성 심사척도가 서로 다르다는 전제 하에, *Edwards Books* 판결에 의하면 *Oakes* 판결의 엄격함이 사라지기 때문에 Oakes 판결에서 최초로 제시된 형태의 최소피해성을 유지해야 한다고 주장하였다.[150]

### 나. *Hutterian Brethren* 판결의 논증구조에 대한 학계의 평가

앞서 살펴본 바와 같이, 캐나다 연방대법원은 *Hutterian Brethren* 판결

---

147) Charles-Maxime Panaccio 2017, *op. cit.*, p. 664.
148) Sujit Choudhry 2006, *op. cit.*, p. 506, 509.
149) Tom Hickman 2007, *op. cit.*, p. 45.
150) Don Stuart 2014, *op. cit.*, p. 28.

이전에는 *Oakes* 심사에 있어 최소피해성 부분에서 대부분의 논증을 하는 방식을 취해 오다가 *Hutterian Brethren* 판결에서 논증방식의 전환을 도모하였다.[151] 이러한 경향에 대해 Petersen은 북미에서 강하게 전개된 법실증주의와 비판법학의 영향 때문에 캐나다 연방대법원이 효과의 비례성 심사를 꺼려오다가, 법학자들이 과잉금지원칙에 익숙해짐에 따라 2000년대 후반에 이르러 효과의 비례성 심사를 중요시 하는 연방대법원의 판례 역시 소폭으로 증가한 것으로 분석한다.[152]

*Hutterian Brethren* 판결에 대해서는 이 판례와 같이 효과의 비례성 심사에 주안점을 두면 남는 것은 적나라한 형량뿐인데, 이는 판결의 객관성을 떨어뜨린다는 비판도 있다.[153] 또한 이러한 논증구조의 전환은 사법부에게 도전적인 과제를 안겨 줄 뿐 아니라, *Oakes* 심사 결과의 예측가능성을 상당히 저해하므로, 입법부의 권한을 침해하지 않으려면 효과의 비례성보다는 합리적 관련성이나 최소피해성과 같은 수단-목적 사이의 분석에 집중하는 것이 바람직하다는 평가도 있다.[154]

그러나 이 판결의 과잉금지원칙 논증구조를 긍정적으로 평가하는 견해가 우세한 것으로 보인다. 예컨대 Weinrib은 이 판결을 통해 이스라엘 대법원의 법익의 균형성 원칙 심사가 캐나다에 도입된 것으로 평가하고 양자를 상세히 비교하는 연구를 하였고,[155] Zion은 이 판결에 의해 효과의 비례성 심사가 강화된 것을 긍정적으로 평가하고 효과의 비례성 심사의 강화가 지속되어야 한다고 주장하였다.[156] Ponomarenko 역시 효과

---

151) Patrick Monahan, Byron Shaw 2013, *op. cit.*, p. 441.
152) Niels Petersen 2017, *op. cit.*, p. 115.
153) Chanakaya Sethi 2012, *op. cit.*, pp. 42-43 참조.
154) Patrick Monahan, Byron Shaw 2013, *op. cit.*, p. 445.
155) Sara Weinrib, "The Emergence of the Third Step of the Oakes test in Alberta v. Hutterrian Brethren of Wilson Colony", *University of Toronto Faculty of Law Review*, 68-2(2010), pp. 87-97.
156) Mark Zion, "Effecting the Balance: *Oakes* Analysis Restaged", *Ottawa Law Review* 43(2012), pp. 445-447, p. 453. 다만, Zion은 이 판결의 4인의 합헌의견의 효과

의 비례성에 관한 연구에서 효과의 비례성이 과잉금지원칙에서 중심적인 역할을 해야만 한다는 주장을 하면서 이 판결을 긍정적으로 평가하였다.157) Haughey도 최소피해성과 효과의 비례성을 개념상 구별함으로써 *Oakes* 심사는 Dickson 대법원장이 만들어 낸 원형대로 작동할 수 있게 되었다고 평가하였다. Haughey는 이 판결을 통해 *Oakes* 심사의 2-2단계에서 형량을 하던 이전 판례의 오류를 수정함으로써 2-3단계가 헌장 제1조 심사의 군더더기에서 탈피하여 중요한 역할을 담당하게 된 것으로 평가하였다.158) McLachlin 대법원장 역시 *Hutterian Brethren* 판결을 캐나다에서 한때 군더더기로 생각되었던 효과의 비례성에 독자적인 중요성이 있음을 재확인한 판결로 평가하였다.159) *Hutterian Brethren* 판결을 직접 언급하지는 않으나, Panaccio도 과잉금지심사에서 가치의 형량을 전면적으로 수행할 것을 진실로 필요로 하는 단계는 오직 효과의 비례성 단계라고 강조한다.160)

### 다. 최소피해성, 효과의 비례성 논증구조에 대한 전망

캐나다 연방대법원은 연간 대략 50~80건 정도의 판결을 선고하는데,161) 그 중 법률의 헌장상 권리 침해 여부가 쟁점이 되어 *Oakes* 심사를 하는 판결은 상당히 적은 편이다. 따라서 *Oakes* 심사의 논증구조의 변화

---

의 비례성 논증 내용에는 반대하는 입장이다.
157) Iryna Ponomarenko 2016a, *op. cit.*, p. 1119.
158) Marshall Haughey 2011, *op. cit.*, p. 70. 다만, Haughey는 이 판결의 최소피해성 논증 내용, 효과의 비례성 논증 내용 및 과잉금지원칙의 적용강도에 대해 모두 반대하는 입장이다.
159) Beverley McLachlin 2015, *op. cit.*, p. 8.
160) Charles-Maxime Panaccio 2017, *op. cit.*, p. 664.
161) 2007년 이후의 통계상 가장 선고건수가 적은 해에는 45건을, 가장 많은 해에는 83건을 선고하였다. 캐나다 연방대법원 홈페이지 참조(https://www.scc-csc.ca/case-dossier/stat/sum-som-eng.aspx).

를 추적하여 어떠한 단정적인 결론을 내는 것은 조심스러운 측면이 있다. *Hutterian Brethren* 판결 이후에 법률의 헌장상 권리 침해 여부에 관하여 *Oakes* 심사를 한 캐나다 연방대법원 판결들을 살펴보면,162) 캐나다 연방대법원이 *Hutterian Brethren* 판결 이후의 모든 *Oakes* 심사 관련 판결에서 효과의 비례성으로 논증의 중심을 이동했다고 평가하기는 어렵다.163)

다만, 2009년 *Hutterian Brethren* 판결의 논증구조에 대해 긍정적인 학계의 평가가 많았고, 위 판결에서 논증구조의 변화에 반대하였던 대법관들도 그 이후의 판결에서는 변화된 논증구조를 받아들이기도 하였다. 또한 앞서 살펴 본 바와 같이 위 판결 이후 내려진 일련의 판결들에 의해 효과의 비례성의 중요성이 커졌고,164) 최소피해성과 효과의 비례성을 구별하고 효과의 비례성 부분에서 본격적인 형량을 하는 새로운 논증구조의 흐름이 형성되고 있다. 이러한 흐름은 최소피해성을 만족하고 효과의 비례성은 만족하지 않는다는 이유로 위헌의 결론에 이르는 *K.R.J.* 판결에서 정점을 이룬다.165) 이는 효과의 비례성 심사가 중심이 되는 경우에만 가능한 것으로서 *Hutterian Brethren* 판결 이전의 선례에서는 찾아보기 어려웠다. 다만, 이러한 논증구조가 앞으로도 유지될 것인지는 좀 더 지켜보아야 할 것이다.

---

162) *Hutterian Brethren* 판결 이후에 법률의 헌장상 권리 침해 여부에 관하여 *Oakes* 심사를 한 캐나다 연방대법원 판결들에 대한 구체적인 소개는 이재홍, 캐나다 연방대법원의 과잉금지원칙 적용에 관한 연구 - 법률의 위헌 여부 판단을 위한 *Oakes* 심사의 논증구조와 적용강도를 중심으로 -, 서울대학교 박사학위 논문(2020), 제57-64쪽 참조.
163) Niels Petersen 2017, *op. cit.*, p. 104. Petersen은 가까운 미래에 캐나다 연방대법원이 효과의 비례성 논증에 집중하는 법원으로 바뀌지는 않을 것으로 전망한다(*Ibid.*, p. 106).
164) Robert Sharpe, Kent Roach 2017, *op. cit.*, p. 79.
165) 이 판결의 논증구조에 대한 자세한 분석은, 이재홍(2020), 제64-68쪽 참조.

## 7. 최소피해성과 효과의 비례성 논증구조에 대한 이론적 분석

### 가. *Oakes* 심사의 두 가지 논증유형

앞서 살펴본 바와 같이 캐나다 연방대법원의 최소피해성, 효과의 비례성 논증구조는 *Hutterian Brethren* 판결의 다수의견의 논증구조를 따르는 것과 LeBel 대법관이 집필한 소수의견의 논증구조를 따르는 것의 두 종류로 나누어 볼 수 있다. 이하에서는 *Hutterian Brethren* 판결의 다수의견과 같이 최소피해성과 효과의 비례성을 엄격히 구별하고, 비교형량은 효과의 비례성 부분에서만 하는 방식의 논증구조를 '효과의 비례성 중심 논증유형'이라 한다. 또한 *Hutterian Brethren* 판결에서 LeBel 대법관이 집필한 소수의견의 논증구조와 같이 최소피해성과 효과의 비례성을 엄격히 구별하지 않고, 최소피해성 부분에서 대부분의 논증을 하는 방식을 '최소피해성 중심 논증유형'라 한다.

피해의 최소성 원칙, 법익의 균형성 원칙에 관한 이론적 분석 결과에 따르면, 비교형량은 법익의 균형성 원칙의 몫이므로, 효과의 비례성 중심 논증유형은 이론적으로 잘 설명된다. 반면, 최소피해성 중심 논증유형은 그와 같은 이론적인 틀에 잘 들어맞지 않는다. 하지만, 최소피해성 중심 논증유형과 효과의 비례성 중심 논증유형 사이에 실질적인 차이가 없다면, 이론적인 틀에 잘 들어맞지 않는다는 이유로 최소피해성 중심 논증유형의 설득력이나 효용성이 떨어지는 것은 아니다. 결국 효과의 비례성 중심 논증유형과 최소피해성 중심 논증유형 중 어느 쪽이 바람직한지는 각각의 구체적인 작동방식을 비교하여 양자의 실질적인 차이가 무엇인지를 밝힘으로써 알 수 있다. 이하에서 자세히 살펴본다.

## 나. 효과의 비례성 중심 논증유형과 최소피해성 중심 논증유형의 비교

### 1) '목적달성 동일성 검증단계'의 판단 방법

효과의 비례성 중심 논증유형에 따르면, 최소피해성 중 '목적달성 동일성 검증단계'는 심판대상조항의 입법목적 달성정도를 기준으로 하여 입법대안이 그만큼 입법목적을 달성할 수 있는지를 단순히 비교한다. 이 비교에는 어떠한 규범적 판단이나 가치 판단 혹은 비교형량이 개입하지 않는다. 반면, 최소피해성 중심 논증유형은 최소피해성 판단 단계에서 가치 판단이나 형량이 이루어지기 때문에 심판대상조항과 입법대안 사이의 입법목적 달성 정도가 동일한지를 판단하는 '목적달성 동일성 검증단계'에서도 규범적 판단이 개입하는 경우가 종종 있다.[166] 이렇게 되면, 심판대상조항과 같은 정도로 입법목적을 달성할 수 없는 입법대안을 근거로 심판대상조항이 최소피해성 위반으로 위헌이라는 결론에 이를 수도 있다.[167]

이러한 관점에서 Davidov는 앞서 살펴본 선거일 전 여론조사 결과 공표금지에 관한 *Thomson Newspapers* 판결을[168] 비판한다. 이 판결에서 캐나다 연방대법원은 여론조사기법과 여론조사결과를 함께 공표하는 입법대안에 대해 검토하였다. 이 판결의 다수의견은 아래와 같은 이유를 들어 입법대안이 '목적달성 동일성 검증단계'를 통과한다는 결론에 이르렀다.

> 이러한 입법대안은 선거 직전에 부정확한 여론조사 결과의 공표를 허용하므로 선거에 어느 정도 영향을 미칠 여지를 여전히 남길 수도 있지만, 그러한 가

---

166) 이를 포함하여 법익의 균형성 단계에서 해야 할 형량을 회피하는 것을 가리켜 Petersen은 '묵시적 형량(implicit balancing)'이라 한다(Niels Petersen 2017, *op. cit.*, pp. 130-132).
167) Guy Davidov 2000, *op. cit.*, p. 201.
168) *Thomson Newspapers Co. v. Canada(Attorney General)* [1998] 1 *S.C.R.* 877

능성은 독자들의 여론조사기법에 대한 검토 및 부정확한 여론조사 결과에 의해 피해를 보는 측의 즉각적인 반박에 의해 대부분 줄어들게 된다. (중략) 이와 같이 심판대상조항과 '같은 정도로 효과적으로 보이는(appears as effective as)' 입법대안을 채택하지 않은 이유를 설명하지 못한 점은 '심판대상조항의 정당성에 대한 심각한 위협이다(weighs heavily against the justifiability of this provision)'.169)

그러나 Davidov가 지적하는 바와 같이, 위와 같은 입법대안은 '투표권자들에 대한 잘못된 정보 제공 방지'라는 입법목적을 여론조사결과 공표를 전면 금지하는 심판대상조항과 같은 정도로 달성하는 것으로 보기 어렵다. 따라서 피해의 최소성 단계에서 이루어져야 할 실증적 비교에 의하면, 위 입법대안은 목적 달성 동일성 검증 단계를 통과하지 못한다. 그러므로 이와 같은 경우 심판대상조항은 최소피해성을 통과하고, 효과의 비례성 단계에서 본격적인 비교형량이 이루어져야 한다.170) 그럼에도 불구하고 캐나다 연방대법원의 다수의견은 입법대안과 심판대상조항 사이의 입법목적 달성 정도의 차이가 상당 부분 회복될 수도 있다는 이유를 들어 입법대안이 '목적달성 동일성 검증단계'를 통과한다는 결론에 이른다. 이는 유권자들의 현실보다는 '여론조사 기법까지 꼼꼼히 확인하는 유권자'라는 규범적 당위를 전제로 하는 판단이다. 다수의견은 "사법부는 캐나다의 투표권자들이 경험을 통해 배울 수 있는 능력이 있고, 선거 관련 정보의 가치에 관해서 독립적인 판단을 할 수도 있는 합리적인 행위자임을 전제로 해야 한다."고 명시적으로 판시한다.171) 이 판결의 다수의견은 결국 심판대상조항이 최소피해성 위반이라는 결론에 이른다.172) 다수의견은 규범적 판단을 개입시키지 않은 채 '목적달성 동일성

---

169) *Ibid.*, para 119.
170) Guy Davidov 2000, *op. cit.*, p. 200.
171) *Thomson Newspapers Co. v. Canada(Attorney General)* [1998] 1 S.C.R. 877, para. 112.
172) [1998] 1 S.C.R. 877, para 122. 같은 맥락에서 묵시적 형량 개념을 동원하여 *R.*

검증단계'를 판단한 아래와 같은 반대의견과 대조를 이룬다.

> 나는 이러한 입법대안들이 (중략) 심판대상조항과 같은 정도로 효과적인 것인 양 가장하기 어렵다는 결론에 이르렀다. (중략) 여론조사결과에 대해 공적 토의를 할 시간이 부족하기 때문에 여론조사기법을 여론조사결과와 함께 공표하는 것을 허용하는 입법대안은 여론조사결과를 적절하게 평가할 지식이 부족한 유권자들에게 실질적인 도움이 되기 어려울 수 있다.[173]

효과의 비례성 중심 논증유형에 따라 목적달성 동일성 검증단계에서 형량을 하지 않으면, 최소피해성은 통상 통과하기 쉬운 단계가 된다. 왜냐하면, 입법목적과 헌장상 권리가 서로 '제로섬(zero-sum)' 관계에 있는 경우가 많기 때문이다.[174] 그 결과 논증의 중심이 최소피해성에서 효과의 비례성으로 이동한다. 즉, 최소피해성은 파레토 효율 심사로 기능하고, 파레토 효율이라는 것이 희귀하기 때문에 최소피해성은 심사기준으로서의 중요성이 떨어진다.[175]

### 2) 비교형량의 충실도

최소피해성 중심 논증유형에 의할 경우 최소피해성 단계에서 헌법상 권리 제한 정도를 면밀히 분석한다고 하여도 이는 입법대안에 의한 헌법상 권리 제한 정도와의 상대적인 비교에 그칠 뿐이다. 또한 최소피해성 단계에서는 입법목적 달성의 정도를 주어진 목표치로 볼 뿐이다. 따

---

v. *Wholesale Travel Group Inc.* [1991] 3 S.C.R. 154 판결, *Chaoulli v. Quebec* [2005] 1 S.C.R. 791 판결에서의 규범적 판단 은폐하는 비판하는 견해로, Niels Petersen 2017, *op. cit.*, pp. 130-132, p. 134 참조.
173) 두 번째 "(중략)" 표시를 기준으로 순차로, *Ibid.*, paras. 44, 45.
174) 피해의 최소성 원칙에서 제시되는 대안은 대개의 경우 심판대상조항에 비해 불리한 점이 있기 때문에 심판대상조항과 같은 정도로 입법목적을 달성할 수 없는 것으로 판단되기 때문이다(Kai Möller 2016, *op. cit.*, p. 34).
175) Moshe Cohen-Eliya, Iddo Porat 2013, *op. cit.*, pp. 18-19.

라서 최소피해성 단계에서는 입법목적을 그만큼이나 달성할 필요가 있는지 자체에 대해 근본적인 의문을 제기하여야 비로소 가능한 비교형량을 온전히 해내기가 어렵다. 나아가 입법목적 달성 정도를 주어진 것으로 보는 관점이 효과의 비례성 판단 단계에까지 이어지면 결국 Oakes 심사의 어느 부분에서도 제대로 된 비교형량은 이루어지지 않을 가능성이 커진다. 예컨대, 앞서 살펴본 *Irwin Toy Ltd. v. Quebec(Attorney General)* 판결의[176] 법정의견은 아홉 쪽에 걸쳐 최소피해성을 판단하는데, 그 결론 부분은 다음과 같다.

> 요컨대, 어린이를 목표로 한 광고를 금지하는 것은, 광고에 의해 아이들이 이용당하는 것을 막는다는 긴절하고 중요한 목적에 부합하는 표현의 자유의 최소한의 제한이라는 입법자의 결론이 합리적임이 입증된다. 정부가 헌장상 권리를 덜 제한하면서 입법목적도 덜 달성할 수 있는 선택지가 있다는 증거가 있지만, 정부가 합리적으로 설정해 놓은 목적을 달성하기 위해 상업광고를 금지할 필요가 있다는 증거가 있다.[177]

위 판시 내용 중 '정부가 헌장상 권리를 덜 제한하면서 입법목적도 덜 달성할 수 있는 선택지가 있다는 증거가 있지만'은 입법목적 달성의 정도 자체에 대해 의문을 제기하는 것이므로 비교형량을 의미한다. 결국 위 판시 내용은 최소피해성 부분에서 입법목적 달성의 정도를 주어진 것으로 본 다음, 그에 비추어 볼 때 헌법상 권리 제한의 정도가 최소한이므로 더 이상의 비교형량을 하지 않아도 된다는 논리구조이다. 이어 위 법정의견은 한 단락에 걸쳐 효과의 비례성을 판단하면서 입법목적 달성의 정도에 대해서는 검토하지 않는다. 효과의 비례성 판단은 청구인들에게 광고효과를 증진시킬 다른 방법이 있다는 등 청구인의 헌법상

---

176) [1989] 1 S.C.R. 927
177) *Ibid.*, p. 999.

권리 제한의 정도가 심하지 않다는 내용으로 이루어져 있고,178) 이를 근거로 합헌의 결론에 이른다.179) 이 논증과정 전체에서 제대로 된 비교형량은 이루어지지 않았다.

반면, 효과의 비례성 중심 논증유형은 최소피해성을 입법대안 검증의 용도로만 적용하고, 효과의 비례성은 입법목적 자체에 의문을 제기하는 비교형량의 용도로만 적용한다. 이와 같이 최소피해성과 효과의 비례성을 분명히 구별하면, 과잉금지원칙의 핵심인 비교형량을 제대로, 충실히, 솔직하게 할 수 있다.180) 서로 명확히 구별되면서도 일관되고 변함없는 최소피해성, 효과의 비례성 논증구조를 유지하면, 입법목적 달성 정도에 대한 구체적 검증 없이 과잉금지원칙 적용을 마치기 어려워지기 때문이다.

이상의 차이점을 표로 정리하면 아래 〈표 2〉과 같다.

〈표 2〉 효과의 비례성 중심 논증유형과 피해의 최소성 중심 논증유형의 차이

|  | 효과의 비례성 중심 논증유형 | 피해의 최소성 중심 논증유형 |
| --- | --- | --- |
| 논증의 중심 | 효과의 비례성 | 피해의 최소성 |
| 목적달성 동일성 검증단계 판단방법 | 규범적 판단 개입 없음 | 규범적 판단 개입 |
| 비교형량의 충실도 | 높음 | 낮음 |

### 3) 효과의 비례성 중심 논증유형에 의한 과잉금지원칙의 장점 실현

과잉금지원칙의 장점 실현에 대해 Grimm은 "과잉금지심사의 장점은

---

178) *Ibid.*, p. 1000.
179) 같은 맥락에서 테러 용의자에 대한 무기한 구금에 관한 영국 판례인 A v. Secretary of State for the Home Department [2004] UKHL 56 판결에 대한 비판으로, Julian Rivers 2006, *op. cit.*, pp. 189-190 참조.
180) *R. v. K.R.J.* [2016] 1 S.C.R. 906, para. 79 참조; 또한 미국식의 범주적 논증에서 이루어지는 은밀하고 추상적인 비교형량과 법익의 균형성 원칙에서 이루어지는 솔직하고 투명한 비교형량에 관한 비교로 Iryna Ponomarenko 2016a, *op. cit.*, pp. 1162-1163 참조.

과잉금지원칙의 4단계 과정이 명확하게 분화되지 않으면 반감된다. 4단계 심사의 각 단계에는 독자적인 판단내용이 있다. (중략) 이와 같은 단계적 판단에 혼동이 오면, 판단요소들이 제멋대로 판단 과정에 개입하게 되어 더 자의적이면서도 예측가능성은 덜한 판단을 낳을 위험이 생긴다."고 지적한다.[181] Grimm의 견해와 같이, 과잉금지원칙의 중요한 장점은 각 판단 단계별로 분업이 이루어진다는 점에 있다. 어떠한 법률이 헌법상 권리를 침해하는지 여부는 상당히 어려운 판단이다. 그 어려운 판단을 4단계로 나누어 차근차근 할 수 있게 도와주는 도구가 과잉금지원칙이므로, 판단단계의 명확한 구별을 통한 분업이 곧 과잉금지원칙의 장점이다.

최소피해성과 효과의 비례성 사이의 분업은 양자의 차이점을 분명히 인식하는 것을 첫걸음으로 삼는다. 예컨대 캐나다 연방대법원의 Bastarache 대법관은 이 점을 다음과 같이 판시하였다(밑줄표시는 원문 그대로를 옮긴 것임).

> 최소피해성 단계에서도 헌장상 가치가 제한된 정도를 살펴보아야 하나, 이 단계에서는 <u>입법 목적의 유효성은 주어진 것으로 전제한 상태에서</u>(given the validity of legislative purpose) 헌장상 권리가 가능한 한 적게 침해되었는지를 심사하는 것 이상의 심사를 할 수 없다.[182]

효과의 비례성 중심 논증유형은 최소피해성과 효과의 비례성을 분명히 구별하여, 헌법적 가치판단의 무대인 '비교형량'을 온전히 효과의 비례성 부분에서 해결할 몫으로 돌린다. 이를 통해 과잉금지원칙의 장점이 극대화될 수 있음은 Grimm의 다음과 같은 설명을 통해 분명히 이해할 수 있다(괄호 안의 내용은 필자가 추가한 것이다).

---

181) Dieter Grimm 2007, op. cit., 397.
182) Thomson Newspapers v. Canada [1998] 1 S.C.R. 877, para. 125.

(과잉금지원칙의) 2단계(수단의 적합성 원칙)와 3단계(피해의 최소성 원칙)는 수단-목적 관계에 관한 것이다. 이는 2단계와 3단계는 심판대상조항을 오직 법률의 수준에서만 살펴본다는 의미이다. 2단계와 3단계는 법률 자체의 목적과 수단에 관한 것일 뿐이다. 헌법은 2단계와 3단계에서 아무런 역할을 하지 않는다. 헌법은 (1단계인 목적의 정당성 원칙에서 등장한 다음 2단계인 수단의 적합성 원칙, 3단계인 피해의 최소성 원칙에서 사라졌다가) 4단계(법익의 균형성 원칙)에 이르러 다시 등장한다. 수단의 적합성 원칙이나 피해의 최소성 원칙 심사 단계에서는 헌법상 권리가 아무런 역할을 하지 않으므로, 과잉금지심사를 하는 목적을 제대로 달성하려면, 법익의 균형성 원칙 심사로 나아가는 것이 필수불가결하다.[183]

Grimm과 같은 취지에서, Klatt과 Meister도 '수단의 적합성 원칙과 피해의 최소성 원칙은 현실적 가능성들의 최적화에 관한 것이다. 수단의 적합성 원칙과 피해의 최소성 원칙은 파레토 효율이라는 이상을 추구한다. 목적의 정당성 원칙과 법익의 균형성 원칙은 법적으로 가능한 것이 무엇인지에 관한 것이다'라고 설명한다.[184]

반면, 최소피해성 중심 논증유형처럼 최소피해성과 효과의 비례성 사이의 분업을 허물면, 최소피해성은 입법대안과의 비교라는 고유의 역할에 더하여 비교형량까지 동시에 해내야 하는 부담을 안게 된다. 그렇기 때문에 자칫 최소피해성과 효과의 비례성 원칙 모두가 어그러질 수 있다.[185] 두 가지 일을 동시에 하는 와중에 논증 중 일부를 생략할 위험도 커진다.

---

183) 헌법재판소 비교헌법연구회, 비교헌법연구회 세미나 발표자료집(2018. 6. 19.), 제22-23쪽.
184) Matthias Klatt, Moritz Meister 2012, *op. cit.*, p. 10. 같은 취지로 Alan Brady 2012, *op. cit.*, pp. 71-72도 참조.
185) Guy Davidov 2000, *op. cit.*, p. 201.

다. 효과의 비례성 심사방법론

　앞서 살펴본 바와 같이 캐나다 연방대법원의 효과의 비례성 비교 방법론은 *Dagenais* 판결에서 심판대상조항으로 인해 실제로 발생한 이로운 효과 전반과 심판대상조항이 헌장상 권리에 미치는 해로운 효과 전반을 형량하는 것으로 정식화 되었다.186) 이는 심판대상조항에 의한 입법목적 달성으로 인한 구체적인 효과와 심판대상조항에 의한 헌장상 권리 제한으로 인한 구체적인 효과를 비교하는 상대적 우열비교이다.

　이론적인 관점에서 법익의 균형성 원칙의 내용은 요컨대, '**심판대상조항에 의해 달성되는 입법목적의 구체적인 가치**'가 '**심판대상조항에 의해 제한되는 헌법상 권리의 구체적인 가치**'를 정당화할 수 있을 만큼 커야 한다는 것이다. 비교의 대상인 위 두 요소들 사이에 '구체적인 가치'라는 공통점이 있기 때문에 상대적 우열비교가 가능하고, 이러한 관점에서 법익의 균형성에서 이루어지는 비교는 추상적 형량이 아닌 구체적 형량이다. 캐나다 연방대법원은 아래와 같이 효과의 비례성이 구체적 형량임을 분명히 판시하였다.

　　이는 헌장 제1조가 제기하는 물음이 본질적으로 사건의 구체적인 상황에 특유한 것이기 때문이다. (중략) 헌장 제1조 심사는 심판대상조항의 실질적 이익이 그로 인한 실질적 헌장상 권리 제한의 정도를 능가하는지를 판단하는 것이기 때문에 구체적인 법적 분쟁에 관한 사실관계 및 헌장상 권리 제한의 정당화를 위해 제시된 증거에 기반을 둔 것이지 추상적인 요소들에 기반을 둔 것이 아니다.187)

---

186) *Dagenais v. Canadian Broadcasting Corp.* [1994] 3 S.C.R. 835, 887, 889. 이러한 비교형량은 간단하게 '심판대상조항의 이로운 효과와 해로운 효과 사이의 비례성(proportionality between the deleterious and the salutary effects of the measures)'으로 표현된다.
187) *RJR-MacDonald Inc. v. Canada(Attorney General)* [1995] 3 S.C.R. 199, para. 133.

168  과잉금지원칙의 이론과 실무

또한 캐나다 연방대법원은 효과의 비례성에서 비교되는 이로운 효과과 해로운 효과에는 양적인 측면과 질적인 측면이 모두 있는 것으로 파악한다.[188] 즉, 효과의 비례성 판단은 수학적인 비교나 계산이 아니라는 취지이다. 이는 법익의 균형성 원칙에서 이루어지는 비교형량의 대상인 **'심판대상조항에 의해 달성되는 입법목적의 구체적인 가치'**가 **'심판대상조항에 의해 제한되는 헌법상 권리의 구체적인 가치'** 양자를 측정하기 위해서는 당해 헌법상 권리 제한 상황에 관련된 사실적, 규범적 요소들이 모두 고려되어야 한다는 이론들에 의해 뒷받침된다. 이 점에 관해 Brown 대법관은 *K.R.J.* 판결에서 다음과 같이 판시한다.

> 헌장 제1조 심사 중 효과의 비례성 단계에서 이루어지는 해로운 효과와 이로운 효과 사이의 비교형량은 다수의견도 인정하듯이 "어려운 가치 판단(difficult value judgements)"을 포함한다(제79단락). 이것은 결코 "중립적이고 공리주의적인 미적분학 계산(neutral utilitarian calculus)"이 아니다. 물론 이에 대한 반대의 견도 있지만, 과잉금지원칙을 적용하는 것은 진정으로 객관적인 계산과정을 포함하지는 않는다. 왜냐하면 과잉금지심사는 사법부로 하여금 같은 단위로 측정할 수 없는 대상들의(incommensurables) 무게를 달아볼 것을 요구하기 때문이다. 이 사건의 경우 성범죄자에 대한 해로운 효과 및 법의 지배 원칙에 대한 해로운 효과를 성범죄자들로부터 아이들을 지켜냄으로써 얻는 이로운 효과와 비교형량해야 한다. 같은 단위로 측정할 수 없는 대상들의 무게를 객관적으로 달아보는 것은 불가능함에도 불구하고, 사법부는 반드시 논증을 통해 결론에 이르러야만 한다.[189]

효과의 비례성 비교에 있어 규범적 측면을 고려하는 캐나다 연방대법원의 비교 방법론은 법익의 균형성 원칙에서 이루어지는 비교형량을

---

188) *Canada(Attorney General) v. Bedford*, [2013] 3 S.C.R. 1101, para. 126.
189) *R. v. K.R.J.* [2016] 1 S.C.R. 906, paras. 160, 161(판례 및 문헌 인용표기는 생략).

가치들 사이의 상대적 우열비교라는 규범적 판단으로 접근하는 이론들에 의해 뒷받침된다.

## III. 캐나다 연방대법원의 과잉금지원칙의 적용강도

캐나다 연방대법원은 deference 개념을 중심으로 Oakes 심사의 하위 원칙 적용의 강약을 조절한다. Oakes 심사에 있어 deference에 관한 논의는 헌장상 권리 제한이 과잉한지의 판단 단계에서 비로소 논의된다. 즉, 입법자에 대한 deference는 헌장상 권리의 본질과 보호범위를 정의하는 단계에서가 아니라 Oakes 분석과정 특히 최소피해성 단계에서 고려된다.[190] 헌장상 권리 제한이 위헌인지를 판단하기 위해 Oakes 심사의 하위 원칙들을 적용하기로 결정한 것만으로는 위헌 여부를 판단하기에 부족하다. 어떤 의미에서는 Oakes 심사의 각 하위 원칙을 분명히 하는 것보다 오히려 이를 얼마나 엄격하게 적용할지가 핵심이다.[191]

Oakes 심사의 적용강도는 궁극적으로는 권력분립원리와 관련이 있기 때문에 법률의 위헌 여부 심사인 Oakes 심사에 있어 deference는 입법재량 존중의 정도를 의미한다. 캐나다 연방대법원은 Oakes 심사에 있어 deference를 특정한 영역별로 일률적으로 정할 수 있다고 보지 않고, 다양한 요소들을 고려하여 사안별로 개별 구체적으로 정하여야 한다고 본다.[192] 그렇기 때문에 deference를 정하는 불변의 원칙을 알아내기는 어렵다 하더라도, 일련의 판례들을 살펴봄으로써 deference를 정하는 데에 영향을 미치는 요소들을 추출해 낼 수는 있다.[193]

---

190) *Ontario(Attorney General) v. Fraser*[2011] 2 S.C.R. 3, para. 81.
191) Robert Sharpe, Kent Roach 2017, *op. cit.*, p. 81, 93; Thomas Poole, "The Reformation of English Administrative Law", 68 *Cambridge Law Journal*(2009), p. 146.
192) *Thomson Newspapers v. Canada* [1998] 1 S.C.R. 877, para. 90.
193) Robert Sharpe, Kent Roach 2017, *op. cit.*, p. 82.

## 1. 캐나다에서의 deference 법리의 시작: 행정소송

deference란 사법부가 사법심사를 함에 있어 입법부와 행정부의 1차적 합헌·합법 판단을 존중한다는 의미로 커먼로 전통의 국가에서 발전한 개념이다.[194] 사법부는 deference 부여의 정도를 조절함으로써 입법부와 행정부의 권한을 침해하지 않으면서도, 입법부와 행정부를 견제할 수 있다. 캐나다에서 deference 법리는 캐나다권리자유헌장 제정 전에 행정소송의 영역에서 먼저 발달하였다. 이는 미국과 영국의 영향을 받은 것이지만,[195] 그와 구별되는 독자적인 형태를 갖추었다.

캐나다의 행정소송에서도 처음부터 deference가 광범위하게 인정된 것은 아니다. 이는 행정부의 자의성을 경계하여, 행정부로 하여금 입법부가 정해 놓은 틀 안에서만 행동하도록 하여야 한다는 것을 강조한 Dicey의 영향이 크다.[196] 이에 따르면 사법부의 역할은 행정행위를 엄격하게 심사하고 그 적법 여부를 엄밀하게 따져야 하는 것이기 때문에 deference를 인정하기 어렵다. 이러한 원칙적인 입장은 캐나다 연방대법원의 1979년 *C.U.P.E.* 판결[197] 이후 바뀌었고, 그 후로 행정의 1차적 판단에 대한 deference 부여 법리가 발달하였다. 캐나다 연방대법원은 2008년의 *Dunsmuir v. New Brunswick* 판결에서 다음과 같이 deference를 정의하였다.

---

194) 참고로, 영국에서 인권법(Human Rights Act) 관련 사법심사에 있어 deference 논의에 관해서는 Roger Masterman, *The Separation of Powers in the Contemporary Constitution: Judicial Competence and Independence in the United Kingdom*, Cambridge University Press(2011), pp. 121-129 참조.
195) David J. Mullan, "Deference: Is it useful outside Canada?", *Acta Juridica*(2006), pp. 55-56.
196) Alan Freckelton, *The Concept of Deference in Substantive Review of Administrative Decisions in Four Common Law Countries* (Masters of Laws dissertation, University of British Columbia, Vancouver, Cananda, 2013), pp. 35-36.
197) *C.U.P.E. v. N.B. Liquor Corporation* [1979] 2 S.C.R. 227.

Deference란 사법부의 태도이기도 하고, 사법심사에 있어서의 법적 요청이기도 하다. Deference란 사법부가 정책결정자의 결단에 종속된다거나, 그들의 법해석에 맹목적인 존경을 보여야만 한다거나, 합리성심사라는 '입에 발린 말(lip service)'을 함으로써 그들의 견해를 사실상 강제하는 것에 만족해야 한다는 것을 의미하는 것이 아니다. 오히려 deference는 사실의 측면과 규범의 측면 모두에서 행정청의 의사결정 과정을 존중한다는 의미이다. (중략)『"존중으로서의 deference(deference as respect)"라는 개념은 사법부가 행정청에 복종하는 것이 아니라, 행정청의 결정을 뒷받침하는 이유로 제시되었거나 제시될 수 있었던 사항에 대해 사법부가 이를 존중하는 태도로 심사하는 것을 의미한다』는 David Dyzenhaus의 견해에 동의한다.[198]

캐나다 연방대법원의 행정소송에서의 사법심사는 통상 1개의 정답이 있음을 전제로 deference를 허용하지 않는 엄격심사와 일정한 범위의 정답이 있음을 전제로 deference를 허용하는 합리성심사로 나뉜다.[199] 양자 중 어느 것을 택할지에 관해 상세한 판례 법리가 발전되어 왔는데, 이를 통칭하여 '실용적·기능적 접근법(pragmatic and functional approach)'이라 한다.[200] 이는 법원이 행정청의 판단과 자신의 판단이 다르면 곧바로 위법이라고 판결할지, 아니면 행정청의 판단이 자신의 판단과 다르더라도 행정청의 판단이 명백히 불합리한 경우에만 이를 위법이라고 판결할지를 내용으로 한다.[201]

---

198) *Ibid.*, para. 48.
199) Collen M. Flood, Jennifer Dolling, "An Introduction to Administrative Law: Some History and a Few Signposts for a Twisted Path", *Administrative Law in Context*, Emond Montgomery Publications(2013), pp. 29-30. 엄격심사(correctness), 합리성심사(unreasonableness), 명백한 합리성심사(patent unreasonableness)의 세 가지로 분류하기도 한다.
200) Dr Q v. College of Physicians and Surgeons of British Columbia [2003] 1 S.C.R. 226, para. 21.
201) Collen M. Flood, Jennifer Dolling 2013, *op. cit.*, p. 30.

이와 같이 행정법 영역에서 발전해 온 1차 판단 존중 법리는 1982년 캐나다권리자유헌장이 헌법에 편입됨에 따라 어떻게 이와 조화될 수 있을지라는 새로운 쟁점을 맞이하게 되었다.202) *Doré v. Barreau du Québec* 사건에서 연방대법원은 행정청의 재량행위의 적법성 통제에 있어서는 캐나다권리자유헌장상 권리가 쟁점인 경우에도, *Oakes* 심사가 아니라 전통적인 합리성심사에 의하되, 행정청의 재량행위가 캐나다권리자유헌장에 의해 보장되는 가치들을 적절하게 형량한 결과라면 합리적인 것으로 판단해야 한다고 판시하였다.203) 그러나 이 판결 이후에도 *Oakes* 심사와 합리성심사의 조화방안, 캐나다권리자유헌장상 권리를 침해하는 행정청의 재량행위에 대한 적절한 통제가능성, 행정청의 형량을 얼마나 존중할 것인지 등에 관한 의문이 여전히 남아 있다.204)

### 2. *Oakes* 심사에 있어서의 deference 법리

#### 가. deference의 도출 근거: 캐나다권리자유헌장 제1조

캐나다권리자유헌장 도입 이후 deference 법리는 헌법소송의 영역으로까지 본격적으로 확장되어 *Oakes* 심사와의 관련 하에 계속하여 발전하였다. 캐나다 연방대법원은 *Oakes* 심사의 구체적인 논증구조를 도출해

---

202) David J. Mullan 2006, *op. cit.*, p. 53.
203) [2012] 1 S.C.R. 395, paras. 57-58.
204) Mary Liston, "Governments in Miniature: The Rule of Law in the Administrative State", *Administrative Law in Context*, Emond Montgomery Publications(2013), p. 80; Laverne Jacobs, "Caught Between Judicial Paradigms and the Administrative State's Pastiche: "Tribunal Independence, Impartiality, and Bias", *Administrative Law in Context*, Emond Montgomery Publications(2013), p. 318; Sheila Wildeman, "Pas de Deux: Deference and Non-Deference in Action", *Administrative Law in Context*, Emond Montgomery Publications(2013), p. 364, 378, 379; Iryna Ponomarenko, "Tipping the Scales in the Reasonableness-Proportionality Debate in Canadian Administrative Law", 21 *Appeal*(2016b), pp. 132-143.

낼 때와 마찬가지로 deference에 관해서도 캐나다권리자유헌장 제1조의 문언을 출발점으로 삼는다.205) deference 조절의 문언상 근거는 헌장 제1조의 "합리적인 제한(reasonable limit)", "명백히 정당화 되는(demonstrably justifiable)", "자유롭고 민주적인 사회(free and democratic society)"라는 표현이다. 이러한 해석론의 뿌리는 다음과 같은 내용의 *Oakes* 판결 자체까지 거슬러 올라간다(강조는 필자).

> 캐나다권리자유헌장 제1조가 제시하는 헌장상 권리와 자유에 대한 정당화 요건은 **엄격하게** 적용해야 한다. 이는 특히 헌법적으로 보장된 권리와 자유가 제한된다는 측면, 자유롭고 민주적인 사회라는 근본 원리를 고려해야 한다는 측면에서 헌장 제1조의 요건을 이해하여야 하기 때문이다.206)

이 판결에서 캐나다 연방대법원은 비록 deference라는 명확한 표현을 사용하지는 않았지만, 위와 같은 판시는 *Oakes* 심사의 적용에 있어 deference의 정도는 낮은 것이 원칙이라는 의미로 볼 수 있다. 또한 위 판결에 따르면 deference 조절은 '헌법상 권리의 보장 필요성'과 '자유롭고 민주적인 사회의 구현'이라는 요소에 의해 결정된다.

*Oakes* 판결과 같은 해에 선고되었음에도, *Oakes* 판결의 엄격성을 포기한 판결로 비판받기도 하는 *Edwards Books* 판결 역시 입법부에 대한 deference 부여의 근거를 캐나다권리자유헌장 제1조의 문언에서 찾는다. 이 판결에서 캐나다 연방대법원은 "합리적인 제한"이라는 문언에 주목하였다. 이 사건은 소매점의 일요일 휴무를 강제하는 법률이 종교의 자유를 제한하는지가 쟁점이었는데, Dickson 대법원장은 심판대상조항이 7인 이상의 사업장만을 대상으로 하는 것이 과잉한지 여부를 판단하면서

---

205) 헌장 제1조의 '합리적인 제한(reasonable limits)'이라는 문언을 deference 조절의 근거로 해석하는 학설로, Iryna Ponomarenko 2016a, *op. cit.*, p. 1150.
206) *R. v. Oakes* [1986] 1 S.C.R. 103, para. 65.

deference 부여 근거로 캐나다권리자유헌장 제1조에 규정된 "합리적인 제한"을 제시하였다.

> 나는 7이라는 숫자에, 예컨대 5, 10, 15명의 종업원 수와 분명히 구별되는 어떠한 마법이 있다고 생각하지는 않는다. (중략) *Oakes* 판결에서 구체화된 과잉금지원칙을 통해 사법부가 입법자에게 부과하기에 적절한 의무는 "합리적인 제한"을 할 것이다. 사법부는 어디에 정확히 경계선을 그어야 할 것인지에 관한 입법부의 의견을 사법부의 의견으로 대체하기 위해 만들어진 기관이 아니다.[207]

### 나. 판례에 의한 귀납적인 법리 발전

캐나다 연방대법원은 *Oakes* 심사를 다양한 사건에서 어떻게 유연하게 적용할지를 고민했고, 이것이 deference를 부여할 범주 혹은 기준의 모색이다.[208] *Oakes* 심사가 탄력적으로 적용될 수 있음은 *Oakes* 판결 자체에서도 암시된 바 있고,[209] 그에 뒤이은 *R. v. Edwards Books and Art Ltd.* 판결에서 다음과 같이 명시적으로 판시되었다.

> 과잉금지심사의 본질은 '구체적인 적용 상황'에 따라 달라질 수 있다. 입증 정도나 과잉금지의 요건을 이루는 하위 원칙을 구체화 하는 데에 있어 엄격하

---

[207] [1986] 2 S.C.R. 713, 782. Dickson 대법원장과 Chouinard 대법관, Le Dain 대법관의 의견이다. 다만, 앞서 살펴본 바와 같이 캐나다 연방대법원은 이 사건에서 *Oakes* 심사척도의 변형을 통해 입법부에 대한 존중을 달성하였다. *Alberta v. Hutterian Brethren* [2009] 2 S.C.R. 567, para. 37; *Carter v. Canada (Attorney General)* [2015] 1 S.C.R. 331, para. 97 역시 캐나다권리자유헌장 제1조의 문언을 *Oakes* 심사의 하위 원칙들의 적용강도의 조절 근거라고 판시한다.

[208] Sujit Choudhry 2006, *op. cit.*, p. 503.

[209] '과잉금지심사의 속성(the nature of the proportionality test)'이 구체적인 상황에 따라 다양하다 할지라도, 어느 사건에서든 법원은 사회 전체의 이익과 개인 및 집단의 이익을 형량해야 한다(*R. v. Oakes*, [1986] 1 S.C.R. 103, 139).

고 비탄력적인 기준을 피하도록 주의를 기울여야 한다.210)

이러한 초기 판례에 뒤이어 캐나다 연방대법원은 deference 개념을 매개로 *Oakes* 심사의 강도를 다양하게 판단하였다. 캐나다 연방대법원은 행정법 영역에서의 실용적·기능적 접근법과 유사한 맥락에서 *Oakes* 심사의 deference 역시 '구체적인 사실적, 사회적 맥락(specific factual and social context)'을 고려하여 정한다. 그렇기 때문에 deference 법리는 거대한 일반이론을 기틀로 삼아 연역적으로 제시되는 것과는 정반대의 방향에서 전개되었다. 즉, 개별 구체적인 사건마다 그 사건의 특수성을 설명하고 그것이 deference에 어떻게 영향을 미치는지를 설명하는 귀납적 방식에 의해 조금씩 조금씩 deference 법리가 정립되어 왔다. 다만, deference를 부여할지, 부여한다면 얼마나 부여할지, *Oakes* 심사의 각 하위 원칙 중 어느 원칙에 부여할 것인지에 관해서는 대법관들 사이에 의견이 나뉘기도 하였다.211) 캐나다 연방대법원의 *Oakes* 심사의 deference에 관한 주요 판결들과 그 판결에서 제시된 deference 결정 요소들을 정리하면 아래 〈표 3〉과 같다.212)

〈표 3〉 *Oakes* 심사에 있어 deference 관련 주요 판례와 deference 결정 요소

| 판결 | deference 결정 요소 |
| --- | --- |
| Irwin Toy213) | ○ 집단 사이의 이해관계 충돌을 중재하는 법률인지, 아니면 헌장상 권리를 제한받은 상대방과 국가가 일대일의 관계에서 헌장상 권리를 제한하는 법률인지 |

---

210) [1986] 2 S.C.R. 713, 768-769.
211) Patrick Macklem, Carol Rogerson et al. 2010, *op. cit.*, pp. 780-781.
212) 〈표 3〉에 제시된 판례들의 사실관계와 deference 관련 주요 판결내용에 관해서는 이재홍, 위의 책(2020), 제76-110쪽 참조.
213) *Irwin Toy Ltd. v. Quebec(Attorney General)* [1989] 1 S.C.R. 927.
214) *Harper v. Canada(Attorney General)* [2004] 1 S.C.R. 827.
215) *Canada (Attorney General) v. JTI-Macdonald Corp.*[2007] 2 S.C.R. 610.
216) *Alberta v. Hutterian Brethren of Wilson Colony* [2009] 2 S.C.R. 567.

| 판결 | deference 결정 요소 |
|---|---|
| Harper[214] | ○ 법률이 방지하려는 해악의 속성, 측정불가능성, 해악에 대한 주관적인 공포와 인식<br>○ 후보자, 정당, 제3자, 투표권자간 균형 달성의 어려움<br>○ 선거 제도의 세부사항을 정할 수 있는 입법부의 권한 |
| JTI-Macdonald[215] | ○ 복잡한 사회문제<br>○ 해결 효과에 논의의 여지 있고 과학적 측정 어려움 |
| Hutterian Brethren[216] | ○ 사회적, 경제적 관계를 규율하는 공공정책<br>○ 사회문제에 대처하기 위한 복잡한 규제조치<br>○ 헌장상 권리 제한의 심각성 |
| K.R.J.[217] | ○ 헌장상 권리에 관한 헌장 규정의 구체성 또는 명확성 |
| Laba[218] | ○ 집단 사이의 이해관계 충돌을 중재하는 법률인지 아니면, 헌장상 권리를 제한받은 상대방과 국가가 일대일의 관계에서 헌장상 권리를 제한하는 법률인지<br>○ 형사절차상 권리에 관한 사법부의 축적된 전문성 |
| RJR-MacDonald[219] | ○ 입법 목적의 본질<br>○ 제한된 헌장상 권리의 속성<br>○ 결정적인 과학적 증거를 제시하기 어려운 중요한 사회 문제<br>○ 형사법에 관한 사안인지, 정책결정에 관한 사안인지<br>○ 취약 집단을 보호하기 위한 법률인지<br>○ 표현의 자유의 중핵과 멀리 떨어져 있는지<br>○ 국가가 집단 사이의 대립하는 권리를 조정하는 상황인지, 개인과 국가의 대립 상황인지, 아니면 양자가 결합된 사안인지<br>○ 전모를 파악하기 어려운 사회문제에 관한 것인지 |

---

217) *R. v. K.R.J.* [2016] 1 S.C.R. 906.
218) *R. v. Laba* [1994] 3 S.C.R. 965.
219) *RJR-MacDonald Inc. v. Canada(Attorney General)* [1995] 3 S.C.R. 199.
220) *Thomson Newspapers v. Canada(Attorney General)* [1998] 1 S.C.R. 877.
221) *Sauvé v. Canada(Chief Electoral Officer)* [2002] 3 S.C.R. 519.
222) *Chaoulli v. Quebec(Attorney General)* [2005] 1 S.C.R. 791.

| 판결 | deference 결정 요소 |
|---|---|
| Thomson Newspapers[220] | ○ 투표권자들과 여론조사기관/언론기관들의 권리를 중재하는 법률<br>○ 약자를 보호하기 위한 법률<br>○ 법률이 방지하려는 해악의 중요성<br>○ 해악에 대한 해당 집단의 주관적인 공포 및 인식<br>○ 특정 해악의 정도나 그 해결책의 효과에 대한 과학적 측정의 곤란함 |
| Sauvé[221] | ○ 헌장상 가장 중요한 권리 중 하나인 선거권 제한 사안<br>○ 경계선 설정 사안<br>○ 사회철학, 형사정책 문제 야기 |
| Chaoulli[222] | ○ 법원의 판단에 필요한 증거가 모두 제출되었는지<br>○ 사회적, 경제적 정책에 관한 사안<br>○ 대립하는 이해관계 조정 사안<br>○ 사회적, 경제적, 정치적 조건들의 변화에 대처할 시간적 여유가 있었는지<br>○ 미래에 대한 예측을 근거로 전략적 선택을 하는 사안<br>○ 공공 재정에의 충격<br>○ 과학적 증거제시의 곤란함<br>○ 약자를 보호하기 위한 법률 |
| Carter[223] | ○ 대립하는 사회적 가치들에 관한 사안<br>○ 사회적 해악에 대한 복잡한 규제적 대응 |
| Frank[224] | ○ 복잡한 규제적 대응<br>○ 대립하는 사회적, 정치적 정책 판단<br>○ 민주주의의 핵심적 권리에 대한 절대적 제한<br>○ 정확한 경계선을 어디에 그어야 할지 정하는 사안<br>○ 선거 관련 법률 |

---

223) *Carter v. Canada(Attorney General)* [2015] 1 S.C.R. 331.
224) *Frank v. Canada(Attorney General)* [2019] 1 S.C.R. 3.

## 3. *Oakes* 심사에서의 deference에 관한 학설

### 가. deference 결정 요소들의 분류에 관한 학설

#### 1) Sujit Choudhry의 분류

Choudhry는 캐나다 연방대법원이 deference를 인정하는 경우를 다음과 같이 크게 세 가지로 분류한다. 첫째는 기관 사이의 상대적 장점 혹은 사법부의 상대적 전문성을 고려하는 경우이다. 예컨대 캐나다 연방대법원은 형사사법 분야에서는 입법자에게 deference를 부여하지 않지만, 노동문제와 같은 사안에서는 deference를 부여한다. 둘째로 캐나다 연방대법원은 입법자가 대립하는 가치나 이익을 조정하는 경우에 deference를 부여한다. 이는 소수자 보호를 위한 입법이나, 한정된 자원을 분배하는 상황에서의 입법, 헌장상 권리 충돌 상황을 해결하는 입법에서 두드러진다. 셋째로 캐나다 연방대법원은 제한되는 권리의 구체적인 가치가 낮을 경우에 deference를 부여한다. 예컨대, 상업적 표현, 혐오표현, 명예훼손적 표현, 음란한 표현의 경우 deference의 수준이 높아진다.[225]

#### 2) Guy Davidov의 분류

Davidov는 각 사안별로 각기 다른 정도의 deference가 부여되는데, 캐나다 연방대법원의 판례상 이를 결정하는 요인들은 다음의 네 가지로 나뉜다고 본다.

(1) 입법자의 역할이 경쟁하는 집단의 이해관계의 균형점을 찾아주는 것인지 아니면 입법자가 헌장상 자유가 제한된 개인에 대한 '일방적인 적(singular antagonist)'인지 여부, (2) 입법자가 보호하려는 집단의 취약성 및 당해 집단의 해악에 대한 공포와 인식의 정도, (3) 문제가 되는 특정 해악이나 그에 대한 해

---

[225] Sujit Choudhry 2006, *op. cit.*, pp. 512-515.

결책의 효과에 대한 과학적 측정의 불가능성, (4) 법률에 의해 제한된 행위가 사회적으로 별다른 가치가 없는 행위인지 여부226)

Davidov는 사법부도 오류를 저지를 수 있다는 것을 인정하는 것을 전제로 하여, 사법부가 잘못된 판결을 내릴 위험을 사회 전체가 부담하는 것이 부적절한 경우에만 deference가 부여되어야 한다고 주장한다.227) 이와 같은 관점에서 Davidov는 위 네 가지 요인들 중 (2), (3)만 deference 부여가 적절한 사안으로 평가한다. (2)의 경우와 같이 약자를 보호하는 법률을 사법부가 실수로 무효로 만든다면, 그 결과 발생할 해악이 너무 크기 때문이고, (3)의 경우에도 불확실한 증거에 기반을 둔 경우 그 위헌 결정은 오류일 가능성이 크기 때문이다.228)

### 3) Sharpe와 Roach의 분류

Sharpe와 Roach는 *Oakes* 심사에 있어 deference 부여 정도를 우선 사회적, 경제적 정책에 관한 복잡하고 정밀한 판단이 어려운 사안, 특히 노동정책이나 환경문제에 관하여 입법자에 대한 deference 부여가 통상 합당하다고 본다.229) 다음으로, Sharpe와 Roach는 *Edwards Books* 판결이나230) *Irwin Toy* 판결을231) 예로 들어 경합하는 요구를 조정하고 약자를 보호하기 위한 법률에 대한 deference에 관해 설명한다. 나아가 Sharpe와 Roach는 deference 부여 정도는 헌장상 권리에 관한 규정의 엄밀한 정도에 따라 결정된다고 설명한다. 즉, 헌장상 권리에 관한 규정이 광범위하게 만들어져 있을수록 deference 조절의 폭이나 필요성이 커지는 반면,

---

226) Guy Davidov 2001, *op. cit.*, p. 139.
227) *Ibid.*, p. 156, 167.
228) *Ibid.*, p. 158.
229) Robert Sharpe, Kent Roach 2017, *op. cit.*, p. 83.
230) [1986] 2 S.C.R. 713, 779.
231) [1989] 1 S.C.R. 927, 990.

헌장상 권리에 관한 규정이 조밀할수록 그 해석론을 통해 헌장상 권리의 제한이 발생했는지 여부 자체를 풍부하게 논의할 수 있으므로, 제한의 정당화 여부에 관한 deference 논의는 폭이 좁아진다는 의미이다.[232]

### 나. deference의 일관성에 관한 학설

#### 1) deference 법리의 비일관성을 비판하는 견해

캐나다 연방대법원은 deference 전반을 모두 아우를 수 있는 정합성 있고 일관된 기준을 제시한 바가 없기 때문에,[233] deference 법리에 관해서는 일관성이 없다는 비판이 제기된다.[234] 즉, 특정 사건에서 deference 부여의 근거로 든 요소가 다른 사건에서는 그렇게 작용하지 않는다는 것이다.[235] deference의 비일관성에 대한 비판은 deference 법리에 관한 일관성에 대한 비판을 넘어 Oakes 심사 자체의 일관성에 대한 비판으로 번지기도 한다.[236] 또한 deference 법리의 비일관성에 대해 캐나다권리자유헌장 제1조는 자유와 권리의 보장이 원칙이고, 제한과 그 정당화는 예외인 것으로 규정하므로, Oakes 심사에서 deference를 부여하지 않는 것이 원칙이어야 한다는 견해도 있다.[237]

---

232) Sharpe와 Roach는 캐나다권리자유헌장 제7조를 그러한 예로 든다. 자세한 내용은 *Ibid.*, p. 88, 89, 254, 255, 267 참조.
233) Iryna Ponomarenko 2016a, *op. cit.*, p. 1104 fn 6.
234) Guy Davidov 2001, *op. cit.*, pp. 147-156.
235) Sujit Choudhry 2006, *op. cit.*, pp. 515-520; Chanakaya Sethi 2012, *op. cit.*, pp. 33-34.
236) 예컨대, Chanakaya Sethi 2012, *op. cit.*, pp. 17-18; Don Stuart 2014, op. cit., pp. 31-32; Christopher Bredk, Adam Dodek, "The Increasing Irrelevance of Section 1 of the Charter", 14 *The Supreme Court Law Review*(2001), pp. 185-186.
237) Iryna Ponomarenko 2016b, *op. cit.*, p. 134.

## 2) 일관된 deference 법리가 불가능함을 인정하는 견해

Choudhry는 *Oakes* 심사에 있어 deference 법리는 특정 영역에 해당되면 곧바로 특정 정도의 deference가 결정된다는 식의 '영역적 접근(categorial approach)'으로 보아서는 안 되고, 각각의 판례에서 제시된 deference 부여의 근거들 모두가 deference를 결정하는 요소로 작용하여 그 요소 간의 복합적인 상호작용으로 deference가 결정되는 것이라고 주장한다. 즉, 과잉금지원칙의 적용강도는 사건의 구체적 맥락에 따라 사건별로 결정된다는 것이다.[238]

Kavanagh 역시 같은 맥락에서 영국에서의 deference 법리에 관하여 아래와 같이 주장한다.

> 특정한 사건에서 어느 정도의 deference를 택할 것인지는 개별 구체적인 사건마다 사법부의 전문성(expertise), 능력(competence), 정당성(legitimacy), 제한되는 권리의 중요성, 권리 제한의 심각성, 입법목적의 중요성 등 매우 다양한 요소를 고려하여야 할 뿐만 아니라 그 요소들 중 어느 것에 더 무게를 둘 것인지에 따라 다르므로, 이를 명확한 기준에 따라 분류하여 정확히 예측하는 것은 불가능하다.[239]

또한, 커먼로 국가들의 법원들의 과잉금지원칙 적용에 있어 deference에 관하여 종합적인 연구를 한 Michael Taggart 역시 유사한 견해를 밝힌다(강조 표시는 필자가 추가한 것이다).

> Laws 판사가 International Transport Roth GmbH & Ors v Secretary of State For the Home Department 사건에서 제시한 기준,[240] 즉 (1) 행정입법이나 처분보다

---

238) Sujit Choudhry 2006, *op. cit.*, p. 521; Robert Sharpe, Kent Roach 2017, *op. cit.*, p. 93.
239) Aileen Kavanagh 2009, *op. cit.*, pp. 237-238.
240) 영국판결이다. [2002] EWCA Civ 158, paras. 80-87.

는 의회가 제정한 법률에 더 많은 deference를 부여하는 것이 적절함, (2) 유럽인권협약 자체에서 제한 가능하다고 규정한 권리일수록 더 많은 deference를 부여하는 것이 적절함, (3) 민주적 권력의 특정한 책임 영역 내에 있는 사안의 경우 더 많은 deference를 부여하는 것이 적절함, (4) 민주적 권력의 특정한 전문성의 영역 내에 있는 사안의 경우 더 많은 deference를 부여하는 것이 적절함을 고려해 deference를 정하는 것이 타당한데, 이는 열거적인 것이 아니라 예시적이다. 그밖에도 민주적 책임성의 다양한 형태와 효율성, 절차 참여가 보장되었는지 여부, 법원의 업무 부담이나 능력, 판결이 야기하는 재정적 부담, 판결이 개인이나 집단에 미치는 영향 등의 요소를 고려해야 한다.[241] <u>이러한 요소들은 한 방향을 가리키는 것이 아니기 때문에 개별 사건의 맥락 안에서만 의미를 가지고 다른 사건에 그대로 적용되기 어렵다. 따라서 deference를 결정하는 명확한 법칙을 고안하는 것은 불가능하다.</u>[242] 다만, 법원이 각각의 사례에서 deference를 결정하는 요소들을 주의 깊게 심리하여 판결을 하고, 그 결과 이러한 판결들이 집적되면 일종의 가이드라인이나 예측가능성이 서서히 생겨날 수 있으므로 법원은 이러한 노력을 해야만 한다.[243]

deference의 작용 방식에 관한 Choudhry, Kavanagh, Taggart 등의 주장은 크게 세 가지로 요약할 수 있다. 첫째, deference를 강화 또는 약화하는 요소들은 다양하고, 그러한 요소들을 종합적으로 고려한 결과가 특정 사건에서 법원이 취하는 deference의 정도가 된다. 둘째, deference는 사건의 구체적 맥락에서 결정되는 것이기 때문에 특정 사건에서 deference 강화의 요소였던 것이 다른 사건에서는 deference 약화의 요소로 작용할 수 있다. 셋째, 여러 가지 요소가 사안별로 복합적인 상호작용을 한 결

---

241) Michael Taggart 2008, op. cit., p. 458.
242) Ibid. 입법부에 대한 deference의 한계를 추상적으로 설정하는 것은 분석적인 관점에서 불가능하다는 취지로 Niels Petersen 2017, op. cit., p. 127.
243) Michael Taggart 2008, op. cit., p. 460.

과 해당 사건에 적합한 구체적인 deference가 결정되므로, deference 법리에서 보이는 비일관성을 자의적 판단과 동의어라고 단정 지을 수는 없다.[244]

### 4. Oakes 심사에 있어 deference 법리에 대한 이론적 분석

### 가. 개설

캐나다 연방대법원은 헌장상 권리를 제한하는 법률의 헌법상 정당화 여부 판단에 있어 다른 심사척도 대신 'Oakes 심사'라는 위헌심사척도를 적용한다.[245] 또한 캐나다 연방대법원은 Oakes 심사에 있어 입법재량 존중 정도를 deference 법리에 따라 정한다.[246] 이때 deference 법리는 위헌심사척도가 Oakes 심사로 결정된 후, Oakes 심사의 각 하위 위헌심사척도의 적용에 있어 강약의 조절을 정당화하기 위한 법리이다.[247] Oakes 심사에 있어 deference 법리는 Oakes 심사를 할지 아니면 그보다 더 강하

---

244) Niels Petersen 2017, op. cit., p. 127; Oakes 심사의 다양성을 옹호하는 견해로, Richard Moon, "Justified Limits on Free Expression: The Collapse of the General Approach to Limits on Charter Rights", *Osgoode Hall Law Journal* Vol. 40, No. 3(2002), pp. 358-361, 364-368.
245) 이 점을 분명히 밝히는 판시로 예컨대, *Alberta v. Hutterian Brethren* [2009] 2 S.C.R. 567, para. 71.
246) Kavanagh는 Stephen Perry를 인용하여 이러한 입법재량 존중을 '구조적 편향성(systemic bias)'이라고 부른다[Aileen Kavanagh, "Deference of Defiance? The Limits of the Judicial Role in Constitutional Adjudication", *Expounding the Constitution: Essays in Constitutional Theory*, Cambridge University Press(2008), pp. 185-186].
247) 이는 영국에서의 논의도 마찬가지이다. 예컨대, Young은 법원이 입법자를 존중하는 두 가지 방법으로 위헌심사척도의 변경과 위헌심사척도 적용의 엄격성의 조절을 들고, 영국에서 인권법이 제정된 후에는 유럽인권협약상 권리에 위반되는지 여부 판단에 있어서는 과잉금지원칙을 적용해야 하고 다른 위헌심사척도를 적용할 수 없으며, 과잉금지원칙의 적용강도를 조절할 수 있을 뿐이라고 설명한다[Alison Young, "Deference, Dialogue and the Search for Legitimacy", *Oxford Journal of Legal Studies*(2010). pp. 820-821].

거나 더 약한 제2의 위헌심사척도를 적용할지를 판단하기 위한 것이 아 닙니다.

 *Oakes* 심사는 1986년에 도입된 것이기 때문에, *Oakes* 심사의 각 하위 위헌심사척도의 적용상의 강약 조절을 정당화하는 개념으로서의 deference 는 비교적 최근에 등장한 것이다. 그런데 앞서 살펴본 바와 같이 캐나다 를 포함한 커먼로 국가들에서 deference는 행정행위에 대한 사법심사에 관해서 형성되어 온 개념이기 때문에, 그 의미는 *Oakes* 심사의 각 하위 위헌심사척도의 적용상의 강약 조절에 한정되지 않는다. 특히 deference 는 특정 심사척도를 선택한 후 그 적용에 있어 강약 조절을 정당화하는 개념을 넘어, 어떠한 심사척도를 선택할 것인지의 판단을 정당화하는 개 념으로도 사용된다. 예컨대, deference 개념을 매개로 하여 과잉금지원칙 을 포함한 다양한 위헌심사척도를 이론적으로 분석하는 연구를 한 Taggart는 이를 다음과 같이 설명한다.

> 사법부의 '심사기준(standard of review)' 선택은 사법부가 '1차적 의사결정 기 관(initial decision-making body)'에게 부여할 준비가 되어 있는 '존중(deference)' 의 정도 혹은 '재량(latitude)'의 정도를 반영한다.[248]

 이 책의 분석 대상은 위와 같이 다양한 의미로 사용되는 deference 전 반이 아니라, 법률의 헌장상 권리 침해 여부를 판단하기 위하여 *Oakes* 심사라는 특정한 위헌심사척도를 적용함에 있어서 각 하위 원칙의 적용 강도 조절을 정당화하기 위한 개념으로서의 deference(이하에서는 이를 '*Oakes* 심사에 있어 deference'라 한다)이다.[249] 따라서 *Oakes* 심사에 있어

---

[248] Michael Taggart 2008, *op. cit.*, p. 451. Taggart는 사건의 구체적 맥락이나 다른 요인들에 의해 좌우되는 다양한 강도의 심사가 가능하다고 설명하고 이를 심 사척도의 선택의 논의와 통합하여 "Rainbow of Review"라는 개념으로 설명한 다(*Ibid.*, pp. 452-454).

[249] *Oakes* 심사에 있어 deference에 관한 학계의 분석 역시 *Oakes* 심사의 하위 원

deference에 관한 정확한 이론적 분석을 위해 deference의 여러 가지 작용국면 중 *Oakes* 심사에 있어 deference를 구별하여 지칭할 개념을 정립할 필요가 있다. 이를 위해 우선, 법적 판단의 단계적 구조 중 *Oakes* 심사에 있어 deference가 어디에 위치하는지 살펴보기로 한다.

### 나. *Oakes* 심사에 있어 deference의 체계적 지위

앞서 제2장 제1절 Ⅰ.에서 살펴본 바와 같이 법규범 적용에 있어 불확실성은 법규범의 속성 자체에서 유래하는 것이므로, 법규범과 불확실성은 물체와 그림자처럼 분리하기가 어렵다. 이러한 이유 때문에 불확실성을 제거하기 위해 증명책임 분배 원칙이나 법률해석 원칙 등의 상위의 법원칙이라는 제3의 요소를 도입하는 것이 필요하다.[250] 커먼로 국가들의 경우, 불확실성을 해결하기 위한 제3의 요소로 deference가 동원된다. 예컨대, deference의 필요성에 관해 Kavanagh는 다음과 같이 말한다.

> Deference는 불확실성에 대한 이성적 대처 방법이다.[251] deference란 다른 이의 판단에 우선권을 부여 하는 것이다. deference는 자신의 판단과 다른 사람의 판단이 서로 다를 때 혹은 올바른 판단이 무엇인지 잘 모를 때에 이루어진다.[252]

---

칙 각각을 적용하는 강도에 초점을 맞춘다. 예컨대, Christopher Dassios, Clifton Prophet 1993, *op. cit.*, pp. 292-305. 이 점은 영국에서 과잉금지원칙 적용에 관한 deference 역시 같다(Thomas Poole 2009, *op. cit.*, p. 146). 호주에서의 과잉금지원칙 적용에 있어서 deference 논의도 마찬가지이다(Dan Meagher 2011, *op. cit.*, pp. 125-126, p. 132).
[250] 독일연방헌법재판소의 과잉금지원칙의 적용강도에 관한 3단계 구별인 명확성 통제, 납득가능성 통제, 내용통제를 입증책임 분배의 기준으로 파악하는 견해로, 이부하, "입법자의 입법형성권의 내용과 한계", 법과 정책연구 제13집 제1호(2013. 3.), 제18-19쪽 참조.
[251] "Deference is a rational response to uncertainty."(Aileen Kavanagh 2008, *op. cit.*, p. 171)
[252] Aileen Kavanagh 2008, *op. cit.*, p. 185.

이론적인 관점에서 보면 불확실성 해소 단계가 논리적으로 분명히 구별되지만, 판결의 실제에 있어서 법원이 불확실성 해소 단계를 명확히 구별하여 판결이유에 제시하는 경우는 드물다. 오히려 불확실성을 해소한 결과를 근거로 하여 법적 논증을 해 나가는 과정을 보여 주는 것이 판결이유의 주된 내용을 이루는 것이 보통이다. 사실적 불확실성이든 규범적 불확실성이든 그것을 해소한 결과가 무엇인지를 제시하고 이를 근거로 당해 사안을 해결하는 것이 판결의 본질적인 기능일 뿐, 그 근저에 있는 판단의 논리를 일반화하여 제시하는 것은 판결의 궁극적인 목표가 아니기 때문이다.

이와 같은 사정은 캐나다 연방대법원의 *Oakes* 심사에서도 크게 다르지 않다. 하지만, 앞서 살펴 본 *Oakes* 심사에 있어 deference에 관한 판결들에서 찾아 볼 수 있는 입법부의 입증책임과 입증정도에 관한 서술이나, 명확한 경계선을 긋기 어려운 사안이라든가 과학적 입증이 힘든 사안이라는 것과 같은 표현은 불확실성이 발생했고, 불확실성을 해소하기 위해 deference 법리가 적용되었음을 뜻한다.[253] 예컨대, *RJR-MacDonald* 판결이나 *Chaoulli* 판결에서 대법관들의 결론은 입법대안이 심판대상조항만큼 입법목적을 달성할 수 있는지와 같은 '실증적(empirical)' 물음에 대답하기 위한 증거가 부족한 상황에서, 그 물음에 '예(Yes)'라고 대답할 것인지를 결정하기 위해 입법재량을 얼마나 존중할지에 따라 달라졌는데, 이는 *Oakes* 심사의 적용 과정에서 발생한 불확실성을 해결하기 위해 deference 법리가 적용되었음을 보여준다.[254]

또한, 드물지만 때로는 불확실성 해소와 deference의 관계가 판례상 분명히 언급되기도 하였다. 예컨대 캐나다 연방대법원은 "이러한 불확실

---

[253] 같은 맥락에서 형량에 있어 입법자에게 어느 정도의 재량이 부여되어야 한다는 주장으로, Dan Meagher, *op. cit.*, p. 129.

[254] Niels Petersen 2017, *op. cit.*, p. 123. *RJR-MacDonald* 판결에서의 deference 법리를 인식론적 불확실성 해소의 측면에서 분석하는 견해로, Sujit Choudhry 2006, *op. cit.*, pp. 524-525도 참조.

한 상황을 고려하면, 법원은 어업에 대한 정부의 접근 방식에 대해 상당한 수준의 deference를 부여해야 한다."고 설시하기도 하였고,[255] "우리가 내릴 수 있는 결론은, 불확실성의 상황에서 정부가 어떠한 행위를 해서는 안 된다는 것이 아니라, 오히려 법원이 합리적인 입법자의 판단에 대해 특별한 deference를 부여해야만 한다는 것이다"라는 미국 연방대법원의 판결을 직접 인용하기도 하였다.[256]

요컨대, Oakes 심사에 있어 deference는 일단 Oakes 심사를 위헌심사척도로 정한 후, 그 적용 과정에서 발생하는 불확실성을 해결하는 수단으로 '불확실성 해소 단계'에서 작용한다.[257] 이러한 점에서 Oakes 심사에 있어 deference는 Oakes 심사를 할지 말지와 같은 위헌심사척도 선택의 정당화 근거로서의 deference와 구별된다.

### 다. 과잉금지원칙의 적용강도로서의 deference

과잉금지원칙의 적용강도에 관한 이론은 과잉금지원칙의 하위 위헌심사척도와 과잉금지원칙의 적용강도를 구별하는 것을 전제로 한다. 과잉금지원칙의 적용강도는 과잉금지원칙을 위헌심사척도로 정한 이후에 그 적용강도를 다양화하는 국면에서 비로소 기능한다. 그 적용강도의 다양화는 과잉금지원칙의 적용을 위해 사실 인정 혹은 규범 판단을 할 때 불확실성이 발생하기 때문에 가능하다. 사실 인정에 있어 불확실성은 입법자의 경험-인식론적 재량의 근거가 되고, 규범 판단에 있어 불확실성은 입법자의 규범-인식론적 재량이나 구조적 재량의 근거가 된다. 이러

---

255) *R. v. Gladstone* [1996] 2 S.C.R. 723, para. 83.
256) *R. v. Swain* [1991] 1 S.C.R. 933, 1015. 인용된 미국 연방대법원 판결은 *Jones v. United States*, 463 U.S. 354 (1983), 365.
257) 과잉금지원칙 적용에 있어 deference에 관하여 예컨대, Alan Brady 2012, *op. cit.*, pp. 18-22; Caroline Henckels, "Proportionality and the Separation of Powers in Constitutional Review: Examining the Role of Judicial Deference", *Federal Law Review*(2017), pp. 192-193.

한 불확실성을 입법재량 존중 정도를 조절함으로써 해결하는 것이 과잉금지원칙의 적용강도의 본질이다.

이론적 관점에서 엄밀한 형태의 과잉금지원칙의 적용강도가 판례상 구현되려면, 그 전제조건으로 과잉금지원칙의 하위 위헌심사척도가 분명하게 고정되어 있을 것이 요구된다. 과잉금지원칙의 하위 위헌심사척도가 여러 가지 형태로 변형될 수 있다면, 과잉금지원칙이라는 이름 아래 여러 종류의 위헌심사척도가 모여 있게 되고, 이때 그 위헌심사척도들 중 어느 것을 택할지는 위헌심사척도 선택의 문제가 되므로, 이는 과잉금지원칙의 적용강도와는 다른 차원의 논의로 전환되기 때문이다.

캐나다 연방대법원의 판례들 중 위와 같은 이론적인 관점에서의 과잉금지원칙의 적용강도에 정확히 들어맞는 deference 법리가 대법관들 사이의 본격적인 논쟁의 대상이 된 사례는 *Hutterian Brethren* 판결에서 찾아볼 수 있다. 앞서 살펴 본 바와 같이 *Oakes* 심사의 하위 위헌심사척도, 특히 최소피해성은 *Hutterian Brethren* 판결 이후에 비로소 일의적인 의미로 정착되기 시작했기 때문에, 이를 전제로 하여 명확하게 포착 가능한 과잉금지적용강도 법리로서의 deference에 관한 본격적인 논쟁이 *Hutterian Brethren* 판결에서 이루어진 것은 우연이 아니다.

우선, *Hutterian Brethren* 판결의 다수의견은 최소피해성 심사를 시작하면서 복잡한 사회문제들에 관해서는, 일련의 대안들 중에 어느 것을 선택할지를 정함에 있어 입법부가 사법부보다 더 나은 지위에 있기 때문에 deference를 부여한다고 설시한 후,258) '목적달성 동일성 검증단계'의 '똑같이'의 의미에 대해 다음과 같이 판시한다.

> 입법목적을 달성하면서도 덜 해로운 대안이 있는지를 판단함에 있어, 사법부는 입법부에게 deference를 부여해야 한다. 특히 복잡한 사회문제에 관한 사안에서는 사법부보다 입법부가 여러 대안들 중 어느 것을 선택할지를 더 잘 결

---

258) *Alberta v. Hutterian Brethren of Wilson Colony*, [2009] 2 S.C.R. 567, para. 53.

정할 수 있다. (중략) 다만, 최소피해성을 무력화할 정도로 입법대안에 대해 심판대상조항과 비현실적일정도로 아주 똑같이 정확한 정도로 입법목적을 달성하여야 할 것을 요구해서는 안 된다. (중략) 최소피해성은 입법목적을 현실적이고 실질적으로(in a real and substantial manner) 달성하는 입법대안이 있는지 있는지를 묻는 것이다.[259]

그런데 위와 같은 다수의견을 소수의견은 다음과 같이 비판한다.

다수의견은 이러한 관점에서 일관성이 없어 보인다. 먼저 제54단락에서 다수의견은 "입법목적을 실제로 달성할 수 없는 대안은 최소피해성 단계에서 고려되지 않는다"고 하여 법원의 심사 범위를 수단과 목적 사이의 조정에 불과한 것으로 심각하게 줄인다. 그런데 다른 곳에서는 이에 관해 더 적극적으로 이유를 제시하면서 개입한다. "입법목적을 달성한다"는 것은 그 목적을 "현실적이고 실질적으로(in a real and substantial manner)" 달성함을 의미한다고 한다(제55단락). 이러한 입장이 심사의 실제에서 무엇을 의미하는지는 명확하지 않다. 그럼에도 불구하고, 이러한 표현은 최소피해성 단계에서도 입법목적은 재정의되고 구획되어야만 할 필요가 있다는 것을 드러내는 것으로 보인다.[260]

요컨대, 소수의견은 제54단락에서의 다수의견의 설시와 제55단락에서의 설시가 모순이라는 취지이다. 다수의견의 제54단락 설시는 다음과 같다.

전직 이스라엘 대법원장인 Aharon Barak이 말한 바와 같이 합리적 관련성과 최소피해성은 본질적으로 적절한 목적과의 관계를 살펴 결론을 내리는 것이고, 그러한 목적을 실현할 필요성이 있다는 전제에서 파생되는 원칙이다. (중략)

---

259) *Ibid.*, para. 55.
260) *Ibid.*, para. 197.

입법목적을 실제로 달성할 수 없는 입법대안은 최소피해성에서는 고려되지 않는다.[261]

다수의견의 제54단락 설시는 '목적달성 동일성 검증단계'에 대한 것이다. 이는 최소피해성이라는 위헌심사척도의 구체적인 논증구조에 관한 판시이기 때문에 피해의 최소성 원칙의 적용강도와는 관련이 없다. 반면, deference에 관한 다수의견의 제55단락 판시는 최소피해성이라는 위헌심사척도의 논증구조에 관한 내용이 아니라 최소피해성이라는 위헌심사척도의 적용에 있어 발생하는 불확실성을 해결함에 있어 입법재량을 얼마나 존중할 것인지에 관한 판시이다.

이렇게 보면 소수의견의 비판은 과잉금지원칙의 하위 위헌심사척도와 그 적용강도를 구분하지 못한 결과임을 알 수 있다. 소수의견은 최소피해성의 적용강도에 관한 내용을 최소피해성의 논증구조에 대한 비판의 근거로 삼는 것이므로 설득력이 떨어진다. 앞서 자세히 살펴본 바와 같이 과잉금지원칙의 하위 위헌심사척도와 그 적용강도는 논의의 차원이 다르고 작동 원리도 다르기 때문이다. 이는 마치 불법영득의사라는 절도죄의 초과주관적 구성요건요소를 충족하지 못하여 무죄로 선고된 판례를 비판하면서 무죄추정 원칙이라는 증거법상의 원칙을 근거로 드는 것과 같다. 이러한 오류에 빠지지 않으려면 과잉금지원칙의 하위 위헌심사척도와 과잉금지원칙의 적용강도를 구별할 필요가 있고, 이러한 관점에서 *Hutterian Brethren* 판결의 다수의견 중 위에서 살펴본 최소피해성 판단에 있어서의 deference 법리는 이론적인 관점에서 정당화된다.

---

261) *Ibid.*, para. 54. 판결문에 있는 문헌 인용표시는 생략하였다.

## 라. deference를 통한 과잉금지원칙의 적용강도의 다양화

### 1) 과잉금지원칙의 각 하위 위헌심사척도별 다양화

과잉금지원칙의 적용강도에 대한 이론적 논의들은 과잉금지원칙 적용상의 불확실성과 입법재량을 다룬다. 불확실성은 과잉금지원칙의 각 하위 원칙별로 발생할 수 있기 때문에, 입법재량 존중 정도 조절을 통한 과잉금지원칙의 적용강도의 다양화 역시 각 하위 원칙마다 가능하다. 앞서 살펴본 Brady의 이론이 이 점을 잘 보여준다. 이와 같은 관점에서 *Oakes* 심사의 각 하위 판단 단계에서 등장하는 deference 판시들을 이론적으로 정당화할 수 있다.

예컨대, *Hutterian Brethren* 판결에서 LeBel 대법관은 *Oakes* 심사의 제1단계, 즉 목적의 충분한 중요성 심사의 그 동안의 경향에 대해 서술하면서, 목적의 충분한 중요성 심사는 "입법목적의 정당성 원칙에 대한 일응 추정을 전제로 한 심사(a prima facie review of the legitimacy of the law's objective)"라고 한다.[262] 많은 경우 deference 법리는 최소피해성 단계에서 중요한 역할을 한다. 그 이유는 최소피해성 중심 논증유형이 *Oakes* 심사 논증구조의 대세를 이루어 왔기 때문이다. 그렇다고 하여 효과의 비례성 단계에서 deference 법리가 아무런 역할을 하지 않는 것은 아니다. 예컨대 효과의 비례성 중심 논증유형을 택한 대표적인 판례인 *K.R.J.* 판결은 최소피해성, 효과의 비례성 판단 각각에서 deference에 관해 설시한다.[263]

### 2) 각 사안에 맞는 다양한 수준의 과잉금지원칙의 적용강도 조절

과잉금지원칙의 적용강도에 관한 이론적 논의들은 과잉금지원칙의 적용강도의 다양화가 정도의 문제임을 전제로 한다. 이는 Kavanagh의 이

---

262) *Alberta v. Hutterian Brethren of Wilson Colony*, [2009] 2 S.C.R. 567, para. 188.
263) 최소피해성 판단에서의 deference는 [2016] 1 S.C.R. 906, para. 75를, 효과의 비례성 판단에서의 deference는 *Ibid.*, para. 79.

론에서 분명히 드러난다. 과잉금지원칙의 적용강도가 본질적으로 불확실성 해결과 입법재량 존중의 문제이고, 다양한 개별 구체적 사안을 해결하기 위한 도구 개념인 이상, 전부 아니면 전무와 같은 2단계만으로 모든 사건을 해결하는 데에는 한계가 있게 마련일 것이다. 이와 같은 이론적 관점에 서면, *Oakes* 심사에 있어 deference를 단계적으로 다양화하는 캐나다 연방대법원의 판례를 이해할 수 있다. 물론 판례의 deference 법리는 2단계 혹은 3단계라는 원칙을 연역적으로 제시한 후에 그 틀에 맞추어 발전한 것은 아니다. 하지만, 전부 혹은 전무와 같은 형식의 구조로 이해할 수 없는 판례들이 등장하였으므로, *Oakes* 심사에 있어 deference는 유무보다는 정도로 파악하는 것이 합리적이다.

예컨대, 앞서 살펴본 바와 같이 *RJR-MacDonald* 판결의 3인의 위헌의견은 당해 사안이 통상 높은 수준의 deference가 부여되는 사안이지만, 형사처벌조항이기도 하므로 deference의 정도를 지나치게 높이는 것을 경계하였다.264) 유사한 맥락에서 앞서 살펴본 *Hutterian Brethren* 판결의 제55단락에서 다수의견이 "피해의 최소성 원칙 심사를 무력화할 정도로 입법대안에 대해 심판대상조항과 비현실적일정도로 아주 똑같이 정확한 정도로 입법목적을 달성하여야 할 것을 요구해서는 안 된다."고 판시한 것은 '목적달성 동일성 검증단계'의 적용강도를 완화할 필요가 있음을 인정하지만, '목적달성 동일성 검증단계'가 너무 쉽게 통과될 정도로 완화하여서는 안 된다는 의미이다. 나아가 *Carter* 판결에서도 의사의 조력에 의한 안락사는 대립하는 사회적 가치들에 관한 사안이어서 높은 수준의 deference에 적합한 면이 있지만, 의사의 조력에 의한 안락사를 전면 금지하는 것은 복잡한 규제적 대응조치로 보기는 어려우므로, deference의 정도는 그만큼 줄어들어야 한다고 판시하였는데,265) 이는 deference가

---

264) *RJR-MacDonald Inc. v. Canada(Attorney General)* [1995] 3 SCR 199, para. 136, 160. Davidov는 이러한 판례의 태도를 "유연한(flexible)" deference로 지칭하면서 deference가 정도의 문제임을 지적한다(Guy Davidov 2001, *op. cit.*, pp. 138-139).
265) [2015] 1 S.C.R. 331, para. 98.

정도의 문제임을 드러낸다.

### 3) 과잉금지원칙의 적용강도 다양화의 사유

이론적 관점에서 과잉금지원칙의 적용강도는 권력분립원리와 같은 형식적 헌법원리에 의해 조절하는 것으로 논의된다. 구체적으로 입법부와 사법부의 전문적 능력, 민주적 정당성, 제한되는 헌법상 권리의 중요성과 제한의 정도가 과잉금지원칙의 적용강도를 다양화하는 사유로 제시된다. 또한 과잉금지원칙의 적용강도를 완화 혹은 강화하는 것은 권력분립원리의 분업과 협동, 견제와 균형에 의해 정당화되는데, 권력분립원리란 권력을 속성별로 분할하는 것을 본질로 하므로, 과잉금지원칙의 적용강도 다양화 사유는 입법부와 사법부의 속성에 따른 상대적 우위의 관점에서 분류해 볼 수 있다.

구체적으로 과잉금지원칙의 적용강도의 다양화 사유는 특정 사안에 관한 권한 행사의 헌법적 정당성과 특정 사안에 관한 구체적 전문성의 관점에서 입법부에 우위가 있는 사유와 사법부에 우위가 있는 사유로 대별할 수 있다. 이 때 특정 사안에 관한 권한 행사의 헌법적 정당성이란, 입법부의 경우 결단이 필요한 사회적 문제에 대해 민주적 정당성을 근거로 대처하는 것을 의미하고,[266] 사법부의 경우 소수자 보호를 위해 법률의 헌법상 권리 침해 여부를 사후적으로 심사를 하는 것을 의미한다. 예컨대, 제로섬(zero-sum) 관계에 놓인 대립하는 이해관계를 조정하기 위해 입법자가 어떠한 선을 긋는 것은 하나의 답이 있는 문제에 대한 정답을 발견하는 것이 아니라 결단의 문제이므로 입법부에 권한 행사의 정당성이 있다. 또한 예컨대, 입법자가 이미 소수자를 보호하기 위한 법률을 제정했다면, 소수자 보호를 위한 사법부의 권한 행사의 헌법적 정

---

[266] 이러한 상황에서 왜 입법자에게 권한행사의 헌법적 정당성이 있는지에 관한 통찰력 있는 근거 제시로, *Irwin Toy Ltd. v. Quebec(Attorney General)* [1989] 1 S.C.R. 927, 993 참조.

당성은 상대적으로 줄어든다.

특정 사안에 대한 구체적 전문성이란 특정 영역에 관하여 입법부 또는 사법부에 축적된 전문성이 있는 경우를 가리킨다. 이때 전문성은 절대적인 것이라기보다는 입법부와 사법부 사이의 상대적 비교에 따른 전문성을 의미한다. 전문성이 있는 영역에서는 판단의 불확실성이 적게 발생할 것이므로, 상대적 전문성이 우위에 있는 기관의 판단을 존중하는 것이 타당하다.

같은 사안에서 과잉금지원칙의 적용강도를 다양화 하는 사유는 여러 가지가 있을 수 있고, 각각 입법부 우위나 사법부 우위 어느 한 쪽을 지지하므로, 결국 각 사유별로 입법부나 사법부 어느 쪽이 우위에 있는지에 대한 결론이 달라질 수 있다. 이를 모두 종합하여 사안에 적절한 정도의 과잉금지원칙의 적용강도를 정해야 한다. 이러한 이론적 틀을 전제로 하여, 앞서 살펴본 *Oakes* 심사에 있어 deference에 관한 판결들에서 deference 부여 요소로 제시된 사유를 분류해 보면 아래 〈표 4〉와 같다.

〈표 4〉 deference 부여 사유의 분류

| | 입법부 우위 | 사법부 우위 |
|---|---|---|
| 권한 행사의 헌법적 정당성 | ○ 대립하는 이해관계 조정<br>○ 복잡한 사회문제<br>○ 과학적 측정의 어려움<br>○ 사회적, 경제적 관계를 규율하는 공공정책<br>○ 소수자 보호 위한 법률 | ○ 국가 - 국민의 일대일의 관계에서 헌장상 권리 제한<br>○ 권리 제한의 심각성<br>○ 헌장상 권리 규정의 구체성 또는 명확성<br>○ 표현의 자유의 중핵 |
| 구체적 전문성 | ○ 선거제도 관련 사항 | ○ 형사법 관련 사안 |

### 4) 과잉금지원칙의 적용강도 조절의 권력분립원리에 의한 정당화

이론적인 관점에서 볼 때, 과잉금지원칙의 적용강도 완화의 경우 권력분립원리의 분업과 협동의 측면에서, 과잉금지원칙의 적용강도 강화의 경우 권력분립원리의 견제와 균형의 측면에서 정당화된다. 이러한 이론이 *Oakes* 심사에서 어떻게 실제로 구현되는지를 deference 부여 사유 중 ① 대립하는 이해관계를 조정하기 위한 법률, ② 소수자 보호를 위한 법률, ③ 입법부의 상대적 전문성, ④ 전모를 파악하기 어려운 사회·경제적 사안을 해결하기 위한 복잡한 규제조치로서의 법률, ⑤ 민주주의의 핵심인 권리를 제한하는 법률의 다섯 가지를 예로 들어 살펴보기로 한다.

위에서 든 다섯 가지 경우 모두에서 사법부는 법률의 위헌 여부 심사를 청구한 청구인의 헌장상 권리가 침해되었는지 아닌지를 판단한다. 따라서 권력분립원리의 견제와 균형의 측면에서만 보면 청구인의 헌장상 권리 침해를 견제해야 할 사법부가 입법부에 대해 deference를 부여하는 것은 쉽게 정당화되기 어렵다. 특히 캐나다 연방대법원의 판례에 따르면, 위 다섯 가지 요소들 중 ① 내지 ④는 deference 부여가 적절한 사안들이고, ⑤만 deference를 부여가 적절하지 않은 사안이므로, 권력분립원리의 견제와 균형만 강조해서는 대부분의 사안에서 deference 법리를 설명하기 어려워진다. 견제와 균형 측면에서의 요청이 없다는 소극적인 명제만으로 deference 부여를 정당화하려면, deference를 부여하는 것이 기본값이자 원칙이어야 하는데, 이를 정당화하기가 어렵기 때문이다. 하지만 분업과 협동의 원리로서의 권력분립원리를 이해하면, 위 ① 내지 ④의 경우에도 deference 부여를 적극적으로 정당화할 수 있다.

우선, 대립하는 이해관계를 조정하기 위한 법률에 대한 deference 부여는 견제와 균형의 관점에서의 권력분립원리로는 설명하기 곤란하다. 대립하는 이해관계의 당사자 일방이 자신의 헌장상 권리 침해를 주장할 경우, 견제와 균형의 관점에서는 사법부가 그러한 헌장상 권리 침해를 견제하여야 하기 때문이다. 이러한 경우 deference를 부여하는 정당성은 권력분립원리의 분업과 협동의 측면을 보아야 비로소 명쾌하게 설명할 수 있다. 대립하는 이해관계의 조정은 결단으로 해결하여야 하고, 이는 입법자에게 권한 행사의 헌법적 정당성이 있으므로, 분업과 협동의 원리상 사법부로서는 이와 같은 사안에는 적극적으로 개입하지 않아야 국가작용 전체의 효율성이 증진되기 때문이다.

다음으로, 의회가 사회적 약자를 배려하기 위하여 제정한 법률에 대한 과잉금지원칙 적용시에 deference를 부여하는 근거 역시 견제와 균형의 원리로서의 권력분립원리로는 설명하기 곤란하다. 소수자 보호를 목적으로 하는 입법에 대해 다수자가 자신의 권리가 침해되었다고 주장하며 소송을 제기한 경우에도 헌장상 권리 제한이 발생하는 이상, 견제와 균형의 측면에서 보자면 사법부가 그 제한된 헌장상 권리의 보호를 위해 적극적으로 과잉금지원칙을 적용해야 한다는 결론에 이르기 때문이다. 이러한 사안에서 deference 부여의 필요성은 권력분립원리를 분업과 협동의 원리로 이해해야 제대로 설명할 수 있다. 소수자의 권리 보호라는 사법부에게 맡겨진 주된 임무를 입법부가 미리 이행했다면, 사법부와 입법부는 협력관계에 놓인다. 따라서 이러한 경우 deference를 부여하지 않고 *Oakes* 심사의 적용강도를 강화한다면, 협력으로 인한 효율을 해칠 뿐 국가기능 전체의 관점에서 이익이 될 것이 없다. 따라서 소수자 보호를 위한 법률에 대해 deference를 부여하는 것은 권력분립원리의 분업과 협동 측면에서 정당화된다.[267]

---

[267] 다만, 이는 소수자 보호를 위한 법률을 다수자가 다투는 경우 deference 부여가 필요하다는 것일 뿐, 헌장상 권리를 제한당한 사람이 사회적 소수자라면 그들에게 유리한 방향으로 과잉금지원칙의 적용강도를 정한다는 뜻이 아니라는 점에 유의해야 한다. 즉, 이상의 논의를 소수자 집단이 법률의 위헌성을 다투는 경우에까지 확대하여, 소수자 집단이 청구인인 경우에는 그들에게 유리한 '위헌'이라는 결론이 내려지도록 과잉금지원칙의 적용강도를 강하게 조절하여야 한다는 의미는 아니다. 예컨대, *Hutterian Brethren* 판결의 심판대상인 운전면허증에 대한 강제적 사진 첨부 조항은 입법목적 자체가 소수자 보호와 무관하다. 사진 첨부를 통해 신분확인체계의 완결성을 확보하는 것이

또한, 입법부가 사법부에 비해 상대적으로 높은 전문성을 갖춘 분야에 관해서는 *Oakes* 심사에 있어 deference를 많이 부여하는 것 역시 권력분립원리의 견제와 균형의 측면만으로는 이해하기 어렵다. 즉, 법원은 대여금에서부터 시작하여 국제선물거래는 물론이고 최첨단 기술에 관한 특허에 관한 분쟁에 이르기까지 사건성이 있는 온갖 분쟁을 빠짐없이 다루므로, 입법부가 상대적 전문성이 있는 사안에 관한 법률에 대해서도 상세히 들여다 볼 능력이 있고, 시간과 자원이 충분하다면 사법부가 오히려 더 나은 판단을 할 가능성이 있기 때문이다. 입법부의 상대적 전문성을 이유로 한 deference 부여는 분업과 협동의 원리로서의 권력분립원리를 통해 제대로 된 설명이 가능하다. 사법부가 상대적 전문성을 가지지 못하는 분야에 대해 deference를 부여해야 하는 근본적인 이유는 국가기관간의 분업을 통해 국가작용의 효율성을 높이기 위해서이다. 제한된 시간과 자원으로 공동체 전체가 당면한 문제를 효율적으로 해결하는 것이 국가의 기본적인 기능이자 목표이므로, 이를 달성하기 위해서는 국가기관 사이의 분업이 필요하다. 이러한 분업이 이루어지지 않는다면, 의회의 결정은 언제나 사법부의 결정이 있기 전까지의 임시적인 것에 불과한 것이 되어 시의성 있는 국가의사결정이 불가능하게 된다. 이러한 관점에서 상대적 전문성을 기준으로 한 deference 조절이 쉽게 정당화된다.

끝으로, 전모를 파악하기 어려운 사회-경제적 사안을 해결하기 위한 복잡한 규제조치로서의 법률에 대해 deference를 부여하는 것은 입법자의 민주적 정당성의 관점에서 국가기관 사이의 분업과 협동의 한 형태로 파악할 수 있다. 이와 같은 사안은 통상 미래에 대한 예측판단과 시의성 있는 결단이 핵심적인 부분이기 때문에 신중한 판단과 설득력 있는 이유 제시와 논리적 법리 전개를 통한 결론 도출로는 효과적인 해결

---

입법목적일 뿐 청구인이자 사회적 소수자인 후터파 교도들의 보호는 입법목적이 아니다. 이러한 사안에서 청구인들이 사회적 소수자이므로 곧바로 과잉금지원칙의 적용강도를 강화해야 한다는 결론에 이르는 것은 논리적 비약이다. 이러한 논리적 비약의 예로, Marshall Haughey 2011, *op. cit.*, pp. 79-80.

이 어렵다. 이러한 사안들은 민주적 정당성을 근거로 시의성 있게 결단하고, 그에 따른 결과를 공동체 전체가 부담하는 것이 적절하다. 따라서 이는 사법부보다 입법부가 더 잘 수행할 수 있는 국가작용이다. 권력분립원리의 분업과 협동의 관점에 서면 이러한 사안에 대해 deference를 부여하는 것이 적절하다는 결론에 쉽게 이를 수 있다.

### 5) deference 법리의 귀납적 성격 및 명시적 근거제시의 필요성

이상에서 살펴본 바와 같이, deference를 통해 과잉금지원칙의 적용강도를 조절하는 캐나다 연방대법원의 판례들은 과잉금지원칙의 적용강도에 관한 이론들은 물론이고 권력분립의 견제와 균형, 분업과 협동의 측면에서 정당화된다. 다만, 구체적으로 과잉금지원칙의 각 하위 위헌심사척도의 적용강도를 어떻게 달리해야 하는지에 관해서는 사건마다 대법관들의 의견이 일치하지 않는다.[268] 이러한 불일치는 구체적 사건에서 deference에 영향을 주는 다양한 요소들에 대한 종합적 평가에 따라 과잉금지원칙의 하위 위헌심사척도의 적용강도가 정해지기 때문인 것으로 볼 수 있다.[269]

구체적으로 '언제 의회의 판단을 존중할 것인가'는 연역적 추론의 대상이라기보다는 아직 개척되지 않은 등반로를 개척하는 것과 같은 귀납적 해결의 대상이다. 과잉금지원칙의 적용강도 조절은 수없이 많은 헌장상 권리 제한의 구체적 상황을 하나하나 해결해 가면서 가지 않은 길을 만들어 가는 것에 유사한 측면이 있다. 하지만, 아무런 원칙이나 공통점 없이 그 때 그 때 임시방편에 불과한 해결책을 제시하는 것은 아니다. 빙판이 나타나면 아이젠을 착용하고, 크레바스가 나타나면 가급적 우회로를 찾는 것과 같이 유사한 상황에 적용할 수 있는 세부적인 원칙을 세

---

268) Petersen은 이러한 상황은 독일연방헌법재판소도 다르지 않다고 평가한다 (Niels Petersen 2017, op. cit., p. 126).
269) 예컨대, Canada(Advocate General) v. JTI-MacDonald Corp. [2007] 2 S.C.R. 610, paras. 41(합리적 관련성), 43(최소피해성).

울 수 있다.

캐나다 연방대법원이 의회의 판단을 존중해야 하는 근거로 제시한 다양한 요소들이 바로 그러한 최소한의 원칙에 해당된다. Taggart의 주장처럼,[270] 이 요소들의 목록은 끝이 없을 수도 있다. 그러나 각양각색의 작은 천 조각들이 모여 결국은 거대한 퀼트를 완성하듯, 과잉금지원칙의 다양한 국면마다 적절한 적용강도를 도출하기 위한 나름의 원칙을 세우려는 작은 노력들이 모이면 결국은 과잉금지원칙의 적용강도에 관한 거대한 세계지도가 완성될 것이다. Oakes 심사에 있어 deference 법리는 과잉금지원칙의 적용강도를 결정하는 요소들의 목록을 확충하고 그 작용국면을 분석하려는 노력으로 평가할 수 있다.

또한 K.R.J. 판결에서[271] 볼 수 있듯이, 같은 정도의 deference의 부여를 전제로 하여도 두 개의 심판대상조항 각각에 대해 한 쪽은 효과의 비례성 원칙 위반의 결론이, 다른 한 쪽은 효과의 비례성 원칙 준수의 결론이 내려질 수 있으므로, deference를 합헌 또는 위헌 중 어느 한 결론으로 유도하기 위한 가장적(假裝的) 이유제시 수단으로 폄하하는 것은 부당하다. 따라서 이와 같은 점을 모두 종합해 보면, deference 부여를 결정하는 일의적인 기준이 없다는 것이 곧 사법부 판단의 자의성을 의미하는 것이라고 말하기는 어렵다.[272]

deference의 귀납적 속성을 고려하면, 어느 상황에나 연역적으로 적용가능한 하나의 통일적인 defernece 법리를 만드는 것보다는 각각의 개별사건마다 deference를 부여하거나 부여하지 않는 이유를 결정문에 분명히 그리고 숨김없이 적시하는 것이 훨씬 중요하다는 점을 알 수 있다.[273] 이러한 점에서 앞서 살펴본 캐나다 연방대법원의 deference 법리

---

270) Michael Taggart 2008, *op. cit.*, p. 458.
271) *R v. K.R.J.* 1 S.C.R. 906.
272) Niels Petersen 2017, *op. cit.*, p. 127.
273) Jeremy McBride, "Proportionality and the European Convention on Human Rights", *The Principle of Proportionality in the Laws of Europe*, ed. Evelyn Ellis, Hart

는 그 비일관성에 대한 비판보다는, 명시적인 이유 제시의 유무와 그 정당화 근거의 관점에서 검토하는 것이 타당하다고 생각한다. 따라서 비록 캐나다 연방대법원의 판결들이 하나의 일관된 목소리를 내고 있지 않고, 모든 판결에서 자세한 근거가 제시되는 것도 아니지만,[274] deference 부여 정도에 관한 법리적 논쟁이 판결문을 통해 면면히 이루어져 오고 있다는 점은 긍정적으로 평가할 수 있다.

---

Publishing(1999), p. 35.
274) 이에 대한 비판으로 Guy Davidov 2001, *op. cit.*, p. 149.

## 제2절 대한민국 헌법재판소의 과잉금지원칙 실무

### Ⅰ. 대한민국 헌법재판소의 과잉금지원칙 논증구조

우리나라 헌법재판소는 창립 초기부터 과잉금지원칙을 위헌심사척도로 삼았다. 헌법재판소는 과잉금지원칙이 목적의 정당성, 수단의 적합성(=방법의 적절성), 피해의 최소성(=침해의 최소성), 법익의 균형성의 네 가지 하위 원칙으로 이루어진다고 본다.[275] 헌법재판소는 통상 목적의 정당성 원칙부터 법익의 균형성 원칙까지 차례로 판단한다. 이는 수직적 과잉금지심사의 징표이다.

다만, 헌법재판소는 과잉금지원칙의 하위 위헌심사척도 중 어느 하나에 위반된다고 판단한 후에도 다음 하위 위헌심사척도에 관한 판단으로 나아가는 경우가 많다. 예컨대, 심판대상조항이 수단의 적합성 원칙에 위반된다고 해도, 피해의 최소성 원칙, 법익의 균형성 원칙까지 판단한다. 이는 과잉금지원칙의 하위 위헌심사척도를 차례로 판단해 나가면서 어느 한 하위 위헌심사척도가 만족되지 않는 경우에는 곧바로 위헌의 결론을 내고 다음 하위 위헌심사척도에 관한 판단을 생략하는 전형적인 수직적 과잉금지심사의 모습과는 거리가 있다.

우리나라 헌법재판소의 과잉금지원칙 적용에 있어 또 하나의 특징은 많은 경우, 대부분의 논증이 피해의 최소성 원칙 부분에서 이루어진다는 점이다. 그 결과 극히 예외적인 경우를 제외하면 피해의 최소성 원칙 적용의 결론이 곧 과잉금지원칙 적용 전체의 결론이 된다. 우리 결정례의

---

[275] 우리 헌법재판소의 과잉금지원칙의 하위 원칙 지칭 용어에 관한 평가로, 김대환, "우리나라 헌법상 과잉금지원칙 - 특히 기본권의 본질적내용침해금지원칙과의 관계를 포함하여 -", 공법학연구 제6권 제3호(2005. 12.), 제193쪽; 김종보, 위의 논문(2009), 제175쪽 각주 3; 한수웅, 위의 논문(2016. 12.), 제8-9쪽 각 참조.

경우 피해의 최소성 원칙에 위반되면 법익의 균형성 원칙에도 위반되고, 피해의 최소성 원칙에 합치되면 법익의 균형성 원칙에도 합치되는 경우가 거의 전부이다. 피해의 최소성 원칙에 합치되나 법익의 균형성 원칙에 위반되는 경우는 거의 찾아보기 어렵다.276)

우리 헌법재판소의 과잉금지원칙 관련 선례들은 그 논증구조에 따라 (1) 미분화형 논증유형, (2) 완전 분화형 논증유형, (3) 불완전 분화형 논증유형의 세 가지로 분류할 수 있다.277) 이하에서 자세히 살펴본다.

## 1. 논증유형1: 미분화형 논증유형

헌법재판소의 과잉금지원칙 관련 결정례들 중 과잉금지원칙을 4단계 하위 원칙으로 명확하게 분리하여 논증하지 않는 논증방식을 취한 결정들을 '미분화형 논증유형'으로 분류하기로 한다. '미분화형 논증유형'은 헌법재판소의 초기 결정례에서 다수 발견할 수 있다. 헌법재판소 결정 중 과잉금지원칙을 처음으로 적용한 것은 합헌 결정인 헌재 1989. 3. 17. 88헌마1 결정이다.278) 다만 이 결정은 과잉금지원칙을 적용하였으나, 4

---

276) 이러한 드문 예로, 헌재 1998. 12. 24. 89헌마214, 헌재 2002. 8. 29. 2000헌가5를 들 수 있다.
277) 한편, 우리 헌법재판소의 과잉금지원칙 적용을 ①합리성심사, ②완화된 과잉금지심사, ③엄격한 과잉금지심사의 세 종류로 분석하기도 한다. 예컨대, 노희범, "기본권의 제한과 형성 - 합헌성 심사기준을 중심으로 -", 헌법논총 제18집(2007), 제147-152쪽, 이명웅, "위헌여부 판단의 논증방법", 저스티스 제106호(2008. 9.), 제318-323쪽, 전종익, 위의 논문(2010), 제251-255쪽. 헌법재판소가 동일한 기본권에 대해 다른 종류의 위헌심사척도를 사용한 결정례를 정리한 문헌으로, 김하열, 위의 논문(2012. 12.), 제52-57쪽.
278) 판례집 1, 9. 위 결정을 포함하여, 우리 헌법재판소의 과잉금지원칙 논증구조의 연원에 대한 분석으로, 강일신, 위의 책(2018), 제57-65쪽; 강일신, "과잉금지원칙의 논증방식", 법학연구 제30권 제1호, 충남대학교 법학연구소(2019. 2.), 제194-199쪽 참조. 이하 과잉금지원칙 논증구조의 연원으로 제시한 판례들은 강일신의 연구결과에 따른 것이다.

단계 하위 원칙에 관해서는 아무런 언급이 없고 관련된 공익과 제한되는 기본권을 비교형량하는 내용으로 이루어져 있다. 과잉금지원칙의 하위 원칙을 최초로 구별한 결정은 합헌결정인 헌재 1989. 12. 22. 88헌가13 결정이다.[279] 다만, 이 결정은 과잉금지원칙이 4단계의 하위원칙으로 구성된다는 일반론을 제시하였으나, 법익의 균형성 원칙을 제외하고는 각 하위 원칙에 대해 구체적으로 설명하지 않았고, 각 하위 원칙 판단 단계를 명확히 구별하지도 않았다.

과잉금지원칙의 각 하위 원칙의 내용이 무엇인지는 위 결정을 인용한 최초의 위헌결정이자 향후 리딩케이스로 중요한 역할을 한 헌재 1990. 9. 3. 89헌가95 결정에서[280] 아래와 같이 설시되었다.

> 과잉금지의 원칙이라는 것은 국가가 국민의 기본권을 제한하는 내용의 입법활동을 함에 있어서, 준수하여야 할 기본원칙 내지 입법활동의 한계를 의미하는 것으로서 국민의 기본권을 제한하려는 입법의 목적이 헌법 및 법률의 체제상 그 정당성이 인정되어야 하고(목적의 정당성 원칙), 그 목적의 달성을 위하여 그 방법(조세의 소급우선)이 효과적이고 적절하여야 하며(방법의 적절성), 입법권자가 선택한 기본권 제한(담보물권의 기능상실과 그것에서 비롯되는 사유재산권 침해)의 조치가 입법목적달성을 위하여 설사 적절하다 할지라도 보다 완화된 형태나 방법을 모색함으로써 기본권의 제한은 필요한 최소한도에 그치도록 하여야 하며(피해의 최소성 원칙), 그 입법에 의하여 보호하려는 공익과 침해되는 사익을 비교형량할 때 보호되는 공익이 더 커야 한다(법익의 균형성 원칙)는 헌법상의 원칙이다(헌법재판소 위 결정 참조).[281]

그러나 이 결정 역시 위와 같이 비교적 자세히 과잉금지원칙의 하위

---

[279] 판례집 1, 357, 374.
[280] 판례집 2, 245.
[281] 판례집 2, 245, 260. 위 인용 부분 중 괄호 안에 표시된 "헌법재판소 위 결정"이 바로 헌재 1989. 12. 22. 88헌가13 결정이다.

원칙 각각의 일반론을 구별하여 설시하였으나, 실제 논증에서는 심판대상의 문제점들을 차례로 나열하여 검토하면서 그러한 문제점 때문에 과잉금지원칙의 하위 원칙 중 둘 또는 셋에 위반된다고 뭉뚱그려 판시하였다. 따라서 이 결정 역시 '미분화형 논증유형'에 해당한다.

## 2. 논증유형2: 완전 분화형 논증유형

### 가. 의의

우리 헌법재판소의 결정례 중에는 과잉금지원칙의 하위 원칙을 단계적으로 판단하고, 피해의 최소성 원칙 판단과정에서 대립하는 가치들 사이의 우열에 관한 규범적 판단을 하지 않고, 규범적 형량은 온전히 법익의 균형성 단계에서만 하는 논증구조를 취하는 결정들이 있다. 이러한 결정들을 '완전 분화형 논증유형'으로 분류하기로 한다.

### 나. 연원 및 전개

'완전 분화형 논증유형'의 원형은 헌재 1991. 5. 13. 89헌가97 결정 중 재판관 조규광, 재판관 변정수, 재판관 김양균의 반대의견에서 찾을 수 있다. 이 반대의견은 피해의 최소성 원칙을 아래와 같이 정확하게 정의한 다음, 입법대안이 심판대상조항만큼 입법목적을 달성할 수 없으므로 심판대상조항은 피해의 최소성 원칙을 만족시킨다고 판단한다.

> 피해의 최소성 원칙이라 함은, 입법자는 그가 의도하는 정당한 입법 목적을 달성하기 위하여 적합한 방법이 여러 가지가 있는 경우에는, 그 중에서 국민의 권리침해가 가장 작은 방법을 선택하여야 한다는 의미로 일반적으로 받아들여지고 있다.[282]

'완전 분화형 논증유형' 결정은 여러 가지 형태로 나타난다. 우선 피해의 최소성 원칙 판단에서 입법대안을 명확히 제시한 후, 입법대안과 심판대상조항을 서로 비교하여 입법대안이 입법목적 달성을 위해 동일하게 적합한 대체수단인지를 판단하는 논증구조를 취하는 선례들이 있다.283) 또한 완전 분화형 논증유형은 "입법목적을 달성하기 위하여 고려되는 유효한 수단 중에서 가장 국민의 기본권을 적게 침해하는 수단인가"라는 물음 아래 수행되기도 한다.284) 때로는 피해의 최소성 원칙이 심판대상조항만큼 입법목적을 달성하면서도 기본권은 덜 제한하는 입법대안이 있는지를 심사하는 것이라는 법리를 명시적으로 설시하지는 않으나, 심판대상조항과 입법대안의 공익 실현 정도와 기본권 제한 정도를 각각 비교한 후, 피해의 최소성 원칙 위반의 결론에 이르는 논증구조를 취하기도 한다.285)

'완전 분화형 논증유형'의 정확한 피해의 최소성 원칙 판단은 "입법목적을 달성하기에 똑같이 효율적인 수단 중에서 가장 기본권을 존중하고 적게 침해하는 수단을 사용해야 하며(피해의 최소성 원칙)"라는 설시를 하는 선례들에서 두드러진다. 이와 같이 피해의 최소성 원칙을 정확하게 설시한 다음 입법대안이 '목적달성 동일성 검증단계'를 통과하는지를 제대로 검증하는 일련의 판례들이 있다.286) 이렇게 한 결과 법익의 균형성

---

282) 판례집 제3권, 202, 220-222.
283) 헌재 2003. 10. 30. 2001헌마700등, 판례집 15-2하, 137, 157. "동일하게 적합한 대체수단"이 있는지를 명시적으로 심사하여 동일하게 적합한 대체수단으로 볼 수 없다고 판단한 선례로 헌재 2013. 6. 27. 2011헌마315등, 판례집 25-1, 570, 578; 헌재 2016. 6. 30. 2015헌마813, 판례집 28-1하, 662, 671.
284) 헌재 2002. 10. 31. 99헌바76등, 판례집 14-2, 410, 438; 헌재 2003. 10. 30. 2000헌바67등, 판례집 15-2하, 41, 57 참조.
285) 헌재 1999. 12. 23. 99헌마135, 판례집 11-2, 800, 819; 헌재 2005. 2. 24. 2003헌마289, 판례집 17-1, 261, 275(심판대상조항이 시행령인 사안임); 헌재 2005. 2. 3. 2003헌바1, 판례집 17-1, 70, 81; 헌재 2008. 7. 31. 2004헌마1010등, 판례집 20-2상, 236, 253 등.
286) 헌재 1998. 5. 28. 96헌가5, 판례집 10-1, 541, 553; 헌재 1999. 5. 27. 98헌마214,

원칙 논증이 비교적 풍부한 선례도 있다.[287] 이와 같이 피해의 최소성 원칙을 정확하게 적용한 선례 중에는 피해의 최소성 원칙에 위반된다는 결론을 내린 후에 더 이상 법익의 균형성 원칙 판단으로 나아가지 않는 전형적인 수직적 과잉금지심사의 특징을 보이는 판례도 있다.[288] '완전 분화형 논증유형' 선례 중에는 '대가 동일성 검증단계'를 명시적으로 판단하고, 법익의 균형성 원칙 논증도 충실하게 수행한 경우도 있다.[289]

### 다. 완전 분화형 논증유형의 장점

#### 1) 온전한 비교형량을 통한 설득력 있는 결론 도출

'완전 분화형 논증유형'에 따라 피해의 최소성 원칙은 입법대안 검증의 용도로만 사용하고, 법익의 균형성 원칙은 비교형량의 용도로만 사용하면, 일부 형량요소에 대해 충분한 주의를 기울이지 않거나 이를 생략하는 것이 구조적으로 어려워지고, 비교형량 요소들을 체계적으로 검토할 수 있게 되어 논증의 내용이 한층 풍부해질 수 있다. 이에 관해 Grimm은 다음과 같이 지적한다.

> 과잉금지심사는 척도가 분명하고 논리적이라는 점에서(disciplining and rationalizing effect) 합리성심사나 미국 연방대법원의 비교형량심사에 비해 훨씬

---

판례집 11-1, 675, 713; 헌재 2004. 1. 29. 2001헌바30, 판례집 16-1, 69, 81; 헌재 2003. 9. 25. 2003헌마106, 판례집 15-2상, 516, 533; 헌재 1998. 12. 24. 89헌마214 등, 판례집 10-2, 927, 948; 헌재 2003. 2. 27. 2002헌바4, 판례집 15-1, 205; 헌재 1997. 4. 24. 95헌마90, 판례집 9-1, 474, 484; 헌재 2002. 10. 31. 99헌바76등, 판례집 14-2, 410, 434; 헌재 2006. 1. 26. 2005헌바18, 판례집 18-1상, 1, 19.
287) 헌재 2002. 5. 30 2000헌마81, 판례집 14-1, 528; 헌재 2002. 8. 29. 2001헌마788 등, 판례집 14-2, 219; 헌재 2003. 1. 30. 2001헌가4, 판례집 15-1, 7; 헌재 2003. 10. 30. 2002헌마684 등, 판례집 15-2하, 211.
288) 헌재 1997. 4. 24. 95헌마90, 판례집 9-1, 474.
289) 헌재 2001. 5. 31. 99헌가18 등, 판례집 13-1, 1017.

우수하다(significant advantage). 이러한 장점은 과잉금지원칙의 4단계 과정이 명확하게 분화되지 않으면 반감된다. 4단계 심사의 각 단계에는 독자적인 판단내용이 있다. (중략) 이와 같은 단계적 판단에 혼동이 오면, 판단요소들이 제멋대로 판단 과정에 개입하게 되어 더 자의적이면서도 예측가능성은 덜한 판단을 낳을 위험이 생긴다.290)

온전한 비교형량에 의한 투명성은 과잉금지원칙을 다른 법적 논증도구보다 나은 것으로 만들어주는 핵심이다. 법익의 균형성 원칙이 비교형량을 전담하면, 비교형량 과정을 남김없이 구체적으로 결정문에 드러내기가 쉬워진다. 비교형량의 한 쪽 저울에 오르는 것과 반대쪽 저울에 오르는 것을 분명히 구별하여 제시하고 비교형량의 결론을 구체적으로 제시하도록 한다면, 일부 형량요소를 과장하거나 생략하는 경우 쉽게 눈에 띄기 때문에 편향적인 이유 제시가 어려워진다. 과잉금지원칙의 핵심이 비교형량에 있는 만큼 이와 같이 비교형량을 제대로, 충실히, 솔직하게 할 수 있다는 장점은 결정적이다. 이는 올바른 결론에 이르는 안전한 길이 될 뿐만 아니라 이를 통해 결정의 신뢰도도 높일 수 있다.

### 2) 헌법재판소의 권한 남용 방지

'완전 분화형 논증유형'에 따라 '목적달성 동일성 검증단계' 및 '대가 동일성 검증단계'를 제대로 판단하면 헌법재판권의 남용이 어려워진다. 설령 어떠한 입법대안이 심판대상조항보다 기본권을 적게 제한한다 하더라도, 그 입법대안이 심판대상조항만큼 입법목적을 달성할 수 없다거나 목적 달성을 위해 심판대상조항이 치르지 않는 대가를 치러야 하는 경우에는 심판대상조항은 피해의 최소성 원칙을 만족한다는 결론에 이르기 때문에, 피해의 최소성 원칙 위반을 이유로 위헌의 결론에 이르기 어려워진다. 이와 같이 피해의 최소성과 법익의 균형성 원칙을 엄격히

---

290) Dieter Grimm 2007, *op. cit.*, p. 397.

구별하여, 피해의 최소성 원칙에서는 입법대안과의 비교만을 수행하고 비교형량은 법익의 균형성 원칙 부분에서 비로소 수행하는 논증구조를 취하면, 결정의 투명성을 얻을 수 있을 뿐 아니라 헌법재판소가 과도한 사법적극주의에 빠지는 것도 억제할 수 있다.[291] 즉, 피해의 최소성 원칙을 원래의 의미대로 적용하면, '입법자가 지켜야 할 최종적인 하한선을 설정한다'는 과잉금지원칙의 본래의 기능을[292] 유지할 수 있다. 이 점에 관하여, Barak은 아래와 같이 주장한다.

> 우리는 피해의 최소성 원칙 심사 안에 피해의 최소성 원칙과 관련이 없는 것들을 끌어넣으려고 해서는 안 된다. 이러한 내용들은 통상 협의의 비례성 심사의 대상이 되어야 하는 것들이다. 법관들은 자기 자신에게 솔직해야만 한다. 법관들은 진실을 말해야만 한다. 이 경우 진실이란, 많은 사건에서 문제되는 기본권을 덜 제한하는 대안들이 분명히 있지만, 좀 더 깊이 조사해보면 그 대안들은 심판대상조항이 달성하려는 목적을 완전히 달성하지 못하거나, 심판대상조항과 같은 정도로 입법 목적을 달성하려면 국가가 설정한 정책목표의 우선순위를 바꿔야 한다거나 다른 어떤 기본권을 추가로 제한해야 하는 경우라는 것을 법관이 알게 된다는 점이다. 그러한 경우 법관은 상정 가능한 입법대안이 입법 목적을 달성할 수 없으므로 심판대상조항은 피해의 최소성 원칙을 만족한다고 판단해야만 한다. 그런 다음 법관은 과잉금지원칙 판단의 다음 단계인 협의의 비례성 원칙 심사로 나아가야만 하는 것이다.[293]

위 지적 중 "법관들은 자기 자신에게 솔직해야만 한다"는 부분에 주목할 필요가 있다. '목적달성 동일성 검증단계'를 생략하면, 헌법재판소는 적당한 입법대안을 근거로 들어 심판대상조항이 피해의 최소성 원칙

---

291) Niels Petersen 2017, op. cit., p. 189.
292) Aileen Kavanagh 2009, op. cit., p. 241; Mark Elliot, Robert Thomas 2014, op. cit., p. 545.
293) Aharon Barak 2012, op. cit., pp. 338-339.

에 위반되어 위헌이라는 결론에 쉽게 이를 수 있다. 그러나 피해의 최소성 원칙은 물론이고, 과잉금지원칙 전체는 심판대상조항이 기본권 보장의 관점에서 볼 때 입법자가 넘어서는 안 될 최하한에도 못 미치는지를 판단하는 원칙일 뿐이다. 위 인용 부분 중 법관의 진실성에 관하여 Barak은 각주에 법관의 양심에 관한 문헌들을 인용하였다. 이는 법률을 위헌으로 선언함으로써 스스로의 존재감과 가치를 확인 받고 싶은 욕망을 이성적으로 통제해야 한다는 법관의 직업적 양심을 강조하는 취지로 보인다.

### 3) 판단의 효율성 제고

피해의 최소성 원칙은 입법목적 달성 정도와 기본권 제한 정도 이외의 변수들은 모두 고정되어 있음을 전제로 하는 비교이다. 이를 전제로 하여 심판대상조항과 입법대안을 공익 달성 정도끼리 한번, 기본권 제한 정도끼리 한 번 비교하는 것이 피해의 최소성 원칙에서의 비교의 전부이다. 피해의 최소성 원칙에서는 공익끼리, 사익끼리 비교하기 때문에 공익과 사익을 정면으로 비교해야 하는 법익의 균형성 원칙에 비해 판단이 훨씬 쉽다. 이러한 쉬운 판단만으로 심판대상조항이 위헌이라는 결론에 이를 수 있는 사안에서는 굳이 어려운 법익의 균형성 원칙 판단까지 나아갈 필요가 없다. '완전 분화형 논증유형'과 같이 피해의 최소성 원칙과 법익의 균형성 원칙을 엄격히 구별하고, 피해의 최소성 원칙 판단을 비교형량이 배제된 원래의 의미대로 수행하면, 법익의 균형성 원칙 부분에서 이루어지는 복잡하고 어려운 비교형량 없이 위헌 여부를 결정할 수 있는 가능성이 생기므로 판단의 효율성이 높아진다.

## 3. 논증유형3: 불완전 분화형 논증유형

### 가. 의의

우리 헌법재판소의 결정례 중에는 과잉금지원칙의 하위 원칙을 단계적으로 판단하면서 피해의 최소성 원칙 판단과정에서 대립하는 가치들 사이의 우열에 관한 규범적 판단을 하는 논증방식을 취하는 결정들이 있다. 이러한 논증방식을 택한 결정들을 '불완전 분화형 논증유형'으로 분류하기로 한다.

불완전 분화형 논증유형에서의 규범적 판단을 Petersen은 '묵시적 형량(implicit balancing)'이라는 개념으로 설명한다.[294] Petersen에 따르면, 묵시적 형량은 (i) 피해의 최소성 원칙을 판단할 때, 심판대상조항과 입법대안을 비교함에 있어 불확실성이 있고 형량을 통해 그 불확실성을 제거했음에도 불구하고, 이를 결정문에 표시하지 않은 채 불확실성이 없는 것처럼 피해의 최소성 원칙 위반 부분을 설시하거나, (ii) 기본권 제한의 정도가 지나친지 아닌지라는 규범적 판단을 피해의 최소성 원칙 위반 여부의 판단 근거로 삼는 형태로 이루어진다. 예컨대, 입법대안에 의해서도 충분히 입법목적이 달성된다고 선언하나 그 근거를 결정문에 구체적으로 제시하지 않거나, 심판대상조항에 의해 기본권이 제한되는 정도가 심한지를 자세히 들여다보고 나서 제한 정도가 과도하다는 이유로 피해의 최소성 원칙 위반의 결론에 이르는 경우가 묵시적 형량에 해당된다.

---

294) Niels Petersen 2017, op. cit., pp. 130-132.

## 나. 불완전 분화형 논증유형의 피해의 최소성 원칙 논증구조

### 1) 목적달성 동일성 검증단계의 생략

'불완전 분화형 논증유형'의 선례 중 의료인의 상업광고 금지에 관한 결정은 피해의 최소성 원칙의 일반론을 다음과 같이 설시한다.

> 상업광고 규제에 관한 비례의 원칙 심사에 있어서 '피해의 최소성' 원칙은 같은 목적을 달성하기 위하여 달리 덜 제약적인 수단이 없을 것인지 혹은 입법목적을 달성하기 위하여 필요한 최소한의 제한인지를 심사하기 보다는 '입법목적을 달성하기 위하여 필요한 범위 내의 것인지'를 심사하는 정도로 완화되는 것이 상당하다.295)

즉, 위 선례는 이 부분에서 피해의 최소성 원칙의 가능한 의미를 다음의 세 가지로 제시한다.

① 같은 목적을 달성하기 위하여 달리 덜 제약적인 수단이 없을 것인지
② 입법목적을 달성하기 위하여 필요한 최소한의 제한인지
③ 입법목적을 달성하기 위하여 필요한 범위 내의 것인지

위 세 가지 피해의 최소성 원칙의 정의 중 입법대안과의 비교를 내용으로 하는 것은 ①, ②이다. ①에 포함된 "덜 제약적인"이라는 용어는 문법상 비교급에 해당되고, ②에 포함된 "최소한"이라는 용어는 문법상 최상급에 해당되므로, ①·②와 같은 위헌심사척도를 적용하려면 입법대안과 심판대상조항을 비교해야만 한다. 반면, ③에는 입법대안과 심판대상조항과의 비교를 전제로 하는 용어가 포함되어 있지 않다. ③의 내용에는 입법목적과 제한되는 기본권 사이의 비교만이 포함되어 있다. 입법대

---

295) 헌재 2005. 10. 27. 2003헌가3, 판례집 17-2, 189, 198.

안과 심판대상조항을 비교하지 않아도 ③과 같은 위헌심사척도를 준수하였는지 아닌지 여부는 판단할 수 있다. 필요한 범위를 상정하고, 심판대상조항이 그 안에 들어오는지 여부만 살펴보면 되기 때문이다. 이러한 이유 때문에 ③은 ①·②와는 다른 위헌심사척도이다. 형사소송에 비유하자면, ③은 ①·②와는 다른 범죄구성요건이다.

위 선례는 ③을 피해의 최소성 원칙 판단 기준으로 정한 후 입법대안과의 비교를 소홀히 한다. 위 선례를 비롯하여, '불완전 분화형 논증유형'의 선례들은 특히, '목적달성 동일성 검증단계'를 제대로 수행하지 않는 경우가 많다.[296] '불완전 분화형 논증유형'의 선례들의 이러한 경향은 '목적달성 동일성 검증단계'를 설시하지 않은 헌재 1990. 9. 3. 89헌가95와 '목적달성 동일성 검증단계'를 분명히 설시한 헌재 2000. 6. 1. 99헌마553을 병렬적으로 동시에 인용하면서, '목적달성 동일성 검증단계'가 없는 일반론을 설시하는 헌재 2005. 12. 22. 2003헌가8 결정에서도[297] 잘 드러난다. 즉 헌재 2005. 12. 22. 2003헌가8 결정은 '목적달성 동일성 검증단계'가 어떠한 의미나 중요성이 있는지 인지하지 못하였기 때문에, 이를 생략한 형태로 피해의 최소성 원칙 일반론을 설시하면서도, 그 근거로 '목적달성 동일성 검증단계'가 있는 선례와 없는 선례를 동시에 인용하였다.

또한, '불완전 분화형 논증유형'의 결정 중에는 '입법대안 존부 검증단계', '목적달성 동일성 검증단계', '대가 동일성 검증단계'를 모두 생략하고, '제한 완화 검증단계'만 살펴보는 판례들도 있다.[298] 그 극단적인

---

[296] 황치연, "과잉금지원칙 - 헌재 1990. 9. 3. 89헌가95, 국세기본법 제35조 제1항 제3호의 위헌심판 -", 헌법재판 주요선례연구1, 헌법재판소(2012), 제257쪽. 이러한 경향은 법률의 위헌 여부 심사는 물론이고 사회적으로 중요한 행정규칙에 관한 위헌심사였던 안마사에 관한 결정에서도 나타났다(헌재 2006. 5. 25. 2003헌마715 등, 판례집 18-1하, 112).

[297] 판례집 17-2, 577, 605, 606.

[298] 헌재 2005. 10. 27. 2003헌가3, 판례집 17-2, 189, 199-201; 헌재 2002. 10. 31. 99헌바76, 헌재 2011. 8. 30. 2009헌마638 등.

형태로 아무런 입법대안을 제시하지 않고 피해의 최소성 원칙을 논증하는 결정도 나타났다.299) 그 결과 피해의 최소성 원칙은 '제한이 지나친 것인지 아닌지'의 의미로 쉽게 변질되고, 비교형량에 유사한 작업을 피해의 최소성 원칙 판단 부분에서 시도할 수 있는 토대가 마련되었고, 심판대상조항만큼 입법목적을 달성할 수 없는 입법대안을 근거로 위헌의 결론에 성급하게 이를 위험도 생기게 되었다.

### 2) 묵시적 형량을 이용한 목적달성 동일성 여부에 관한 불확실성 제거

불완전 분화형 논증유형 선례 중에는 심판대상조항과 입법대안을 비교함에 있어 발생하는 불확실성을 대립하는 가치 사이의 묵시적 형량을 통해 제거하는 경우도 있다.300) 예컨대, 최근 선고된 낙태죄 관련 결정 중 재판관 3인의 단순위헌의견은 피해의 최소성 판단 부분에서 다음과 같이 판시한다.

> 태아가 덜 발달하고, 안전한 낙태 수술이 가능하며, 여성이 낙태 여부를 숙고하여 결정하기에 필요한 기간인 임신 제1삼분기에는 임신한 여성의 자기결정권을 최대한 존중하여 그가 자신의 존엄성과 자율성에 터 잡아 형성한 인생관·사회관을 바탕으로 자신이 처한 상황에 대하여 숙고한 뒤 낙태 여부를 스스로 결정할 수 있도록 하여야 한다. 이때 임신한 여성이 스스로 낙태의 의미, 과정, 결과 및 그 위험에 관한 정보를 충분히 수집할 수 있도록 하거나 이에 관한 상담을 받을 수 있는 기회를 제공하는 등의 방법으로써 임신한 여성의 자기결정권을 덜 제한하면서도, 그와 동등 또는 그 이상의 공익을 달성할 수 있다.301)

---

299) 헌재 2005. 3. 31. 2003헌가20 결정, 판례집 17-1, 294, 310, 311; 헌재 2012. 2. 23. 2010헌바99, 공보 제185호, 395, 397-398; 헌재 2016. 5. 26. 2014헌마45, 판례집 28-1하, 335, 347-348.
300) 이는 Petersen이 말하는 '묵시적 형량(implicit balancing)'의 첫 번째 유형과 유사하다(Niels Petersen 2017, op. cit., pp. 130-132).
301) 헌재 2019. 4. 11. 2017헌바127, 판례집 31-1, 404, 434, 435. 유사한 예로, 헌재

만약, 위 인용 부분에서 제시된 방법에 따라 임신 제1삼분기의 낙태를 허용하는 입법대안에 의할 경우에 낙태죄를 일률적으로 처벌하는 심판대상조항에 비해 낙태 건수가 한 건이라도 증가하여 한 명의 생명이라도 더 희생된다면, 위 입법대안이 태아의 생명권 보호라는 입법목적을 심판대상조항과 "동등 또는 그 이상"으로 달성한다고 단정짓기는 쉽지 않다. 그럼에도 불구하고 위 단순위헌의견이 위와 같은 결론에 이른 것은 공익 달성 정도의 동등 여부에 관한 불확실성을 태아의 생명과 임신한 여성의 자기결정권 사이의 형량을 통해 제거하였기 때문인 것으로 보인다.

### 3) 불완전 형량

'불완전 분화형 논증유형'의 경우 비교형량에 유사한 판단이 피해의 최소성 원칙 부분에서 이루어지는 경우가 있다. 이 경우, 합헌결정에서는 심판대상조항의 입법목적 달성 정도를 정당하다고 가정한 상태에서 기본권 제한 정도의 심각성 판단이 이루어진다. 위헌결정에서는 심판대상조항의 단점이나 제한되는 기본권의 구체적 가치에 대해서는 면밀한 분석을 수행하는 반면, 심판대상조항이 달성하는 입법목적의 구체적 가치에 대해서는 상대적으로 소홀한 분석만 수행한 후 양자를 비교하는 방식으로 형량이 이루어진다.

합헌결정에서든, 위헌결정에서든 '불완전 분화형 논증유형'을 취하는 경우 형량 요소들 모두를 공정하게 검토하지 않는다. 특히 심판대상조항이 달성하는 입법목적의 가치에 대한 검토가 제대로 이루어지지 않는다.

---

2005. 10. 27. 2003헌가3, 판례집 17-2, 189, 200, 201을 들 수 있다. 이 선례는 면밀한 이유 제시 없이 "이 사건 조항이 아니더라도 그 입법목적은 다른 규정들에 의하여 충분히 달성될 수 있다"고 결론짓는데, 이는 입법목적이 과연 "충분히" 달성될 수 있는지에 의문이 있더라도, 심판대상조항에 의한 긍정적인 효과와 부정적인 효과를 형량하는 것을 통해 이미 위헌의 결론으로 판단의 경향성을 정하였기 때문인 것으로 보인다.

합헌결정에서는 이것에 대해 제대로 의문을 제기하지 않고, 위헌결정에서는 이것의 구체적 가치에 대해 제대로 살펴보지 않는 경향이 있다. 이러한 비교는 공정한 형량이라고 하기 어렵다. 이러한 점을 감안하여, 이하에서는 '불완전 분화형 논증유형'에서 이루어지는 이와 같은 불공정한 비교를 '불완전 형량'이라 한다. 불완전 형량의 구체적인 양상을 선례를 통해 살펴보기로 한다.

가) 불완전형량의 양상1: 합헌결정의 경우

초창기 합헌결정인 헌재 1995. 4. 20. 92헌바29 결정은[302] 과잉금지원칙을 단계적으로 적용하면서 피해의 최소성 원칙 부분에서 입법대안의 존부 검증을 마친 후에 심판대상조항이 '공익달성에 필요한 최소한의 정도를 넘는 것인지'를 판단하는 구조를 취한다. 이 결정은 '불완전 분화형 논증유형'의 연원으로 볼 수 있다.[303] 이 결정은 수단의 적합성 원칙과 피해의 최소성 원칙을 합쳐서 판단하였는데, 그 마지막 부분은 아래와 같다.

> 그러므로 위와 같은 인쇄물, 광고 등의 제작, 배부를 방임하는 경우에 초래될 폐해의 방지를 위하여는 이를 전면적으로 금지하는 이외에 달리 효과적인 수단을 상정할 수가 없고, 결국 위 조항들이 택한 규제의 수단은 그 목적의 달성을 위하여 합리적인 필요성이 인정되는 범위 내의 것이라고 보지 아니할 수 없다.
>
> 나아가 그로 인하여 제한되는 자유의 범위도 예상되는 다양한 선거운동의 방법 중에서 특히 중대한 폐해를 초래함으로써 선거의 자유와 공정을 해칠 우려가 크다고 인정되는 특정의 선거운동방법과 내용에 국한되는 것으로서 그것이 폐해방지에 필요한 최소한의 정도를 넘는다고도 판단되지 아니한다.

---

302) 판례집 7-1, 499.
303) 강일신, 위의 논문(2019. 2.), 제196-199쪽.

결국 위 조항들은 기본권제한입법으로서 그 수단의 상당성과 피해의 최소성 원칙을 갖추었다.[304]

위 인용 부분을 분석함에 있어서는, 심판대상조항과 입법대안과의 비교를 첫 번째 단락에서 이미 마쳤음에도 불구하고, "나아가"라는 접속사를 사용하면서 두 번째 단락에서 새로운 내용을 판단한다는 점에 주목할 필요가 있다. 첫 번째 단락은 입법대안과의 비교를 내용으로 하는 전형적인 피해의 최소성 원칙 판단이다. 그러나 두 번째 단락은 입법대안과의 비교를 내용으로 하지 않는다. 심판대상조항에 의한 기본권 제한 정도가 입법목적 달성을 위해 필요한 최소한의 정도를 넘는지를 판단할 뿐이다. 두 번째 단락은 심판대상조항에 의한 입법목적 달성 정도를 고정시켜 놓고 그것을 달성하기 위해 치르는 대가인 기본권 제한 정도가 최소한의 정도를 넘지 않는지를 판단하는 내용이다.[305] 이것은 입법대안과 무관한 것이므로 피해의 최소성 원칙의 내용에 포함되지 않는 것이다.

앞서 과잉금지원칙에 관한 이론적 분석에서 살펴보았듯이, 과잉금지원칙의 핵심인 비교형량은 심판대상조항에 의해 달성되는 입법목적 달성 정도를 고정된 목표치로 놓아서는 제대로 이루어질 수 없다. '**심판대상조항에 의해 제한되는 기본권의 구체적인 가치**'에 비추어 보아 심판대상조항만큼이나 많이 입법목적을 달성하는 것이 지나친 것은 아닌지 의문을 제기할 수 있어야 제대로 된 비교형량이기 때문이다. 입법목적 달성 정도는 목적의 정당성 원칙에서 피해의 최소성 원칙에 이르기까지는 고정된 목표치(=상수)로 취급되나, 법익의 균형성 원칙에 이르러서는 어느 정도 포기해도 되는 변수가 된다. 요컨대 입법목적 달성 정도를 줄여도 되는 것으로 보는 것이 비교형량의 핵심이다. 따라서 위 인용 부분

---

304) 판례집 7-1, 499, 513.
305) 강일신은 "기본권제한의 적정성을 이 단계에서 사실상 최종적으로 판단한" 것으로 평가한다[강일신, 위의 논문(2019. 2.), 제198쪽].

두 번째 단락에서 설시한 것은 비교형량인 것처럼 보이지만 제대로 된 비교형량이 아니다.

두 번째 단락에서 이루어진 논증의 실질은 ① 심판대상조항에 의한 구체적인 기본권 제한의 정도 분석, ② 구체적인 기본권 제한 정도가 심판대상조항이 달성하는 입법목적의 정도에 비추어 과도한지 비교이다. 여기에서 주의하여야 할 것은 심판대상조항이 달성하는 입법목적이 과연 구체적으로 얼마나 가치가 있는 것인지에 대한 면밀한 분석 없이 ②의 비교가 이루어진다는 점이다. 이것은 불공정한 비교이다. 왜냐하면 이러한 비교는 심판대상조항에 의해 달성되는 입법목적의 정도를 주어진 달성 목표치로 취급하므로, 심판대상조항의 입법목적 달성 정도가 정당하다는 가정이 아무런 논증 없이 은연중에 전제되기 때문이다.

나) 불완전형량의 양상2: 위헌결정의 경우

'불완전 분화형 논증유형'에 의해 위헌의 결론에 이른 선례로 의료인의 상업광고 금지에 관한 결정이 있다.306) 이 사건의 심판대상조항은 의료인의 상업광고를 금지하고307) 이에 위반할 경우 300만 원 이하의 벌금형에 처하는 내용이다. 앞서 살펴본 바와 같이 이 선례는 피해의 최소성 원칙을 입법대안과의 비교를 내용으로 하지 않는 논증구조인 "입법목적을 달성하기 위하여 필요한 범위 내의 것인지"로 정의하고 피해의 최소성 원칙 위반 여부를 살펴보는데, 그 구체적인 내용은 크게 두 부분으로 이루어져 있다.

첫 부분은 ① 과장 없는 의료광고는 오히려 공익을 증진시키는 점, ② 상업적 정보를 충분히 보장하여 소비자의 합리적 결정을 돕는 것은 표

---

306) 헌재 2005. 10. 27. 2003헌가3, 판례집 17-2, 189.
307) 구 의료법(2002. 3. 30. 법률 제6686호로 개정되기 전의 것) 제46조 누구든지 특정의료기관이나 특정의료인의 기능·진료방법·조산방법이나 경력 또는 약효 등에 관하여 대중광고·암시적 기재·사진·유인물·방송·도안 등에 의하여 광고를 하지 못한다.

현의 자유의 중요한 과제인 점, ③ 오늘날 소비자의 합리적 선택을 위해 의료정보의 원활한 유통이 더욱 필요하게 된 점, ④ 새로 의료인이 된 사람들의 공정한 경쟁을 보장할 필요가 있는 점, ⑤ 심판대상조항을 회피하기 위한 편법적 광고에 의해 심판대상조항의 취지와 의료경쟁질서가 훼손되고 있는 점, ⑥ 인터넷 확산으로 인하여 의료광고 단속의 실효성과 형평성에 심각한 문제가 생겼으므로, 의료업계의 자율적 규제에 의하는 것이 보다 효율적인 점을 차례로 제시한다.[308] 위 ① 내지 ⑥은 심판대상조항이 그 입법목적인 소비자(환자)의 보호, 공정거래의 확보, 의료행위의 숭고함의 유지를[309] 구체적으로 얼마나 달성하는지에 관해서는 침묵한 채, 심판대상조항의 부정적인 효과나 비효율성을 지적하는 데에 그친다.

위 선례의 피해의 최소성 원칙 판단의 두 번째 부분은 현존하는 다른 규정들에 의해서도 입법목적이 달성될 수 있다는 내용으로 이루어져 있다.[310] 선례가 이 부분에서 제시하는 현존하는 다른 규정들은 광고의 내용과 형식 등을 사후적으로 통제하는 장치들이다. 그런데 선례는 이 부분에서도 심판대상조항에 의한 구체적인 입법목적 달성 정도에 관해서는 침묵한 채, 현존하는 다른 규정에 의해서도 입법목적이 달성될 수 있다는 방식의 소극적인 검토에 그친다. 이는 심판대상조항 자체의 긍정적인 효과가 미미하다는 것을 보여주기 위한 것으로 보인다.

이와 같이 이 선례의 피해의 최소성 원칙 판단은 심판대상조항으로 인한 부정적 효과와 긍정적 효과를 차례로 살펴보는 구조로 되어 있다. 이는 비교형량에 유사한 논증이지만, 그 과정에서 심판대상조항이 달성하는 입법목적의 구체적인 가치에 대한 분석은 면밀하게 이루어지지 않기 때문에, 그 실질은 불완전형량이다.

위 선례 사안의 경우, 심판대상조항의 입법목적의 구체적 가치는 예

---

308) 헌재 2005. 10. 27. 2003헌가3, 판례집 17-2, 189, 198-200.
309) Ibid., 198, 199.
310) 헌재 2005. 10. 27. 2003헌가3, 판례집 17-2, 189, 200, 201.

컨대, 심판대상조항에 의해 형사처벌되는 구체적인 사례들은 어떠한지, 그러한 사례들 중 입법목적인 소비자 보호, 공정거래, 의료행위의 숭고함을 특히 저해하는 사안들에는 어떠한 것들이 있는지, 처벌되는 유형이나 처벌건수의 증감 추세는 어떠한지, 의료인의 상업광고를 규제하는 외국의 입법례와 비교해 보았을 때 형량이나 처벌 범위에 어떠한 특징이 있고, 그러한 특징을 띠게 된 사회적, 문화적, 역사적 배경은 어떠한지, 의료인의 상업광고를 원칙적으로 허용한다면 위와 같은 사안들에 대한 규제는 어떠한 범위에서 얼마나 가능할 것인지 등을 조사하는 것을 통해 파악할 수 있다. 하지만, 위 선례는 이러한 측면을 상세하게 살펴보지 않은 채, 심판대상조항의 단점을 두 가지 측면에서 검토한 후 심판대상조항에 의한 기본권 제한 정도가 입법목적을 달성하기 위하여 필요한 범위를 넘는다는 결론에 이른다.

#### 4) 불완전 분화형 논증유형의 피해의 최소성 원칙 논증구조의 실질
   : 위헌심사척도의 변경

'불완전 분화형 논증유형'의 피해의 최소성 원칙 논증구조를 두고 과잉금지원칙을 상황에 따라 유연하게 적용한 것이라고 평가할 수도 있다. 그러나 위헌심사척도와 과잉금지원칙의 적용강도를 개념상 구별하면, 그와 같은 평가가 부정확한 것임을 알 수 있다. 앞서 살펴본 바와 같이 피해의 최소성 원칙의 원형을 유지하는 '완전 분화형 논증유형'의 피해의 최소성 원칙은 입법대안을 상정하고 입법대안과 심판대상조항을 입법목적 달성 정도와 기본권 제한 정도의 측면에서 각각 한 번씩 비교하는 것을 내용으로 한다. 여기에는 심판대상조항의 입법목적과 심판대상에 의해 제한되는 기본권 사이의 형량이 포함되지 않는다. 반면, '불완전 분화형 논증유형'의 피해의 최소성 원칙은 목적달성 동일성 검증단계를 생략하거나, 목적달성 동일성 검증단계에서 발생하는 불확실성을 형량을 통해 묵시적으로 제거하거나, 불완전 형량을 하는 것을 내용으로 한다. 따라서 양자의 논증구조는 서로 다르다. 이러한 차이는 '불완전 분화형 논증유형'의 피해의 최소성 원칙 판단은 입법대안을 상정하지 않아도 가능한 경우가 많다는 점에서 분명히 드러난다. 피해의 최소성 원칙을 입법대안 없이 적용하는 논증구조는 입법대안과의 비교라는 피해의 최소성 원칙의 정체성을 상실한 논증구조이다.[311]

앞서 살펴본 바와 같이, 과잉금지원칙의 적용강도는 위헌심사척도의 세부적인 논증구조는 그대로 유지한 채 그 적용과정에서 발생하는 불확실성으로 인한 판단불능 상황을 해소하기 위한 것이다. 따라서 원래의 의미의 피해의 최소성 원칙과 그 세부 논증구조가 다른 '불완전 분화형 논증유형'의 피해의 최소성 원칙 논증구조를 피해의 최소성 원칙의 적용강도를 완화한 것으로 보기는 어렵다. '불완전 분화형 논증유형'의 피해의 최소성 원칙 논증구조의 실질은 피해의 최소성 원칙이라는 위헌심사척도를 그것과 다른 별개의 위헌심사척도로 변경하는 것에 해당된다. 정영훈은 이 점을 다음과 같이 지적한다.

> 피해의 최소성 원칙 심사를 그 본래의 의미와 같이 동일한 목적을 달성하기 위하여 달리 덜 제약적인 수단이 있는지의 여부를 심사하지 않고, '입법목적을 달성하기 위하여 필요한 최소한의 제한인지'를 심사하거나 '입법목적을 달성하기 위하여 필요한 범위 내의 것인지'를 심사하는 (중략) 방법은 과잉금지원칙의 부분 원칙의 하나인 최소피해성의 본래의 의미와는 전혀 다른 것으로서 그것이 무엇을 의미하는지가 매우 불명확하고 다른 덜 제약적인 수단의 존재 여부에 관한 아무런 언급도 없이 당해 기본권 주체에게 되도록 피해가 적게 가도록 입법하였다는 점만을 나열하는 것으로는 논증의 설득력이 부족하기 때문에 결

---

[311] "필요성의 원칙은 그 개념상 목적 실현을 위한 하나 이상의 적합한 수단이 존재하지 않는다면 판단척도로 기능할 수 없다."[황치연, 위의 책(1995), 제73쪽], "입법대안을 찾을 수 없으면 최소제약성은 충족된다."[허완중, 위의 논문(2019), 제32쪽], "공익을 달성할 수 있는 수단이 여러 개 있는 경우에만 피해의 최소성 원칙은 논증 가능하다."(Alan Brady 2012, *op. cit.*, p. 184)

코 바람직한 논증이라고 할 수 없을 것이다.312)

### 다. 불완전 분화형 논증유형에서의 법익의 균형성 원칙 논증구조

'불완전 분화형 논증유형'의 경우 이미 피해의 최소성 원칙 판단에서 불완전하나마 나름대로의 형량을 거치는 경우가 많다. 그에 따라 법익의 균형성 원칙 판단으로 오면 논증할 것이 거의 남아있지 않게 되어 '공익은 많고 사익은 적다' 혹은 '공익은 적고 사익은 많다'는 선언을 하고 별다른 논증 없이 과잉금지원칙 적용을 종결하는 외에 별다른 논증을 할 수 없게 되는 경우가 많다.313) 또한 구체적인 형량요소를 이미 피해의 최소성 원칙에서 검토했기 때문에, 법익의 균형성 원칙 판단에서는 형량요소를 제시한다 하더라도 추상적인 수준에 그친다. 예컨대, '불완전 분화형 논증유형'의 연원인 헌재 1995. 4. 20. 92헌바29 결정의 법익의 균형성 원칙 판단은 다음과 같다.

> 무릇 선거운동을 어느 범위에서 허용하고 금지할 것인가는 각 나라가 처한 정치·사회·경제적 사정과 국민의식구조의 특성에 따라 달라질 것임이 분명하다. 그러나 우리나라의 경우는 과거 수차례 실시된 각종 선거에서 금력, 권력, 폭력, 학연, 지연, 혈연 등에 의한 부패와 탈법과 그에 따른 민의의 왜곡을 반복적으로 경험한 바 있으므로 이를 시정하는 것에 대한 국민적 열망은 다른 나라에 비할 바가 아니라고 할 것이다.
> 따라서 위 조항들에 의하여 보호되는 선거의 실질적 자유와 공정의 확보라는 공공의 이익은 위와 같은 국민적 열망을 담고 있는 것으로서 특히 높은 가치를 지니는 것이라고 할 것이므로, 이를 보호하기 위하여 특히 폐해가 심할 것으로 명백히 예상되는 일정범위의 선거운동방법만을 특정하여 일률적으로 금지하였

---

312) 정영훈, 위의 책(2014), 제42, 44쪽.
313) 대표적인 예로, 헌재 2016. 6. 30. 2015헌마813, 판례집 28-1하, 662, 670.

다고 하여 보호되는 공익과 제한되는 기본권 사이에 현저한 불균형이 있다고는 볼 수 없어 비례의 원칙 내지 균형의 원칙에도 어긋나지 아니한다.314)

이 결정의 법익의 균형성 원칙 판단 부분에서 눈길을 끄는 것은 심판대상조항에 의한 구체적인 기본권 제한 정도가 어떠한지가 제시되지 않는 점이다. 또한 심판대상조항이 달성하는 공익이 중요한 이유를 법익의 균형성 원칙 판단의 첫 번째 단락에서 제시하나 이 역시 선거운동을 위한 시설물 설치 금지 등 심판대상조항 자체에 의해 달성되는 입법목적의 구체적인 가치에 관한 것이 아니라, 선거운동방법 금지 일반이 달성하고자 하는 일반적이고 추상적인 입법목적일 뿐이다. 사정이 이와 같기 때문에 구체적인 입법목적 달성 정도와 구체적인 기본권 제한 정도 사이의 비교형량도 당연히 이루어지지 않는다. 결국 이 결정은 위와 같은 추상적인 비교를 근거로 "보호되는 공익과 제한되는 기본권 사이에 현저한 불균형이 있다고는 볼 수 없"다는 결론에 이르는 데에 그친다. 이는 구체적 형량이라는 법익의 균형성 원칙의 결정적인 장점이 빠져 있는 논증구조이다.

### 라. 불완전 분화형 논증유형의 형성 원인

'완전 분화형 논증유형'이 과잉금지원칙의 장점을 제대로 살려낼 수 있음에도 불구하고, '불완전 분화형 논증유형'이 형성된 근본적인 이유는 피해의 최소성 원칙과 법익의 균형성 원칙의 개념을 구별하기가 어렵기 때문으로 보인다.315) 이하에서는 '불완전 분화형 논증유형'이 형성된 구체적인 원인들을 차례로 살펴본다.

---

314) 판례집 7-1, 499, 513, 514.
315) 이러한 어려움은 유럽인권재판소 판결에서도 찾아볼 수 있다(Otto-Rreminger-Institute v Austria (1994), Appl no 13470/87]. 이 판결의 논증구조에 대한 비판으로는 Matthias Klatt, Moritz Meister 2012, op. cit., p. 157 참조.

### 1) 목적달성 동일성 검증단계를 분명히 설시하지 않은 리딩케이스

우리 헌법재판소의 과잉금지 위헌심사척도의 리딩케이스 역할을 하는 헌재 1990. 9. 3. 89헌가95 결정은[316] 앞서 살펴본 바와 같이 피해의 최소성 원칙을 "입법권자가 선택한 기본권제한의 조치가 입법목적달성을 위하여 설사 적절하다 할지라도 보다 완화된 형태나 방법을 모색함으로써 기본권의 제한은 필요한 최소한도에 그치도록 하여야 하며(피해의 최소성 원칙)"이라고 정의한다.[317] 이러한 정의에는 '목적달성 동일성 검증단계'가 명확히 표현되어 있지 않다. 이 정의는 "보다 완화된 형태나 방법"만을 요구할 뿐, 입법대안에 대하여 심판대상조항과 같은 정도로 입법목적을 달성할 것을 요구하지 않는다.

이와 같이 헌법재판소의 과잉금지원칙의 리딩케이스에서의 피해의 최소성 원칙의 정의는 기본권 제한의 최소성에 강조점이 있고, 입법대안과의 비교나 입법대안이 심판대상조항만큼 입법목적을 달성해야 하는지에 관해서는 분명한 언급이 없다. 이러한 리딩케이스의 피해의 최소성 원칙 판시가 불완전 분화형 논증유형이 발생할 수 있는 토양이 될 수 있었던 것으로 보인다.

### 2) 전면 금지를 내용으로 하는 법률의 특수성

입법목적을 달성하기 위한 수단으로 '전면 금지(blanket ban)'를 택하는 법률의 경우에는, 입법목적 달성에 지장을 주지 않는 사안들을 골라내어 이들을 금지의 대상에서 빼 주는 내용의 '원칙적 금지, 예외적 허용 법률'이라는 입법대안을 상정할 수 있다. 이러한 경우에는 입법대안인 '원칙적 금지, 예외적 허용 법률'과 심판대상조항 각각의 입법목적 달성 정도를 서로 비교하고, 기본권 제한 정도를 서로 비교하는 방식으로 피해의 최소성 원칙을 판단하면 된다.

---

316) 판례집 2, 245.
317) 판례집 2, 245, 260.

그런데 우리 판례는 이와 같은 경우에 이루어지는 피해의 최소성 원칙 논증을 '입법목적 달성에 필요한 범위를 넘는 과도한 제한'이라고 표현하는 경우가 있다. 예컨대, 전면적인 집회금지에 관한 사안인 헌재 2003. 10. 30. 200헌바67 결정의 피해의 최소성 원칙 판단의 결론 부분은 다음과 같다.

> 그럼에도 불구하고 이 사건 법률조항은 전제된 위험상황이 구체적으로 존재하지 않는 경우에도 이를 함께 예외 없이 금지하고 있는데, 이는 입법목적을 달성하기에 필요한 조치의 범위를 넘는 과도한 제한인 것이다. 그러므로 이 사건 법률조항은 최소침해의 원칙에 위반되어 집회의 자유를 과도하게 침해하는 위헌적인 규정이다.[318]

"과도한 제한"이라는 표현만 언뜻 보면 피해의 최소성 원칙은 형량을 내용으로 하는 것처럼 보인다. 그러나 실제로 어떠한 논증과정을 거쳐 "입법목적을 달성하기에 필요한 조치의 범위를 넘는 과도한 제한인 것이다"라는 결론에 이르렀는지를 꼼꼼하게 뜯어보면, 입법목적 달성 정도와 기본권 제한 정도는 서로 직접 형량된 사실이 없음을 알 수 있다. 실제로 이루어진 논증과정은 입법목적 달성 정도를 고정된 변수로 삼아 전면 금지를 내용으로 하는 심판대상조항과 예외 허용을 내용으로 하는 입법대안을 입법목적 달성의 정도의 측면에서 한 번, 기본권 제한의 정도의 측면에서 한 번 비교한 것뿐이다.

전면 금지를 내용으로 하는 법률의 경우 심판대상조항과 같은 정도로 입법목적을 달성하는 '원칙적 금지, 예외적 허용 법률'을 입법대안으로 쉽게 상정할 수 있기 때문에, 입법대안이라는 표현을 명시적으로 쓰지 않더라도, 피해의 최소성 논증은 자연스럽게 '원칙적 금지, 예외적 허용 법률'이라는 입법대안과의 비교가 된다. 그 결과 '원칙적 금지, 예외

---

[318] 판례집 15-2하, 41, 59.

적 허용 법률'에 의하더라도 입법목적 달성에 아무런 문제가 없다는 식의 '목적달성 동일성 검증단계' 논증이 이루어진다. 따라서 전면 금지를 내용으로 하는 법률의 경우, 피해의 최소성 원칙을 '입법목적 달성에 필요한 범위를 넘는 과도한 제한인지 여부'와 같이 표현해도 피해의 최소성 원칙의 본래의 논증구조에서 이탈하지 않는다.

그러나 이를 심판대상조항이 전면적 금지를 내용으로 하는 경우 이외에까지 확장하면 문제가 생긴다. 즉, 전면적 금지 사안에서 '예외적 허용 법률'과 같이 심판대상조항과 입법목적 달성의 정도가 동일한 입법대안을 쉽게 상정하기 어려운 경우에도 피해의 최소성 원칙을 '입법목적 달성에 필요한 범위를 넘는 과도한 제한인지 여부'라고 표현하면, 피해의 최소성 원칙은 입법대안과의 비교라는 본질에서 멀어지기 쉽다. 그렇게 되면 '입법목적 달성에 필요한 범위를 넘는 과도한 제한인지 여부'라는 표현은 언뜻 입법목적 달성 정도와 기본권 제한 정도를 직접 형량하는 것으로 오해되기 쉽기 때문이다. 그 결과 침해의 최소성 법리가 법익의 균형성 법리에 유사한 것으로 변형되고, 피해의 최소성 원칙은 아무런 입법대안을 상정하지 않은 채 심판대상조항의 입법목적 달성 정도를 주어진 목표치로 놓고 심판대상조항에 의한 기본권 제한 정도가 그에 견주어 너무 심하지 않은지를 살피는 '불완전 형량'으로 귀결되기 쉽다. 이와 같이 전면적 금지를 내용으로 하는 법률 이외의 법률에 대해서도 피해의 최소성 원칙을 '입법목적 달성에 필요한 범위를 넘는 과도한 제한인지 여부'라고 표현하고 적용한 것도 '불완전 분화형 논증유형'이 형성된 주된 이유 중 하나일 것으로 보인다.

### 3) 미분화형 논증유형 결정의 부적절한 인용

'미분화형 논증유형'은 과잉금지원칙의 4가지 하위 원칙에 관해 단계적 판단 구조를 취하지 않는다. 따라서 이 유형의 선례에서 과잉금지원칙은 피해의 최소성 원칙과 법익의 균형성 원칙이 합쳐진 형태로 설시되는 경우가 많다. 예컨대, 헌재 1995. 2. 23. 93헌가1 결정은 1993. 5. 13. 92헌마80 결정을[319] 인용하여, "제한하는 목적의 상당성이 인정되어야 하고, 제한의 방법이 합리적이어야 함은 물론 과잉금지의 원칙에 위배되어서는 안 되며"라고 설시함으로써 피해의 최소성 원칙과 법익의 균형성 원칙을 구별하지 않는다.[320] 반면, 보석허가결정에 대한 검사의 즉시항고에 관한 헌재 1993. 12. 23. 93헌가2 결정은[321] 미분화형 논증유형이 아니다. 이 결정은 목적의 정당성 원칙, 수단의 적합성 원칙, 피해의 최소성 원칙, 법익의 균형성 원칙을 구별하고, 수단의 적합성 위반 여부를 자세히 논증하여 수단의 적합성 원칙 위반의 결론에 이른다. 그런데 헌재 1997. 3. 27. 94헌마196 등 결정은 이와 같이 논증구조가 다른 두 선례를 합쳐서 다음과 같이 인용한다.

> 헌법 제37조 제2항에 의하면 국민의 자유와 권리는 국가안전보장, 질서유지 또는 공공복리를 위하여 필요한 경우에 한하여 법률로써 제한할 수 있으며, 그 경우에도 자유와 권리의 본질적인 내용을 침해할 수 없다고 규정하여 국가가 국민의 기본권을 제한하는 내용의 입법을 함에 있어서 준수하여야 할 기본원칙을 천명하고 있다. 따라서 기본권제한입법은 입법목적의 정당성 원칙과 그 목적달성을 위한 방법의 적정성, 입법으로 인한 피해의 최소성 원칙, 그리고 그 입법에 의해 보호하려는 공익과 침해되는 사익의 균형성을 모두 갖추어야 한다는 것이며, 이를 준수하지 않은 법률 내지 법률조항은 기본권제한의 입법적 한계를 벗어난 것으로서 헌법에 위반된다 (헌법재판소 1993. 12. 23. 선고, 93헌가2 결정 참조).[322]

그리고 직업행사의 자유에 대하여는 직업선택의 자유와는 달리 공익목적을 위하여 상대적으로 폭넓은 입법적 규제가 가능한 것이지만, 그렇다고 하더라도

---

[319] 판례집 5-1, 365, 374.
[320] 판례집 7-1, 130, 135.
[321] 판례집 5-2, 578.
[322] 판례집 9-1, 375, 383.

그 수단은 목적달성에 적절한 것이어야 하고 또한 필요한 정도를 넘는 지나친 것이어서는 아니된다(헌법재판소 1993. 5. 13. 선고, 92헌마80 결정 ; 1995. 2. 23. 선고, 93헌가1 결정).323)

위 인용 부분의 첫 단락은 과잉금지원칙을 4단계 하위 원칙으로 나누어 단계적으로 판단하는 내용이다. 그러나 두 번째 단락은 피해의 최소성 원칙과 법익의 균형성 원칙을 뭉뚱그려 "필요한 정도를 넘는 지나친 것이어서는 아니된다"고 표현하고 있다. 이는 '미분화형 논증유형'의 미분화 상태를 극복한 이후에도 '미분화형 논증유형'의 판례를 인용하면서 충분한 주의를 기울이지 않았기 때문으로 보인다.

이와 같이 논증구조가 서로 다른 과잉금지원칙 일반론을 병렬적으로 제시하는 것을 통해 피해의 최소성 원칙 부분에서 형량이 용이하게 이루어질 수 있었던 것으로 보인다. 즉, 과잉금지원칙 판단 부분 목차에서는 피해의 최소성 원칙과 법익의 균형성 원칙을 구별하나, 과잉금지원칙 일반론 부분에서 양자를 합쳐서 서술하고, 실제 피해의 최소성 원칙 판단 부분에서는 형량을 수행하는 것이다. 이러한 논증구조는 꾸준히 이어진다.324)

---

323) 판례집 9-1, 375, 383, 384.
324) 예컨대, 헌재 1997. 11. 27. 96헌바12, 판례집 9-2, 607, 625; 헌재 2004. 5. 27. 2003헌가1 등, 판례집 16-1, 670, 685; 헌재 2009. 3. 26. 2007헌마988 등, 판례집 21-1상, 689, 701; 헌재 2009. 3. 26. 2008헌바63, 판례집 21-1상, 445, 452; 헌재 2009. 9. 24. 2007헌마1345, 판례집 21-2상, 792, 801; 헌재 2011. 2. 24. 2009헌바13 등, 판례집 23-1상, 53, 67; 헌재 2011. 6. 30. 2008헌마595, 판례집 23-1하, 418, 426; 헌재 2012. 6. 27. 2011헌마288, 판례집 24-1하, 773, 785; 헌재 2013. 5. 30. 2010헌마136, 판례집 25-1, 350, 361, 362; 헌재 2013. 9. 26. 2012헌마271, 판례집 25-2하, 68, 85; 헌재 2014. 3. 27. 2010헌가2 등, 판례집 26-1상, 324, 333; 헌재 2014. 4. 24. 2011헌가29, 판례집 26-1상, 574, 582; 헌재 2015. 5. 28. 2013헌마799, 판례집 27-1하, 361, 371; 헌재 2015. 7. 30. 2013헌마536, 판례집 27-2상, 345, 351; 헌재 2018. 7. 26. 2016헌마431, 판례집 30-2, 112, 123. 이는 기탁금에 관한 선례들에서도 유사한 패턴을 관찰할 수 있다(예컨대, 헌재 2010. 12. 28. 2010헌마

### 4) 미국 연방대법원 법리의 영향

불완전 분화형 논증유형 선례는 미국 연방대법원의 위헌심사척도인 "narrowly tailored" 법리나 "least restrictive means" 법리와[325] 유사점이 있다. 특히 피해의 최소성 원칙 단계에서의 '불완전 형량'을 명시적으로 판시한 헌재 2005. 10. 27. 2003헌가3 결정은 다음과 같은 표현을 사용한다.

> 표현의 자유와 영업의 자유의 대상이 된 상업광고에 대한 규제가 입법목적의 달성에 필요한 한도 내에서 섬세하게 재단(裁斷)된 것이라 할 수 없다.[326]

"재단(裁斷)"은 옷감을 치수에 따라 자르는 행위를 가리키는 말이다. 이 말이 법률용어로 쓰이는 것은 이례적이다. "섬세하게 재단된"이라는 표현은 "narrowly tailored"의 직역이다. 이를 고려하면 불완전 분화형 논증유형의 선례의 법리는 미국 연방대법원의 위헌심사척도의 영향도 어느 정도 받은 것으로 추측할 수 있다.

그러나 미국연방대법원의 위와 같은 위헌심사척도는 과잉금지원칙의 대안으로 논의되는 이른바 '범주적 논증'에 기반을 둔 것인데, 이는 기본권 제한의 정당화에 대한 접근방식이 과잉금지원칙과 다르다. "narrowly tailored" 법리로 비교형량을 대체할 경우 심판대상조항의 입법목적을 주어진 목표치로 보는 불완전 형량으로 귀결될 위험이 있다. 또한 "least restrictive means" 법리는 그 적용과정에서 목적 달성동일 검증단계를 제대로 판단하지 않을 위험이 있다.[327]

---

79 결정 참조).
325) 예컨대 *Frisby v. Schultz*, 487 US 474, 486-488 (1988); Sable Communications v. FCC, 492 U.S. 115, 126 (1989)
326) 판례집 17-2, 189, 199.
327) Aharon Barak 2012, *op. cit.*, p. 411.

## 마. 불완전 분화형 논증유형의 단점

### 1) 목적달성 동일성 검증단계 생략에 따른 성급한 위헌 결론 도출

피해의 최소성 원칙은 심판대상조항이 달성하는 입법목적과 같은 정도로 목적을 달성하는 여러 가지 방법들이 있는 경우에, 심판대상조항이 그 중 기본권을 가장 적게 제한하는 방법임을 요구하는 것이지, 입법목적과 기본권 제한정도를 전체적으로 비교하여 심판대상조항이 최상의 방법일 것을 요구하는 것은 아니다.[328] 즉, 과잉금지원칙은 입법자가 택한 특정한 수단이 기본권을 지나치게 제한하는지'를 묻는 것일 뿐이고, '주어진 사회문제를 해결하는 합리적인 방법이 무엇인지?'는 입법자에게 주어지는 질문일 뿐이다.[329] 그럼에도 불구하고 불완전 분화형 논증유형에 따를 경우, '목적달성 동일성 검증단계'를 생략하거나 제대로 판단하지 않음으로써 심판대상조항과 같은 정도로 입법목적을 달성할 수 없는 입법대안을 근거로 피해의 최소성 원칙 위반의 결론으로 성급하게 빠져나가는 통로가 마련된다. 이렇게 되면 재판관이 위헌의 결론을 원하면 똑같이 동일한 정도로 목적을 달성할 수 없는 대안을 제시하면서 피해의 최소성 원칙 위반이라고 선언하는 경향이 생긴다.[330] '목적달성 동일성 검증단계'를 생략하면, 피해의 최소성 원칙은 입법자에게 최상의 방법을 입법하도록 요구하는 강력한 위헌심사척도가 되어, 결국 입법자에게 적절한 권한을 인정할 수 없게 될 위험이 있다.[331]

특히 피해의 최소성 원칙 부분에서 기본권 제한 정도가 과하다는 점을 자세히 살펴보는 것과 같이 비교형량에 유사한 분석을 하면 정작 피해의 최소성 원칙 판단의 중심이 되어야 할 입법대안의 '목적달성 동일

---

328) Robert Alexy 2002, op. cit., p. 395; Mark Elliot, Robert Thomas 2014, op. cit., p. 545.
329) Alan Brady 2012, op. cit., pp. 11-12.
330) Guy Davidov 2000, op. cit., pp. 200-201.
331) Aharon Barak 2012, op. cit., pp. 411-412.

성 검증단계' 충족 여부는 논증의 부수적인 부분으로 밀려나게 된다. 그 결과 '목적달성 동일성 검증단계'를 제대로 검토하지 않아도 결정문상 별로 표시가 나지 않는다.

이러한 예로 헌재 2015. 11. 26. 2012헌마940 결정을[332] 들 수 있다. 이 사건은 인수자가 없는 시체에 대해 의과대학의 장이 의학의 교육 또는 연구를 위하여 시체를 제공할 것을 요청하는 때에는 특별한 사유가 없으면 시체를 제공하도록 한 법률조항이 자기결정권을 침해하는지 여부에 관한 것이다. 이 판결은 "사인(死因)의 조사와 병리학적·해부학적 연구의 기초가 되는 해부용 시체의 공급을 원활하게 하여, 국민 보건을 향상시키고 의학의 교육 및 연구에 기여하기 위한 것으로서, 그 목적의 정당성 원칙 및 수단의 적합성 원칙은 인정된다."고[333] 판단한 다음 피해의 최소성 원칙 판단으로 나아간다.

이 판결은 피해의 최소성 원칙 부분에서, ① 이 사건 법률조항에 의해 해부용으로 제공되는 시체가 거의 없는 점, ② 해부용 시체는 이 사건 법률조항이 아니라 시신기증에 의해 이루어지고 있는 점, ③ 장기이식법은 본인의 동의가 있어야만 장기 등의 이식이나 채취가 가능하도록 규정되어 있는 점을 열거한다. 이 중 ①, ②는 심판대상조항에 의한 공익 달성 정도가 적다는 의미이고, ③은 심판대상조항에 의한 기본권 제한 정도가 장기 이식과 비교할 때 크다는 의미이다. 그런 다음, 이 결정은 아래와 같이 피해의 최소성 원칙 위반 여부의 결론을 내린다.

> 이상의 사정들을 종합하면 보면, 본인의 시체가 해부용으로 제공되는 것에 대해 반대하는 의사표시를 명시적으로 할 수 있는 절차를 마련하여 본인이 반대하면 그의 시체를 해부용으로 제공할 수 없도록 하든지, 또는 아예 인수자가 없는 시체를 해부용으로 제공하는 것을 금지하는 등, 이 사건 법률조항은 그

---

[332] 판례집 27-2하, 335.
[333] 판례집 27-2하, 335, 341.

입법목적을 달성하기 위하여 청구인의 기본권을 침해하지 않는 다른 방안이 있음에도 인수자가 없는 시체를 생전의 본인의 의사와는 무관하게 해부용으로 제공할 수 있도록 규정하고 있는바, 이는 피해의 최소성 원칙에 위반된다.[334]

여기에서 제시되는 입법대안은 두 가지이다. 첫째는 본인의 시체가 해부용으로 제공되는 것에 대해 반대하는 의사표시를 명시적으로 하는 절차를 마련하는 것이고 둘째는 인수자가 없는 시체를 해부용으로 제공하는 것을 금지하는 것이다. 이 두 가지 입법대안이 '목적달성 동일성 검증단계'와 '대가 동일성 검증단계'를 만족시키는지에 관한 판단은 생략되어 있다. 이 판결에서 제시한 어느 입법대안에 의하더라도 심판대상조항의 입법목적인 해부용 시체 공급의 원활도는 저하될 가능성이 크다. 즉, 입법대안들은 모두 심판대상조항만큼 입법목적을 달성하기 어렵다. 그럼에도 불구하고 입법대안들의 입법목적 달성 정도에 대한 상세한 검토 없이 그러한 입법대안들이 존재한다는 이유를 들어 심판대항조항이 피해의 최소성 원칙에 위반된다고 결론내리는 것은 성급한 측면이 있다.[335]

### 2) 비교형량의 회피

'불완전 분화형 논증유형'은 피해의 최소성 부분에서 심판대상조항과 입법대안과의 비교를 하는 대신 심판대상조항에 의한 기본권 제한 정도가 심한지 아닌지를 논증하는 경우가 많다. 이렇게 하면, **'심판대상조항에 의해 달성되는 입법목적의 구체적인 가치'**에 대한 면밀한 검토 없이, 심판대상조항에 의한 기본권 제한 정도를 완화시키는 법률이나 부수적

---

334) 판례집 27-2하, 335, 342.
335) 물론 법익의 균형성 원칙에서 비교형량을 한 결과도 위헌일 수 있지만, 법익의 균형성 원칙에서 이루어지는 구체적 가치들 사이의 온전한 비교형량을 통해 위헌의 결론에 이르는 것과 피해의 최소성 원칙에서 불완전 형량을 통해 위헌의 결론에 이르는 것은 논증의 질과 판결의 설득력에 있어 현저한 차이가 있다.

인 사정들이 존재한다는 점을 들어 기본권 제한 정도가 심하지 않으므로 피해의 최소성 원칙 위반이 아니라는 결론에 이르는 것이 가능하게 된다. 이러한 논증은 피해의 최소성 원칙이라고 이름이 붙어 있더라도, 그 실질은 '불완전 형량'이다.

물론 어떠한 형태로든 형량을 하기만 하면 되는 것이므로, 피해의 최소성 원칙 판단에서 '불완전 형량'을 해도 문제될 것이 없다는 반론이 가능하다. 그러나 이러한 반론은 과잉금지원칙의 핵심에 해당되는 매우 중요한 점을 놓치고 있다. 피해의 최소성 원칙에서 이루어지는 '불완전 형량'은 다음의 두 가지 질문의 차이를 은폐하기 때문에 위험하다.

> [질문 1] 입법목적 달성을 위해 이 정도로 기본권을 제한하는 것은 지나치지 않은가?
> [질문 2] 기본권 제한 정도에 비추어 볼 때 입법목적을 그렇게나 많이 달성하는 것은 지나치지 않은가?

[질문 1]은 '불완전 분화형 논증유형'의 피해의 최소성 원칙 부분에서 이루어지는 '불완전 형량'을 질문 형태로 바꾼 것이다. 이렇게만 물어도 비교형량을 한 것처럼 보인다. 이렇게만 검토하여도 기본권 제한 정도에 대해 면밀하게 검토하는 것처럼 보인다. 그러나 이 질문은 입법 목적 달성 정도에 대해 제대로 묻지 않는다. [질문 1]처럼 물으면, 목적 달성의 정도를 수단의 적합성 원칙 판단에서와 마찬가지로 주어진 목표치로 취급하기 쉽다. 입법목적의 달성 정도에 대해서 제대로 검토하지 않고도 [질문 1]에는 답할 수 있다. 그러나 이것은 공정한 비교형량이 아니다.

제대로 된 비교형량은 [질문 2]와 같이 물어야만 가능하다. [질문 2]에 답하려면, 먼저 입법목적의 달성 정도와 기본권의 제한 정도를 구체적으로 살펴보아야 한다(측정). 그런 다음 이 정도의 기본권 제한이라는 희생을 치르면서까지 그 만큼의 입법목적을 달성할 필요가 있는지를 비교해야 한다(비교). 이와 같은 측정-비교의 두 가지 단계를 거쳐야만 [질문 2]에 답할 수 있다.

법익의 균형성 원칙에 관한 일반이론에서 살펴본 바와 같이 법익의 균형성 원칙에서 이루어지는 비교형량이란 쉽게 말해 기회비용의 비교이다. 이것은 '**심판대상조항에 의해 달성되는 입법목적의 구체적인 가치**'와 '**심판대상조항에 의해 제한되는 기본권의 구체적인 가치**' 각각을 따진 다음, 양자가 모두 변동 가능하다는 전제 하에 기본권 보호를 위해 더 나은 균형점이 있는지를 묻는 것이다. 따라서 제대로 된 비교형량을 하려면 '**심판대상조항에 의해 달성되는 입법목적의 구체적인 가치**'가 줄어들어도 된다고 가정해야만 한다. 그러한 가정 하에 '**심판대상조항에 의해 달성되는 입법목적의 구체적인 가치**'가 줄어드는 정도와 '**심판대상조항에 의해 제한되는 기본권의 구체적인 가치**'가 늘어나는 정도를 비교하여야 심판대상조항에 의한 기본권 제한 상태가 헌법상 용인되는지 아닌지를 제대로 비교할 수 있다. 이러한 비교는 캐나다 연방대법원의 경우, *Oakes* 심사 중 효과의 비례성 판단 단계에서 심판대상조항의 긍정적 효과와 부정적 효과를 각각 나누어 분석한 다음 비교하는 형태로 발현된다.

피해의 최소성 원칙 단계에서 [질문 1]과 같이 묻고 심판대상조항에 의한 기본권 제한 정도를 구체적으로 분석하고 나면, 법익의 균형성 원칙 단계에서는 별로 논증할 것이 남아 있지 않은 것 같은 착각에 빠지기 쉽다. 이러한 착각은 피해의 최소성 원칙 단계에서 기본권 제한 정도를 면밀히 분석하면 할수록 더 커질 수 있다. 그 결과 법익의 균형성 원칙 단계에서는 입법목적의 추상적인 중요성을 적어 주고, '앞서 살펴본 바와 같이'라는 인용구를 사용하여 피해의 최소성 원칙 단계에서 분석한 구체적인 기본권 제한 정도를 인용한 다음 어느 한 쪽이 '결코 작다고 할 수 없다'라고 단언하는 논증구조로 이어지기 쉽다.

이러한 법익의 균형성 원칙 논증에는 '입법목적 달성 정도 자체에 대한 문제 제기'라는 법익의 균형성 원칙의 핵심이 빠져 있다. '불완전 분화형 논증유형'의 법익의 균형성 원칙 논증에는 구체적 사실관계에 대한 면밀한 분석에 더하여 풍부한 사회학적 논의, 법학적 논의, 역사와 철학적 논의를 바탕으로 살펴 볼 때 심판대상조항에 의해 달성되는 입법목적의 정도가 구체적으로 얼마나 가치 있는 것인지에 대한 내용이 생략되기 쉽다. 따라서 기본권을 구체적으로 이 정도로 제한하면서까지 입법목적을 그렇게나 많이 달성할 필요가 있는 것인지 여부에 관한 판단이 생략되기 쉽다.

이러한 맹점 때문에, '불완전 분화형 논증유형' 선례들의 경우, 과잉금지원칙의 핵심인 비교형량은 피해의 최소성 원칙 단계에서도 법익의 균형성 원칙 단계에서도 제대로 이루어지지 않는 경우가 많다. 이것은 비교형량을 회피할 통로를 열어 주는 것에 다름 아니다.

### 3) 비교형량 소홀에 따른 성급한 합헌 결론 도출

형량이 포함된 피해의 최소성 논증유형에 따를 경우 목적의 정당성 원칙에서부터 법익의 균형성 원칙에 이르기까지 심판대상조항의 입법목적 달성 정도를 주어진 것으로 봄으로써 형량을 소홀하게 할 위험이 생긴다. 이에 따라 제대로 된 비교형량 없이 합헌의 결론으로 쉽게 나아갈 수 있다. 이러한 논증구조를 2015. 12. 23. 2013헌가9 결정을[336] 통해 자세히 살펴본다. 이 사건의 심판대상조항들은 성폭력범죄를 저지른 성도착증 환자로서 재범의 위험성이 인정되는 19세 이상의 사람에 대해 검사가 법원에 치료명령을 청구할 수 있도록 한 '성폭력범죄자의 성충동 약물치료에 관한 법률' 제4조 제1항 및 검사의 청구에 따라 법원이 15년의 범위에서 치료기간을 정하여 약물치료명령을 할 수 있도록 한 '성폭력범죄자의 성충동 약물치료에 관한 법률' 제8조 제1항의 두 가지이다. 이 사건에서 헌법재판소는 전자에 대해서는 합헌의 결론에, 후자에 대해서는

---

[336] 판례집 27-2하, 391.

헌법불합치의 결론에 이르렀다.

이 결정의 법정의견은 심판대상조항들 중 '성폭력범죄를 저지른 성도착증 환자로서 재범의 위험성이 인정되는 19세 이상의 사람에 대해 검사가 약물치료명령을 청구할 수 있도록 한 성폭력범죄자의 성충동 약물치료에 관한 법률 제4조 제1항' 부분에 대해서는 합헌의 결론에 이르렀다. 그 이유 중 피해의 최소성 원칙 부분은 두괄식으로 작성되었는데, 그 시작은 다음과 같다.

> 심판대상조항들에 의한 성충동 약물치료의 청구 및 명령은 의학적인 판단에 기초하여, 치료가 필요하고 치료 효과가 기대되는 집단에 대하여 목적 달성에 필요한 범위 내에서 제한적으로 이루어지고 있다.[337]

우선 이 설시에는 입법대안에 대한 언급이 없다. 이는 전형적인 '불완전 형량'의 설시이다. 여기에서 주목할 부분은 "목적 달성에 필요한 범위 내에서"라는 부분이다. 위헌심사척도를 이렇게 정하면, 목적 달성을 얼마나 하여야 하는지에 대해서는 본격적으로 물을 수 없다. 위와 같은 두괄식 결론에 대한 근거로 이 판결은 ① 피치료자의 범위가 제한되어 있는 점, ② 의학적 치료의 필요성에 관한 전문가의 판단을 거쳐 치료명령이 이루어지는 점, ③ 성충동 약물치료는 성도착증의 특수한 병리적 요인에 대한 치료적 성격이 있고, 기간이 제한되어 있으며, 약물에 의한 남성호르몬 생성 및 작용 억제가 치료기간에 한정되는 점을 제시한다. 이 세 가지 근거 중 어느 하나도 성폭력 재범 억제 효과 등 '**심판대상조항에 의해 달성되는 입법목적의 구체적인 가치**'에 관한 것이 아니다.

사정이 이러하기 때문에, 합헌의견에서는 '**심판대상조항에 의해 달성되는 입법목적의 구체적인 가치**'와 '**심판대상조항에 의해 제한되는 기본권의 구체적인 가치**' 사이의 비교도 이루어지지 않았다. 합헌의견은 기

---

[337] 판례집 27-2하, 391, 404.

본권 제한의 정도만을 구체적으로 살펴본 다음, 기본권 제한이 "목적 달성에 필요한 범위 내에서 제한적으로 이루어지고 있다."는 결론에 이른다. 이것은 심판대상조항의 목적 달성 정도를 꼭 달성해야만 하는 고정된 목표로 상정하는 논리 구조이다. 따라서 이러한 논증은 비교형량의 외관을 띠지만 공정한 비교형량으로 보기 어렵다.

합헌의견은 이어 각종 입법대안을 검토하고 나서 입법대안들은 심판대상조항만큼 입법목적을 달성할 수 없다고 결론 내린 다음, 다음과 같이 심판대상조항 중 합헌인 부분에 관한 피해의 최소성 원칙 판단을 마무리 한다.

> 위와 같은 사정들을 종합하여 보면, 심판대상조항들에 의한 성충동 약물치료제도 자체는 목적 달성을 위하여 불필요한 제한을 가하고 있다거나, 목적 달성을 위한 덜 침해적인 대체수단이 있음에도 이를 채택하지 아니한 것이라고 보기 어려우므로 원칙적으로 피해의 최소성 원칙을 인정할 수 있다.[338]

이와 같이 합헌의견은 피해의 최소성 원칙의 의미를 명시적으로 두 가지로 파악한다. 첫째는 '심판대상조항이 목적 달성을 위하여 불필요한 제한을 가하고 있는지'이고, 둘째는 '목적 달성을 위한 덜 침해적인 대체수단이 있는지'이다. 전자는 '불완전 분화형 논증유형'의 연원으로 앞서 살펴본 헌재 1995. 4. 20. 92헌바29 결정에서부터[339] 나타난 '불완전 형량'이다. '불완전 형량'은 입법대안과의 비교와 무관하므로, 이론적인 관점에서 볼 때 피해의 최소성 원칙의 내용이 되어서는 곤란하다.

이어 합헌의견은 법익의 균형성 원칙에서 다음과 같은 판단을 한다.

> 심판대상조항들은 앞서 본 바와 같이 특정한 성적 성벽 등을 가진 성폭력범

---

338) 판례집 27-2하, 391, 407.
339) 판례집 7-1, 499.

죄자의 재범을 억제하는 매우 효과적인 수단이어서 상당한 수의 성폭력범죄자의 재범을 실질적으로 억제하고 사회방위에 기여할 것으로 예상되는바, 심판대상조항들에 의하여 달성되는 공익은 현재 우리 사회에서 상당히 중요한 것으로 평가될 수 있다.[340]

치료명령을 청구, 선고받아 성충동 약물치료를 받게 되는 피치료자가 심판대상조항들로 인하여 받는 불이익이 결코 작지 않다는 점은 명백하나, 성충동 약물치료는 전적으로 타인이나 사회를 위한 것만이 아니라 대상자 자신을 위한 치료이기도 하다. 또한 성충동 약물치료에 의하여 제한된 남성호르몬의 생성 및 작용은 치료 종료 후 수개월 이내에 본래와 같이 회복이 가능하고, 현재 성충동 약물치료에 사용되는 약물은 법무부고시에 의하여 지정된 약물 가운데 부작용이 가장 적다고 알려진 류프롤리드 아세테이트로서, 대표적인 부작용은 골밀도 감소이나, 앞서 본 바와 같이 부작용 검사와 그에 대한 치료, 부작용이 큰 경우의 약물치료 중단 등의 대책이 마련되어 있다. 이를 감안하면, 피치료자의 사익의 제한이 달성되는 공익과 비교하여 현저히 균형을 잃은 것이라 보기는 어렵다.[341]

합헌의견은 법익의 균형성 원칙 판단 단계에 이르러서도 심판대상조항의 '**심판대상조항에 의해 달성되는 입법목적의 구체적인 가치**'에 관해 면밀한 분석을 하지 않는다. 합헌의견은 "심판대상조항들은 앞서 본 바와 같이 특정한 성적 성벽을 등을 가진 성폭력범죄자의 재범을 억제하는 매우 효과적인 수단이어서"라고 앞서의 분석을 인용할 뿐이다.

합헌의견이 인용하는 앞서의 분석 부분은 심판대상조항이 입법목적 달성에 기여하는지 여부에 관한 수단의 적합성 원칙 판단 부분을 가리킨다. 그런데 수단의 적합성 원칙 판단은 수단-목적 사이의 조건적 인과관계 유무만을 검증하기 때문에, 심판대상조항이 입법목적 달성에 얼마

---

340) 판례집 27-2하, 391, 408, 409.
341) 판례집 27-2하, 391, 409.

나 많이 기여하는지는 판단의 초점이 아니다. 그 논리적 귀결로 합헌의 견은 수단의 적합성 원칙 판단 부분에서 성도착증 환자의 정신적 특성과 남성 호르몬 생성 및 작용 억제라는 성충동 약물치료제의 기능에 대해 살펴본 다음 아래와 같이 결론짓는 내용에 그친다.

> 따라서 성충동 약물치료는 성도착증 환자의 성폭력범죄 재범을 방지한다고 볼 수 있고, 이는 외국의 여러 연구결과들에 의하여도 일정 부분 입증되었으므로, 심판대상조항들은 입법목적 달성을 위한 적합하고도 효과적인 수단을 규정하고 있다고 할 수 있다.[342]

위와 같은 판단 내용 중에 심판대상조항이 입법목적달성에 "매우 효과적인 수단"이라는 내용은 없다. 그저 효과가 있다는 것이고 그나마 완전한 입증도 아닌 일정 부분 입증되었다는 판단에 그친다. 법익의 균형성 판단에 있어 "매우" 효과적인지, 단순히 효과가 있는지는 형량의 추를 기울이게 하는 결정적인 요소가 될 수 있음에도 불구하고, 그에 관한 면밀한 분석은 앞서의 분석에서도 법익의 균형성 단계에서의 분석에서도 이루어지지 않는다. 나아가 입법목적을 심판대상조항이 의도하는 만큼이나 많이 달성할 필요가 있는지에 대한 질문도 제기되지 않는다. 반면, 피해의 최소성 원칙 부분에서 자세히 살펴본 기본권 제한의 정도가 법익의 균형성 원칙 부분에서 다른 각도에서 다시 한 번 상세히 검토된다.

그 결과 이 판결의 합헌의견의 법익의 균형성 논증에서는 '**심판대상조항에 의해 달성되는 입법목적의 구체적인 가치**'와 '**심판대상조항에 의해 제한되는 기본권의 구체적인 가치**' 사이의 온전한 비교형량이 이루어지지 않는다. 합헌의견은 심판대상조항에 의한 입법목적 달성 정도를 주어진 목표로 인정한 전제 하에 심판대상조항에 의한 기본권 제한 정도를 완화할 장치들이 있다는 것을 살펴보는 것에 그친다.

---

[342] 판례집 27-2하, 391, 403.

제3장 과잉금지원칙의 실무  239

　법정의견과 대조적으로 이 결정 중 재판관 김이수, 재판관 이진성, 재판관 안창호의 반대의견은 아래와 같이 법익의 균형성 원칙 부분에서 심판대상조항에 의한 구체적 공익달성정도를 살펴본다.

　　앞서 수단의 적절성과 관련하여 살핀 것과 같이, 성충동 약물치료의 효과에는 의문이 있으며, 약물치료에 의한 성기능의 저하나 무력화를 통하여 성폭력범죄의 재범을 일정 부분 억제할 수 있다고 하더라도, 성충동 약물치료에 의한 남성호르몬의 생성 및 작용 억제는 약물 투여를 중단하는 경우 치료 전과 같은 상태로 회복되는 점, 성충동 약물치료 자체는 성도착증에 대한 근본적 치유책은 아닌 점에서, 위와 같은 재범 억제의 효과는 치료기간 중에 한정된다. 따라서 심판대상조항들에 의하여 구체적으로 달성되는 성폭력범죄의 재범 방지 및 사회방위의 효과는 제한적이거나 한시적이고, 달성 여부 자체가 불확실한 부분 역시 존재한다.[343]
　　병리적 현상에 대한 과학적 대응노력은 반드시 필요한 것이나, 충분한 연구가 이루어지지 아니한 상태에서 제한적인 조건 하의 일부 사례를 들어 그 효과만을 강조하는 것은 오히려 연구의 오류 발생을 부추길 수 있다. 그리고 시민들이 성폭력은 병리적인 것이고, 가해자는 정신이상자 등 특수한 사람이라고 착각하게 만들어, 다양한 원인에 기하여 이루어지는 성폭력에 관한 근본적인 대책 마련 요구 및 노력을 차단하는 결과를 가져올 우려도 배제할 수 없다. 이러한 점을 종합하면, 성폭력범죄의 예방, 억제를 위한 국가적 노력의 긴절한 필요와 중요성에도 불구하고, 심판대상조항들에 의하여 구체적으로 달성되는 공익을 막연한 추정에 기하여 인정할 것은 아니다.[344]

　재판관 김이수, 재판관 이진성, 재판관 안창호의 반대의견은 이어 심판대상조항에 의한 구체적인 기본권 제한의 정도를 상세히 살펴본 다음

---

343) 판례집 27-2하, 391, 414.
344) 판례집 27-2하, 391, 414, 415.

양자를 비교하고 위헌의 결론에 이른다. 이러한 논증구조는 구체적인 기본권 제한 정도에만 논증을 집중하는 바람에 균형을 잃은 합헌의견의 법익의 균형성 원칙 논증 구조와 선명한 대조를 이룬다.

#### 4) 과잉금지원칙의 장점 구현의 어려움

앞서 살펴본 바와 같이 '불완전 분화형 논증유형'의 피해의 최소성 원칙 논증구조의 실질은 위헌심사척도의 변경에 해당된다. '불완전 분화형 논증유형'의 등장에 따라 피해의 최소성 원칙의 본래의 논증구조와 다른 논증구조가 피해의 최소성 원칙 이라는 이름 안에 공존하게 되었다. 이에 따라 피해의 최소성 원칙은 입법대안과의 비교뿐 아니라 비교형량에 유사한 것까지 담을 수 있는 다의적인 위헌심사척도가 되었다. 과잉금지원칙은 명확하게 분화된 체계적인 논증구조를 통해 위헌 여부의 정당화 근거를 설득력 있게 제시한다는 것이 장점이다.[345] 피해의 최소성 원칙의 의미가 다의적이 되면 이러한 장점을 살려내기 어렵다. 다의적으로 해석될 수 있는 위헌심사척도는 판결에 대한 예측가능성과 설득력의 저하를 초래한다.

또한 '불완전 분화형 논증유형'은 과잉금지원칙의 핵심인 온전하고 전면적인 비교형량을 방해하는 결과를 낳는다. '불완전 분화형 논증유형'은 불완전 형량을 통해 상당한 수준의 가치판단을 피해의 최소성 원칙 판단 단계에서 수행한다. 이러한 논증에 피해의 최소성이라는 이름을 붙이면, 그 논증과정에 마치 가치판단이나 주관성이 개입하지 않은 듯한 인상을 줄 수 있다. 그에 따라 온전하고 전면적인 형량을 하지 않는 것이 더 용이하게 된다. 나아가 '불완전 분화형 논증유형'은 이와 같이 피해의 최소성 원칙 부분에서 '불완전 형량'을 수행한 다음, 법익의 균형성 원칙 부분에서는 구체적인 비교형량 대신 공익과 사익의 추상적인 수준에서의 비교 결과를 선언적인 명제로 제시하는 경우가 많다. 그 결과 법

---

345) Dieter Grimm 2007, op. cit., p. 397.

익의 균형성 원칙 단계에서도 제대로 된 비교형량이 이루어지기 어려운 경우가 많아지게 된다. '불완전 분화형 논증유형'은 법익형량을 피해의 최소성 원칙 판단에 억지로 포함시키려고 한 결과, 법익의 균형성 원칙 판단도 피해의 최소성 원칙 판단도 제대로 할 수 없게 되었다.[346]

### 5) 법익의 균형성 원칙의 독자적 의의 상실

'불완전 분화형 논증유형'에서는 피해의 최소성 원칙의 충족 여부가 곧 법익의 균형성 원칙 충족 여부를 결정하는 경우가 많다. 즉, 과잉금지원칙 적용의 결론은 피해의 최소성 원칙 단계에서 '불완전 형량'을 할 때 이미 정해지기 쉽다. 이러한 까닭에 피해의 최소성 원칙은 만족되나 법익의 균형성 원칙이 만족되지 않는 선례를 거의 찾아보기 어려운 것으로 보인다. 이와 같이 '불완전 분화형 논증유형'에서는 법익의 균형성 원칙의 독자적인 존재의의를 찾기가 쉽지 않다.[347] 법익의 균형성 원칙이 과잉금지원칙 적용에 있어 특별한 역할을 하지 못한다면, 법익의 균형성 원칙을 독립적인 위헌심사척도로 계속 유지해야 할 이유가 무엇인지 말하기가 어려워진다. 이는 단순히 법익의 균형성 원칙의 존재의의가 거의 없다는 현상에 그치는 것이 아니다. 과잉금지원칙의 핵심이자 본령이 비교형량을 내용으로 하는 법익의 균형성 원칙 부분에 있음에도 불구하고, 법익의 균형성 원칙의 존재의의가 미약하다는 것은 과잉금지원칙의 핵심을 놓치게 된다는 것을 의미한다.

---

346) 이는 캐나다 연방대법원의 최소침해성 중심 논증유형에 대한 비판인데, 우리 헌법재판소의 불완전분화형 논증유형에도 그대로 적용될 수 있다. 캐나다의 최소침해성 중심 논증유형에 대한 비판은 Guy Davidov 2000, op. cit., p. 201. 참조

347) 법익의 균형성 원칙 판단이 선언에 그치고 논증은 거의 이루어지지 않는다는 지적으로, 정주백, "과잉금지원칙에 관한 관견 - 헌재의 원칙 운용에 있어서의 논리성·일관성에 관한 문제제기 -", 헌법재판연구 제2권 제2호(2015. 12.), 제265-266쪽.

### 4. 소결: 완전 분화형 논증유형 선례 계승의 필요성

앞서 살펴 본 내용을 종합하면 우리 헌법재판소의 과잉금지원칙 하위 원칙 논증유형은 '미분화형 논증유형'이 대세를 이루다가, '완전 분화형 논증유형'과 '불완전 분화형 논증유형'이 공존하는 단계를 거쳐 온 것으로 볼 수 있다.[348] 그 후 '불완전 분화형 논증유형'을 취하는 결정이 점점 늘어나서 현재까지 이어져 오고 있는 것으로 보인다.[349] 이러한 경향은 2016년에 이르면, 같은 결정 내에서 심판대상조항 중 어느 하나에 대해서는 형량 없는 피해의 최소성 원칙 논증을 하고, 다른 하나에 대해서는 형량이 포함된 피해의 최소성 원칙 논증을 하는 형태로까지 나아간다.[350] 이와 같이 '불완전 분화형 논증유형'이 대세가 됨에 따라, '완전 분화형 논증유형'은 '잊혀진 논증방식'으로 지칭되기도 한다.[351]

'불완전 분화형 논증유형'의 확산 경향은 과잉금지원칙 판단의 세부 목차로 "피해의 최소성 원칙 및 법익의 균형성 원칙"이라는 통합 목차를 사용하는 경향과도 궤를 같이 하는 것으로 보인다. 이는 피해의 최소성 원칙에서 불완전하나마 형량까지 하고나면 법익의 균형성 원칙 단계에서는 논증할 내용이 별로 남아있지 않기 때문으로 추측된다. "피해의 최소성 원칙 및 법익의 균형성 원칙" 또는 "침해의 최소성 원칙 및 법익의 균형성 원칙"이라는 통합 목차는 1996년에 처음 등장하여 2002년까지 사

---

348) 우리 헌법재판소가 창립 이래 2019. 11. 30.까지 선고한 법률에 대한 위헌결정 중 과잉금지원칙 위반을 근거로 한 200건의 결정에 대한 유형별 분석으로, 이재홍, 위의 책(2020), 제225-226, 298-319쪽 참조.
349) 강일신, 위의 논문(2019. 2.), 제198쪽.
350) 예컨대, 헌재 2016. 9. 29. 2014헌가3 등, 판례집 28-2상, 258. 이 결정에서 "이 사건 2호 부분"에 대한 피해의 최소성 원칙 판단은 입법대안과의 비교를 내용으로 하나(위 판례집 제270-273쪽), "이 사건 제3호 부분"에 대한 피해의 최소성 원칙 판단은 입법대안 제시 없이 기본권 제한 정도가 과잉한지에 관한 비교형량을 내용으로 한다(위 판례집, 제274쪽, 두 번째 단락).
351) 강일신, 위의 논문(2019. 2.), 제199쪽.

이에는 대략 2년에 한 번 꼴로 사용되었다.352) 그 후 2003년부터는 매년 꾸준히 사용되다가 그 빈도는 2006년 이후 눈에 띄게 높아진다.353)

'불완전 분화형 논증유형'이 증가하는 와중에 '완전 분화형 논증유형' 결정들도 종종 나왔다. 예컨대, 부동산실명법 헌법불합치 사건이나,354) 태아 성별 고지에 관한 헌법불합치 사건,355) 회사정리법상 주권상실 위헌 사건이356) 그러한 경우에 해당한다.357) 특히, 최근 재심소장에 붙일 인지액이 과다하여 재판청구권을 침해하는지 여부에 관한 헌재 2017. 8. 31. 2016헌바447 결정의358) 보충의견을 통하여 불완전 분화형 논증유형에 대한 문제제기가 있었고, 그 후 대표적으로 양심적 병역거부 사건 중 병역종류조항에 대한 다수의견(헌법불합치)에서 약간의 변화의 경향을 엿볼 수 있었다. 즉, 위 결정에서 병역종류조항에 대한 다수의견은 피해의 최소성 원칙 부분에서 입법대안 이외의 판단을 전혀 하지 않았고, '대가 동일성 검증단계'와 '목적달성 동일성 검증단계'를 명시적으로 판단하였다.359) 이와 같이 최근 결정례들 중에는 '목적달성 동일성 검증단계'를 명시적으로 언급하거나,360) 법익의 균형성 원칙 부분에서 과거보다

---

352) 헌재 1996. 2. 29. 94헌마13, 판례집 8-1, 126, 142; 헌재 1998. 5. 28. 96헌가4등, 판례집 10-1, 522, 538, 539; 헌재 2000. 7. 20. 99헌마455, 판례집 12-2, 153, 163; 헌재 2002. 11. 28. 2001헌마596, 판례집 14-2, 734, 751.
353) 최근의 결정으로는 헌재 2019. 4. 11. 2017헌바127, 판례집 31-1, 404, 419(낙태죄 헌법불합치 결정)을 들 수 있다.
354) 헌재 2006. 5. 25. 2005헌가17 등, 판례집 18-1하, 1. 이와 대조적으로 같은 날 선고된 안마사 관련 결정은 목적 달성 동일성 검증단계를 제대로 판단하지 않는 논증구조를 취하였다(헌재 2006. 5. 25. 2003헌마715 등, 판례집 18-1하, 112).
355) 헌재 2008. 7. 31. 2004헌마1010 등, 판례집 20-2상, 236.
356) 헌재 2012. 5. 31. 2010헌가85, 판례집 24-1하, 257.
357) 합헌 선례 중에는 예컨대, 헌재 2003. 10. 30. 2001헌마700등, 판례집 15-2하, 137.
358) 판례집 29-2상, 363.
359) 헌재 2018. 6. 28. 2011헌바379등, 판례집 30-1하, 370, 415.
360) 예컨대, 헌재 2018. 2. 22. 2017헌가29; 헌재 2018. 2. 22. 2016헌바100; 헌재

한층 구체적인 비교형량을 하는 결정들이 있다.361) 물론 불완전 분화형 논증유형을 취하는 최근 결정들이 다수이다.362)

'불완전 분화형 논증유형'의 과잉금지원칙은 '피해의 최소성 원칙이 과잉금지원칙을 지배한다'고 요약할 수 있다. '불완전 분화형 논증유형'의 특징은 피해의 최소성 원칙 판단 단계에서 '목적달성 동일성 검증단계'를 생략한 채 입법대안과 심판대상조항을 비교하거나, '불완전 형량'을 한 다음, 법익의 균형성 원칙 판단은 공익과 사익의 추상적 비교 결과를 선언하는 정도로 간략히 마무리 하는 것이다. 피해의 최소성 원칙 단계에서 이루어지는 '불완전 형량'은 피해의 최소성 원칙이라는 옷을 입은 상태에서 이루어지기 때문에, 대립하는 이익 사이의 공정하고 총체적인 비교형량이기보다는 합헌 또는 위헌의 어느 한 쪽을 지지하는 논거들을 나열하는 형식이 되기 쉽다. 이를 통해 온전한 비교형량을 회피하고, 쉽게 합헌의 결론에 이를 수 있는 길이 열린다. 또한 '불완전 분화형 논증유형'에 따를 경우 '목적달성 동일성 검증단계'의 중요성이 흐려지고, 급기야는 이를 생략하는 데에까지 이를 수 있다. '목적달성 동일성

---

2018. 4. 26. 2016헌마116 중 재판관 이진성, 재판관 안창호, 재판관 강일원의 반대의견; 헌재 2018. 5. 31. 2016헌바14등; 헌재 2018. 5. 31. 2016헌바250; 헌재 2018. 6. 28. 2016헌가15; 헌재 2018. 6. 28. 2015헌마545; 헌재 2018. 6. 28. 2016헌바347등; 헌재 2018. 6. 28. 2016헌바77등 중 법정의견; 헌재 2018. 6. 28. 2016헌마1153; 헌재 2018. 7. 26. 2017헌마1238; 헌재 2018. 7. 26. 2016헌마431; 헌재 2018. 7. 26. 2016헌마1029; 헌재 2018. 8. 30. 2017헌마158.

361) 예컨대, 헌재 2018. 2. 22. 2016헌바401; 헌재 2018. 6. 28. 2016헌바473; 헌재 2018. 6. 28. 2016헌바77등 중 재판관 조용호의 반대의견; 헌재 2018. 7. 26. 2016헌마260 중 재판관 이진성, 재판관 안창호, 재판관 서기석, 재판관 조용호, 재판관 유남석의 압류금지조항에 대한 위헌의견 등 참조.

362) 예컨대, 민주화보상법상 재판상화해 성립 간주에 관한 헌재 2018. 8. 30. 2014헌바180등, 판례집 30-2, 259, 277-279, 변호사시험 성적공개기간에 관한 헌재 2019. 7. 25. 2017헌마1329, 공보 제274호, 878, 882, 883. 또한 낙태죄에 관한 최근 헌법재판소 결정의 논증구조에 관한 분석으로, 이재홍 위의 책(2020), 제263-267쪽 참조.

검증단계'를 명확히 판단하지 않으면 피해의 최소성 원칙은 성급한 위헌의 결론으로 빠져나가는 통로가 될 수 있다. 앞서 살펴보았듯이 이러한 위헌심사척도로는 단계적 판단이라는 과잉금지원칙의 장점의 상당 부분을 구현하기 곤란하다.

그러나 '완전 분화형 논증유형'의 선례들은 피해의 최소성 원칙을 입법대안과의 비교에 한정하여 적용하고, 비교형량은 법익의 균형성 원칙의 몫으로 돌린다. 이 선례들 중에는 '대가 동일성 검증단계'는 물론이고, '목적달성 동일성 검증단계'까지도 정확하게 적용한 선례도 있고, 비교형량을 본격적으로 한 선례도 있다. 심판대상조항의 위헌성을 짚어내는 핵심은 심판대상조항에 의한 구체적인 기본권 제한 정도가 헌법상 정당화되는지, 수인가능성이 있는지이다. 이는 심판대상조항의 입법목적 달성 정도 자체에 의문을 제기할 때 비로소 온전히 판단할 수 있기 때문에, 비교형량을 법익의 균형성 원칙이라는 독립된 판단 단계에 온전히 맡겨 둘 때 제대로 해낼 수 있다. 헌법재판을 담당하는 독립적인 사법기관을 둘 때 헌법재판이 쉽게 활성화 되듯이, 비교형량에 특화된 판단 단계를 만들어 둘 때 깊이 있고 온전한 비교형량이 용이해진다. 따라서 '완전 분화형 논증유형'은 '불완전 분화형 논증유형'의 피해의 최소성 원칙에 적혀 있는 내용을 법익의 균형성 원칙 부분으로 옮겨 적는 것에 불과한 것이 아니다.[363] 논증구조는 논증의 결과를 좌우하기도 한다.[364] 피해의 최소성 원칙에서 '불완전 형량'을 하면 올바른 판단 결과에 이르지 못할 위험이 있다. 이러한 관점에서 '완전 분화형 논증유형'이 과잉금지원칙 논증의 형식과 실질을 모두 향상시킬 수 있는 지름길이라 할 수 있다.

과잉금지원칙은 투명한 비교형량이 핵심이다.[365] 법익의 균형성 원

---

[363] 강일신은 전체 논증의 양과 질은 유사할지 모르나 법익의 균형성 원칙 논증의 양과 질에서는 유의미한 차이가 있다고 평가한다[강일신, 위의 책(2018), 제69쪽].
[364] 강일신, 위의 논문(2019. 2.), 제216쪽.

칙 부분에서 이루어지는 총체적인 비교형량은 솔직함의 표현이기 때문에, 헌법재판소에 대한 국민의 신뢰나 헌법재판소를 향한 국민의 기대가 뒷받침 될 때 비로소 실현할 수 있다. 또한 그러한 신뢰나 기대의 배경이 되는 민주주의에 관한 역사와 전통의 차이와 같은 요소가 헌법재판소의 비교형량의 질을 결정하는 중요한 인자로 작용한다.366) 그 결과 헌법재판소의 지위가 강할수록 더 자주 법익의 균형성 원칙 논증을 할 것이고, 지위가 약한 법원은 외견상 "정치적으로" 보이는 논증구조인 법익의 균형성 원칙 논증을 피하려고 하게 된다.367) 요컨대, 헌법재판소에 대한 신뢰나 기대가 약한 사회에서는 가치 판단이 배제된 논증 구조인 수단의 적합성 원칙이나 피해의 최소성 원칙 이상의 논증을 헌법재판소에 기대하기 어렵다.

 법익의 균형성 원칙 논증에 집중하는 독일 연방헌법재판소도 원래부터 그러한 논증구조를 취한 것은 아니었다. 독일 연방헌법재판소 역시 피해의 최소성 원칙에 의지하여 위헌 논증을 하는 경향을 창립 이래 20년이 넘게 지속하다가, 1980년대 이후에 비로소 법익의 균형성 원칙 위반을 본격적인 위헌결정의 논증으로 삼는 판례를 확립하였다.368) 이러한 경향은 독일 연방헌법재판소의 지위의 공고화 정도와 과잉금지원칙에 대한 학계의 긍정적 평가의 증대와 맥을 같이 한다.369)

 우리 헌법재판소는 민주화 운동의 결실인 1987년 헌법에 의해 탄생했지만, 신생기관이었기 때문에 창립 이래 지난 30여 년간 자신에 대한 국민의 신뢰를 0에서부터 시작하여 쌓아올려야만 했다. '불완전 분화형 논증유형'과 같은 과잉금지원칙 논증구조는 이러한 신뢰 부족의 반영일 가

---

365) Iryna Ponomarenko 2016a, *op. cit.*, pp. 1162-1163 참조.
366) Bernhard Schlink 2012, *op. cit.*, p. 301.
367) Niels Petersen 2017, *op. cit.*, p. 68.
368) 연방헌법재판소의 법익의 균형성 원칙 논증 적용 경향에 관한 자세한 내용은 Niels Petersen 2017, *op. cit.*, p. 84, pp. 86-92 참조.
369) *Ibid.*, p. 97, 98, 114.

능성이 있다. 그러나 2021년 현재의 헌법재판소에 대한 사회적 신뢰와 국민의 수준이 헌법재판소의 투명한 비교형량을 감당하지 못할 정도인지는 다시 생각해 볼 필요가 있다. 이제 피해의 최소성 원칙과 법익의 균형성 원칙을 분명히 구별하고, 과잉금지원칙 논증의 중심을 과잉금지원칙의 핵심인 법익의 균형성 원칙에 두는 '완전 분화형 논증유형'으로 옮겨갈 때가 되지 않았는지 점검해 볼 필요가 있다.

반면, 피해의 최소성 원칙에 비교형량이 포함된다는 취지에서 '불완전 분화형 논증유형'을 긍정적으로 평가하는 견해도 있다.[370] 예컨대, Bilchitz는 입법대안이 심판대상조항과 "완전히 같은 정도로(to the same extent)" 입법목적을 달성하는지가 아니라 "현실적이고 실질적으로(real and substantial)" 입법목적을 달성하는지를 심사하여야 하고, 그 판단에는 입법대안에 의할 경우의 기본권 완화 정도와 입법목적 달성 저해 정도의 비교가 포함된다고 주장한다.

그러나 입법대안과 심판대상조항의 입법목적 달성 정도가 현실적이고 실질적으로 같은 정도인지에 관한 불확실성의 해결은 과잉금지원칙의 적용강도로 접근하는 것이 타당하다. Bilchitz는 입법목적 달성 정도의 비교와 기본권 제한 정도의 비교를 종합적으로 고려하여 심판대상조항이 침해를 최소로 하는 것인지를 판단하는 것을 피해의 최소성 원칙 판단의 최종단계로 설정한 다음, 이 최종단계에 비교형량이 포함될 수밖에 없다고 주장한다.[371] 그러나 그러한 비교형량은 법익의 균형성 원칙에서 하면 족한 것이고 굳이 이러한 새로운 최종단계를 만들어 피해의 최소성 원칙 판단에 포함시킬 실익을 찾기 어렵다.

또한 Bilchitz는 피해의 최소성 원칙 단계에서도 사법부는 가치 판단 없이 과잉금지심사를 할 수 있다는 식의 '자기기만(self-deception)'을 해서

---

370) David Bilchitz 2016, op. cit., pp. 56-57; 강일신, 위의 논문(2019. 2.), 제209-210쪽. 다만, 강일신의 견해는 법익의 균형성 원칙의 독자적 중요성도 강조한다{강일신, 위의 책(2018), 제74쪽; 강일신, 위의 논문(2019. 2.), 제217쪽}.
371) David Bilchitz 2016, op. cit., pp. 51-57.

는 안 된다고 주장한다. 그러나 자기기만을 가장 효과적으로 피할 수 있는 방법은 '불완전 분화형 논증유형'처럼 실증적 비교의 외관과 구조를 가진 피해의 최소성 원칙 단계에서 비교형량을 하는 것이라기보다는 '완전 분화형 논증유형'처럼 가치들 사이의 비교의 외관과 구조를 가진 법익의 균형성 원칙 단계에서 공개적이고 본격적으로 비교형량을 하는 것이다.

여기에서 주의할 점은 피해의 최소성 원칙과 법익의 균형성 원칙을 엄격히 구별하는 '완전 분화형 논증유형'이 과잉금지원칙을 통해 기계적으로 합헌, 위헌의 결론을 도출해내야 한다는 의미가 아니라는 점이다. 피해의 최소성 원칙과 법익의 균형성 원칙을 엄격히 구별하자는 것은 피해의 최소성 원칙과 법익의 균형성 원칙 판단의 논리적인 뼈대를 분명히 밝히고, 그 뼈대에서 이탈하지 말자는 주장일 뿐이다. 다양한 가치관과 역사적, 사회적 사실들, 정치적, 철학적 주장들을 심도 있게 고민하고 그에 관한 풍부한 논거를 제시하는 것은 반드시 필요하다.

피해의 최소성 원칙과 법익의 균형성 원칙을 엄격히 구별하면, 합헌과 위헌의 결론을 뒷받침하는 풍부한 논거들이 숨김없이, 그리고 과장 없이 제시될 수 있다. 자신이 지지하는 결론을 뒷받침하는 논거들만 강조하고 나머지는 무시하는 것이 구조적으로 어려워진다. 따라서 피해의 최소성 원칙과 법익의 균형성 원칙을 엄격히 구별하는 완전 분화형 논증유형은 실질상 과잉금지원칙의 기계적 적용과는 정반대 방향을 지향한다. 오히려 피해의 최소성 원칙과 법익의 균형성 원칙 사이의 엄격한 구별에 반대하는 입장에 따를 경우, 과잉금지원칙은 자신의 결론을 정당화하기 위해 특정한 측면을 과장하고, 특정한 측면은 숨기면서도 그러한 과장과 은폐가 없는 것 같은 외관을 만들어내는 도구로 사용되기 쉬워질 위험이 있다.

이러한 관점에서 캐나다 연방대법원이 우리와 같이 피해의 최소성 원칙에 논증을 집중하다가 최근 법익의 균형성 원칙 쪽으로 그 중심을 이동시키고 있음을 눈여겨 볼 필요가 있다. 다행히도 이는 무에서 유를 창조하는 작업이 아니다. '완전 분화형 논증유형'의 선례들을 계승하는 것으로 족하다. 이렇게 하면 피해의 최소성 원칙 판단을 통과하기 쉬운 위헌심사척도로 사용할 수 있다.372) 이렇게 피해의 최소성 원칙을 정확하게 정립하고 나면, 비교형량의 문제는 전부 법익의 균형성 원칙의 몫으로 넘어간다. 캐나다 연방대법원의 *Hutterian Brethren* 판결에서 다수의견이 걸어간 길이 바로 이 방향이다.

법익의 균형성 원칙에서 본격적인 비교형량을 하게 되면 결정의 설득력과 투명성이 높아진다. 헌법연구관의 연구보고서에 담긴 각종 사회적 지표와 관련 자료들이 비교형량에 직접 활용되어 논리적이고 풍부한 논거제시가 가능하게 된다. 헌법재판소의 과잉금지원칙 논증구조의 미래가 이 지점에 달려 있다.

## II. 대한민국 헌법재판소의 과잉금지원칙의 적용강도

### 1. 입법재량 존중의 세 가지 양상

헌법재판소의 결정례상 과잉금지원칙의 적용강도의 다양화는 '입법형성권', '광범위한 입법재량'과 같이 입법재량 존중을 의미하는 용어로 표현된다. 우리 판례상 과잉금지원칙에 관하여 입법재량 존중은 크게 세 가지 경우에 논거로 언급된다. 첫째는 과잉금지원칙을 적용할지 말지를 정하는 논거로서 언급되는 경우이고, 둘째는 과잉금지원칙의 적용강도 완화 논거로 언급되는 경우이며, 셋째는 과잉금지원칙의 변형의 논거로

---

372) 피해의 최소성 원칙은 파레토 효율 심사로 기능하고, 파레토 효율이라는 것이 희귀하기 때문에 심사기준으로서의 중요성이 떨어진다는 지적으로, Moshe Cohen-Eliya, Iddo Porat 2013, *op. cit.*, pp. 18-19 참조.

도 사용된다. 이하에서 차례로 살펴본다.

### 가. 과잉금지원칙 적용 여부 결정의 논거로서의 입법재량

헌법재판소는 과잉금지원칙을 적용할지 여부를 결정함에 있어 입법형성권의 정도를 근거로 드는 경우가 있다. 예컨대 재판청구권 침해 여부에 관한 선례들은 과잉금지원칙을 적용하는 경우도 있고 아닌 경우도 있는데, 과잉금지원칙을 적용하지 않는 경우 아래와 같이 광범위한 입법형성권을 근거로 제시하기도 한다. 이를 결정문에 분명히 표시함으로써 논증의 투명성, 결론의 정확성, 검증가능성을 확보할 수 있다.[373]

재판청구권과 같은 절차적 기본권은 원칙적으로 제도적 보장의 성격이 강하기 때문에, 자유권적 기본권 등 다른 기본권의 경우와 비교하여 볼 때 상대적으로 광범위한 입법형성권이 인정되므로, 관련 법률에 대한 위헌심사기준은 합리성원칙 내지 자의금지원칙이 적용된다.[374]

### 나. 과잉금지원칙의 적용강도 완화 논거로서의 입법재량

헌법재판소 선례 중에는 아래와 같이 일단 과잉금지원칙을 위헌심사척도로 선택한 후에 그 하위 원칙들을 얼마나 엄격하게 적용할지를 정할 때 입법재량을 고려하는 경우가 있다.

'의료행위'의 사회적 기능이나 사회적 연관성의 비중은 매우 크다고 할 수 있다. 이러한 관점에서 볼 때, '국가가 계약지정제를 택하더라도 입법목적을 똑같이 효율적으로 달성할 수 있기 때문에 강제지정제를 택한 것은 최소침해의

---

373) Jorge Silva Sampaio 2018, op. cit., p. 94.
374) 헌재 2014. 2. 27. 2013헌바178, 판례집 26-1상, 293, 299, 300.

원칙에 반하는가'에 대한 판단은 '입법자의 판단이 현저하게 잘못되었는가'하는 명백성의 통제에 그치는 것이 타당하다고 본다.375)

즉, 위 판례는 과잉금지원칙을 적용하기로 결정하고 나서 피해의 최소성 원칙 위반 여부를 구체적으로 판단함에 있어 사회적 연관성이 크다는 이유로 그 적용강도를 완화한다. 사회적 연관성을 근거로 인정되는 입법재량은 과잉금지원칙 적용강도의 다양화를 결정하는 변수로 작용한다.376) 유사한 맥락에서 "사회적 연관관계에 놓여지는 경제적 활동을 규제하는 경제사회적인 입법사항"에 해당된다는 점을 근거로 들어 과잉금지원칙의 적용강도를 완화하는 선례도 있다.377)

과잉금지원칙의 적용강도는 불확실성의 해소수단이기 때문에, 입법재량을 근거로 하여 과잉금지원칙의 적용강도를 완화하는 것은 판결의 결론을 좌우하는 요소가 되기도 한다. 예컨대, 헌재 2013. 8. 29. 2011헌마122 결정은 수용자의 변호사와의 접견 제한에 관한 재판청구권 침해 여부에 관한 사건인데, 이 사건에서 재판관 김창종, 재판관 조용호의 합헌의견은 입법재량을 근거로 과잉금지원칙의 적용강도를 완화한다고 밝히고,378) 합헌의 결론에 이른다. 이는 과잉금지원칙의 적용강도에 대한 특별한 판시 없이 위헌의 결론에 이르는 다수의견과 대조를 이룬다.

다만, 과잉금지원칙의 적용강도를 완화하였다고 하여 항상 합헌 또는 위헌의 결론에 이르는 것은 아니다. 예컨대, "어떤 직업분야의 자격제도를 시행함에 있어서 그 업무에 대하여 설정할 자격요건의 구체적인 내용에 대한 판단·선택에 대해서는 입법자의 입법형성권이 인정되므로,

---

375) 헌재 2002. 10. 31. 99헌바76 등, 판례집 14-2, 410, 434.
376) 같은 취지의 판례로 헌재 2009. 3. 26. 2007헌마843, 판례집 21-1상, 651; 헌재 2011. 8. 30. 2009헌마638, 판례집 23-2상, 460; 헌재 2010. 12. 28. 2009헌바171, 판례집 22-2하, 708.
377) 예컨대, 헌재 2005. 2. 24. 2001헌바71, 판례집 17-1, 196, 208; 헌재 2009. 5. 28. 2006헌바86, 판례집 21-1하, 503, 519.
378) 헌재 2013. 8. 29. 2011헌마122 중 판례집 25-2상, 494, 512.

다른 방법으로 직업선택의 자유를 제한하는 경우에 비하여 보다 유연하고 탄력적인 심사가 필요하다."와[379] 같이 과잉금지원칙의 적용강도를 완화하는 데에는 재판관 전원이 동의하지만, 다수의견은 위헌, 반대의견은 합헌의 결론에 이르기도 한다. 다수의견은 위와 같이 과잉금지원칙의 적용강도를 완화하였음에도 불구하고, 피해의 최소성 원칙 부분에서 결격기간을 차등적으로 둘 수 있는 입법대안을 근거로 하여 피해의 최소성 원칙 위반의 결론에 이른다. 반면, 재판관 김창종, 재판관 서기석의 합헌의견은 과잉금지원칙의 적용강도를 완화할 요소로 택시운송사업의 특성을 감안하여 여타 여객자동차운성사업의 운전업무 종사자격보다 강한 규제를 할 필요가 있다는 점을 추가로 지적하고,[380] 위와 같은 입법대안이 심판대상조항만큼 입법목적을 달성한다고 보기 어렵다는 이유로 심판대상조항이 피해의 최소성 원칙을 만족한다고 본 다음, 법익의 균형성 원칙 심사를 거쳐 합헌의 결론에 이른다.

### 다. 과잉금지원칙 논증구조 변형 논거로서의 입법재량

헌법재판소는 아래와 같이 피해의 최소성 원칙을 입법대안과의 비교가 아니라 "입법목적을 달성하기 위한 필요한 범위 내의 것인지"의 심사로 변형하는 근거로 입법재량을 제시하기도 한다.

> 입법자에게는 전문직 자격제도에 관한 형성의 자유가 인정되므로, 변호사시험에 있어서도 어떠한 제도를 선택할 것인지에 관하여 형성의 여지가 있다. 따라서 이 사건 법률조항에 있어서 침해의 최소성 판단은 가장 덜 제약적인 방법인지가 아니라, 완화된 기준으로 입법목적을 달성하기 위한 필요한 범위 내의 것인지를 심사하는 방법에 의하여야 할 것이다.[381]

---

379) 헌재 2015. 12. 23. 2014헌바446등, 공보 제231호, 139, 144.
380) *Ibid.*, 146.
381) 2012. 4. 24. 2009헌마608 등, 판례집 24-1하, 160, 168. 같은 취지의 판례로, 헌

이러한 위헌심사척도에도 피해의 최소성 원칙이라는 이름이 붙어 있다 하더라도, 이는 과잉금지원칙의 적용강도의 완화가 아니라 피해의 최소성 원칙의 변형에 해당됨은 앞서 제3장 제1절 다. (4)에서 자세히 살펴본 바와 같다. 요컨대 입법대안이 심판대상조항과 동일한 조건에서 심판대상조항만큼 입법목적을 달성하면서도 심판대상조항보다 기본권을 덜 제한하는지를 비교하는 것과 심판대상조항이 입법목적을 달성하기 위한 필요한 범위 내인지를 판단하는 것은 판단 구조가 완전히 다르다. 전자는 입법대안이 있어야만 판단이 가능하고, 후자는 입법대안 없이 판단이 가능하기 때문이다. 피해의 최소성 원칙은 심판대상조항과 입법대안과의 비교를 본질로 삼으므로, 후자와 같은 논증구조는 피해의 최소성 원칙이라고 볼 수 없다. 이는 피해의 최소성이라는 심사척도를 '불완전 형량'으로 변형하는 것이다.

## 2. 헌법재판소 결정례상 과잉금지원칙의 적용강도에 관한 학설

### 가. 대체적 경향

학설은 대체적으로, 입법자에게 평가의 여지가 주어지므로 헌법재판소의 과잉금지원칙 적용은 명백성 통제로 국한되는 경향이 있다거나, 헌법재판소는 특정 기본권 행사의 사회적 연관관계가 높을수록 완화된 심사를 한다는 일반론을 제시하는 방식으로 헌법재판소 결정례상 과잉금지원칙의 적용강도를 설명한다.[382] 학설 중에는 보다 구체적으로 수단

---

재 2005. 10. 27. 2003헌가3, 판례집 17-2, 189; 헌재 2010. 7. 29. 2006헌바75, 판례집 22-2, 232; 헌재 2008. 6. 26. 2005헌마506, 판례집 20-1, 397; 헌재 2008. 5. 29. 2007헌마248, 판례집 20-1, 287; 헌재 2012. 2. 23. 2009헌마318, 판례집 24-1, 261 등이 있다.
382) 예컨대, 계희열, 위의 책(2007), 제158쪽; 성낙인, 위의 책(2019), 제967쪽; 헌법재판소의 결정례를 좀 더 상세하게 유형화한 분석으로는 김대환, 위의 논문

의 적합성 원칙 및 피해의 최소성 원칙에 대해서는 입법자의 예측판단에 따른 평가의 여지 부여를 근거로 하여 과잉금지원칙의 적용강도를 조절을 정당화하는 견해가 있다.383) 또한 과잉금지원칙의 심사강도의 단계화는 법률의 실제효과에 대한 예측판단을 내용으로 하는 수단의 적합성 원칙과 피해의 최소성 원칙에서 주로 문제되는데, 헌법재판소는 방법의 적절성 원칙을 대부분 명백성 통제로 판단하기 때문에 과잉금지원칙의 적용강도의 다양화는 피해의 최소성 원칙에서 큰 의미가 있다고 보는 견해도 있다.384)

### 나. 과잉금지원칙의 적용강도의 다양화 단계

구체적인 과잉금지원칙의 적용강도의 다양화 단계에 관해서는 입법자의 예측판단을 통제하기 위하여 관해 독일연방헌법재판소의 예에 따라, 명백성 통제, 납득가능성 통제, 엄밀한 내용 통제의 3단계를 제시하는 견해가 있다.385) 또한, 목적의 정당성 원칙, 수단의 적합성 원칙, 피해의 최소성 원칙에서는 명백성 통제와 같은 완화된 심사를 해야 하고, 법익의 균형성 원칙에서는 개별, 구체적인 사정을 고려하여 적용강도를 정해야 한다는 견해도 있다.386) 한편, 정책 결정의 민주적 정당성을 높이기 위해 의회에 기본권 제한권이 부여되어 있고, 사법부가 의회의 이익형량을 엄격하게 심사하는 것은 민주주의원리와 사법부의 제도적 능력에 논란을 일으킬 소지가 있으므로, 과잉금지원칙의 적용강도의 기본 방향은 의회의 기본권 제한의 합리성 여부를 심사하는 데에 그치는 것이 타당하다는 견해도 있다.387) 반면, 비례성심사는 원칙적으로 엄격심사이

---

(2012), 제319-336쪽 참조.
383) 한수웅, 위의 책(2019), 제491-493쪽.
384) 손상식, 위의 논문(2014. 12.), 제145쪽; 문재완, 위의 논문(2019), 제26쪽.
385) 손상식, 위의 논문(2014. 12.), 제140-145쪽; 이부하, 위의 논문(2013. 3.), 제17-19쪽.
386) 방승주, 위의 논문(2008. 12.), 제129-131쪽.

기 때문에 완화된 심사를 하는 요건에 해당하지 않으면 비례성원칙의 적용은 엄격한 심사를 의미한다는 견해도 있다.388)

### 다. 과잉금지원칙의 적용강도의 다양화 사유

과잉금지원칙의 적용강도의 다양화 사유에 관해서는, 인간존엄성에 기초한 개인연관성·사회연관성 이론의 관점에서 도출되는 법익교량의 일반적 지침으로서 과잉금지원칙의 적용강도 조절을 적극적으로 정당화하는 견해가 있고,389) 법적 규율대상의 특성, 입법자가 확실한 판단을 내릴 수 있는 가능성, 관련된 법익들의 의미에 따라 입법자에게 부여되는 예측의 여지가 달라진다는 견해가 있다.390) 또한 헌법재판소가 일반적으로 타인과 사회적 연관 관계에 있는 경제적 활동을 규제하는 영역에는 명백성 통제를, 생명권이나 신체의 자유 등 개인의 가장 핵심적인 기본권이 침해되는 경우에는 주로 엄밀한 내용 통제를 하는 것으로 분석하는 견해가 있고,391) 선거운동의 자유 제한에 관한 판례들을 기본권 자체의 중대성에 따른 엄격심사의 요청과 대의제와 관련된 광범위한 입법재량에 따른 완화심사의 요청 사이의 관계에서 분석하는 견해도 있다.392) 나아가 실체법적 관점과 기능법적 관점, 행위규범과 통제규범의 구별에 관한 독일의 논의를 소개하고, 그와 같은 관점에서 우리 헌법재판소는 주로 실체법적 관점에서 심사강도를 결정한다고 분석하는 견해

---

387) 강승식, 위의 논문(2011), 제69-72쪽.
388) 김대환, 위의 논문(2012), 제332쪽. 같은 맥락에서 deference는 원칙적으로 최소 deference 라는 주장으로, Aileen Kavanagh 2008, op. cit., pp. 191-192.
389) 한수웅, 위의 책(2019), 제505-512쪽. 나아가 이 견해는 헌법재판소가 '제한되는 자유영역의 의미와 중요성에 따른 기본권제한의 효과'와 '규율대상의 특성'을 기준으로 입법형성권의 정도를 판단한다고 분석한다.
390) 계희열, 위의 책(2007), 제156-157쪽.
391) 손상식, 위의 논문(2014. 12.), 제141, 144쪽.
392) 전종익, 위의 논문(2010), 제255-268쪽.

가 있다.393) 한편, 과잉금지원칙을 포함하여 법률에 대한 위헌 여부 심판 전반에 있어 입법자의 예측판단에 대한 통제의 범위와 강도를 조절하기 위한 기준으로 사실관계와 생활영역, 관련 기본권적 법익의 가치서열, 헌법의 규정양식, 입법형성의 자유의 한계규정을 드는 견해도 있다.394)

### 3. 헌법재판소 결정례상 입법재량 존중에 대한 평가

#### 가. 입법재량 존중의 세 가지 양상의 이론적 의미

입법재량 존중 정도를 결정하는 것은 입법부에 대한 사법부의 견제와 균형, 그리고 입법부와 사법부 사이의 분업과 협동의 결과물이므로 권력분립원리와 직결된다. 따라서 위헌의 결론에 이르기 쉬운 위헌심사척도를 선택할 것인지, 합헌의 결론에 이르기 쉬운 위헌심사척도를 선택할 것인지의 문제도, 일단 특정 위헌심사척도를 선택한 이후에 그와 같이 선택한 위헌심사척도를 적용함에 있어 발생하는 불확실성을 해결하

---

393) 김대환, 위의 논문(2012), 제305-309, 319-323쪽(이때 실체법적 관점이란 헌법문언의 구체성의 정도를, 기능법적 관점은 사법자제나 권력분립원리를 근거로 과잉금지원칙의 적용강도 조절을 정당화하는 견해를 가리킨다. 행위규범과 통제규범의 구별은 하나의 헌법 규범이 입법자에게는 행위규범으로 사법부에게는 통제규범으로 기능하므로, 적용강도를 달리할 수 있다는 입장을 말한다. 자세한 내용은 위 논문 참조).
394) 방승주, 위의 논문(2008. 12.), 제119-134쪽. 이 견해는 사실관계와 생활영역의 구체적인 범주로 외교, 국방, 통일, 기타 국가안위에 관한 정책, 경제정책, 사회보장, 사회복지, 노동영역, 사회, 문화적 영역을 들고, 헌법의 규정양식을 기준으로 한 구분으로는 입법위임과 법률유보를 제시한다. 또한 입법형성의 자유의 한계규정에 관해서는 기본권제한입법과 기본권형성입법으로 나누어 전자에 관해 과잉금지원칙, 본질내용침해 금지, 평등의 원칙, 포괄위임입법금지의 원칙, 신뢰보호의 원칙, 적법절차 원칙을, 후자에 관해서는 헌법이 형성유보로 규정하고 있는 조항에 규정된 구체적인 조건을 입법형성의 자유의 제한요소로 든다.

기 위해 위헌의 결론에 이르기 쉽도록 엄격하게 적용할 것인지, 아니면 합헌의 결론에 이르기 쉽도록 완화하여 적용할 것인지의 문제도 모두 입법재량 존중 정도 결정이 핵심이고 권력분립원리의 구현이다.

이와 같이 위헌심사척도의 선택과 선택한 위헌심사척도의 적용강도 조절 모두 권력분립원리의 구현이지만, 위헌심사척도의 선택에는 합헌과 위헌의 경향성을 정하는 것을 넘어서는 요소가 개입된다는 점에 유의할 필요가 있다. 위헌심사척도의 선택은 평등원칙과 과잉금지원칙 사이의 관계, 과잉금지원칙과 합리성심사와의 관계, 헌법원리위반 여부와 헌법 제37조 제2항과의 관계, 헌법 제37조 제2항의 해석론과 적용범위와도 관련이 있다.[395] 특히 헌법 제37조 제2항의 해석론에 관해서는 헌법 제37조 제2항이 "모든 자유와 권리는"이라고 규정하고 있으므로, 그 해석상 기본권 제한 상황에서 과연 합리성심사가 가능한 것인지를 해결할 필요가 있다.[396] 그러나 선택한 위헌심사척도의 적용강도 조절은 위와 같은 문제들이 해결된 이후에 비로소 논의되므로 그러한 문제들과 직접적인 관련이 없다. 또한 위헌심사척도의 적용강도 조절은 위헌심사척도 적용시에 발생하는 불확실성을 해결하기 위한 것이지만, 위헌심사척도의 선택은 불확실성 해결과는 아무런 관련이 없다.

입법재량 존중의 세 가지 양상을 구별하지 않으면 입법재량 존중 이외의 추가적인 논거를 제시하지 않고도 손쉽게 위헌심사척도를 선택함으로써 결정의 설득력과 예측가능성이 낮아지는 결과를 초래하기도 한다. 뿐만 아니라 이러한 구별을 제대로 하지 않으면, 입법재량 존중 이외의 논거를 제시하지 않고도 과잉금지원칙의 하위 위헌심사척도를 손

---

[395] 심사척도의 선택에 관한 논의로, 손상식, 위의 논문(2014. 12.), 제130-138쪽 참조. 헌법 제37조 제2항의 적용범위에 관한 논의로는 김하열, 위의 논문(2012. 12.), 제45-51쪽, 문재완, 위의 논문(2018), 제29-42쪽 참조. 헌법 제37조 제2항과 과잉금지원칙의 관계에 관해서는 장선미, 위의 책(2019), 제208-211쪽 참조.
[396] 이에 관하여는 계희열, 위의 책(2007), 제131-132쪽; 한수웅, 위의 책(2019), 제500-505쪽; 허완중, 위의 논문(2019), 제11-23쪽 각 참조.

쉽게 변형하게 되기도 한다.[397]

우리 판례에서 나타나는 입법재량의 발현양상 중 순수하게 권력분립 원리만으로도 완전하게 정당화 될 수 있는 것은 '과잉금지원칙의 적용강도 완화 논거로서의 입법재량'뿐이다. '과잉금지원칙 적용 여부 결정의 논거로서의 입법재량'의 경우에는 과잉금지원칙을 선택하지 않는 이유로 입법재량 존중만을 제시하는 것은 부족하고, 헌법 제37조 제2항의 해석론 등 위헌심사척도 선택에 관련된 다른 문제들에 대한 대답을 추가로 제시하여야 하는 경우가 있기 때문이다. '과잉금지원칙의 변형 논거로서의 입법재량'의 경우에도 입법재량 존중만을 논거로 제시하는 것은 부족하다. 입법재량을 존중하여 과잉금지원칙의 적용강도를 다양화할 수 있음에도 불구하고 부득이하게 위헌심사척도를 변형하여야 할 이유를 추가로 제시하여야 하기 때문이다.

### 나. 입법재량 존중을 근거로 한 과잉금지원칙 논증구조 변형의 부적절성

앞서 살펴본 바와 같이 헌법재판소의 결정례에서 입법재량 존중은 과잉금지원칙의 논증구조를 변형하는 논거로도 사용된다. 그러나 이는 여러 측면에서 적절하지 않은 것으로 보인다.

우선 헌법 제37조 제2항의 해석상 적절하지 않은 측면이 있다. 물론, 헌법재판소의 과잉금지원칙 법리가 헌법 제37조 제2항의 면밀한 해석론에 기반을 둔 것은 아니지만, 과잉금지원칙에 관한 문제를 헌법 제37조

---

[397] 우리 판례를 목적의 정당성 원칙과 수단의 적합성 원칙만 심사할지, 피해의 최소성 원칙과 법익의 균형성 원칙까지 모두 심사할지에 따라 완화된 비례성 심사와 엄격한 비례성 심사의 두 가지 입장으로 파악하고, 어느 쪽에 의할 것이지를 정하는 것 자체가 가치평가의 과정이자 모종의 가치평가적 활동의 결과이기도 하다는 지적으로, 김도균, 권리의 문법-도덕적 권리, 인권, 법적 권리, 박영사(2008), 제284-285쪽.

제2항의 해석론에 근거하여 해결하여야 할 필요성은 매우 크다. 헌법소송도 사법작용인 만큼 예측가능성과 일관성이 있어야만 하는데, 사법작용의 예측가능성과 일관성은 사법재량이 법령이라는 문언의 한계에 항상 갇혀 있기 때문에 확보되기 때문이다. 특히 과잉금지원칙의 경우 개별 사안에 특유한 각종의 비교형량 요소들을 종합적으로 고려하는 탓에 예측가능성이 낮고, 그 때문에 인권 보호에 취약하다는 비판이 제기되는 만큼,[398] 더욱 더 헌법 제37조 제2항의 문언상의 한계를 벗어나지 않도록 심혈을 기울일 필요가 있다. 그렇지 않으면 과잉금지원칙을 도구로 삼는 위헌법률심판은 정치적 의사결정에 불과하다는 비판을 벗어나기 어렵다.

헌법 제37조 제2항은 "필요한 경우에 한하여"라는 매우 제한적인 표현을 사용하고 있다. 만약 헌법 제37조 제2항이 "국가안전보장·질서유지 또는 공공복리를 위하여 법률로써"라고 규정했다면, 위와 같은 목적을 달성하기에 적합한 법률이기만 하면 헌법 제37조 제2항을 만족시킨다고 볼 수 있을 것이다. 따라서 헌법제정자가 굳이 "필요한 경우에 한하여"라는 표현을 추가한 것은 단순히 목적 달성에 적합하다는 합리성을 넘는 무언가를 요구하고 있다고 해석하는 것이 논리적이다.

이를 과잉금지원칙의 네 가지 하위 원칙과 결부시켜보면, 기본권 제한의 헌법적 정당성을 판단함에 있어, 피해의 최소성 원칙이나 법익의 균형성 원칙 중 어느 하나 혹은 둘 다를 생략하는 것은 "필요한 경우에 한하여"라는 헌법 규정의 해석의 범위를 넘어서는 것으로 보인다.[399] 그러므로 현행 헌법의 해석상 과잉금지원칙이라는 위헌심사척도를 변형하여 여러 가지 위헌심사척도를 만들어 내는 것보다는, 과잉금지원칙의 적용강도를 다양화하여 과잉금지원칙을 적용하는 것이 바람직하다.[400]

---

398) 예컨대, Jochen von Bernstorff 2016, *op. cit.*, pp. 70-71.
399) 이에 반대하는 견해로, 허완중, 위의 논문(2019), 제24쪽.
400) 유사한 맥락에서, deference 부여 정도를 달리하는 것은 입법, 집행, 사법부의 의사 결정과정의 장점과 약점을 법원으로 하여금 인식할 수 있게 하는 것에

다음으로 심사의 일관성, 설득력, 법적 안정성 측면에서 적절하지 않은 측면이 있다. 과잉금지원칙의 논증구조가 입법재량 존중을 근거로 손쉽게 변경 가능한 것이 되면, 같은 과잉금지원칙이라는 이름 아래 여러 가지 위헌심사척도가 모여 있게 되고, 과잉금지원칙심사의 법적 안정성이 떨어질 수밖에 없다. 앞서 살펴본 바와 같은 캐나다 연방대법원의 *Oakes* 심사이든 우리 선례의 과잉금지원칙 적용이든 이러한 이유 때문에 논증구조상 상당한 혼란이 빚어졌다.

반면 일단 위헌심사척도를 과잉금지원칙으로 선택한 후에 그 적용강도를 다양화하는 것은 과잉금지원칙의 각 하위 원칙의 판단 구조를 변형하지 않으므로, 심사의 일관성과 설득력, 논리성을 한결같이 유지할 수 있다. 또한 적용강도를 다양화하는 이유들을 체계적으로 세워 나갈 수도 있다. 문제 상황이 과잉금지원칙의 각 하위 원칙 적용에 있어 불확실성의 해결로 압축되기 때문이다. 따라서 과잉금지원칙의 적용강도를 조절함으로써 심사의 강약을 조절할 수 있음에도 불구하고 법적 안정성을 해치면서까지 과잉금지원칙의 논증구조를 변형할 실익을 찾기 어렵다. 이하에서는 이러한 관점에서 입법재량을 존중 정도를 조절함으로써 과잉금지원칙의 적용강도를 다양화하는 구체적인 방안을 모색하기로 한다.

### 4. 과잉금지원칙의 적용강도의 다양화

#### 가. 논의의 방향

과잉금지원칙의 적용강도에 관한 일반이론들에 대한 분석을 통해 과잉금지원칙의 적용강도는 과잉금지원칙의 하위 위헌심사척도와는 무관

---

그쳐야 하는 것이고, 영국 인권법에 의해 형성된 사법심사의 구조적 측면인 과잉금지원칙을 포기하는 데까지 나아가서는 안 된다는 지적으로, Roger Masterman 2011, *op. cit.*, p. 129, 139.

한 별도의 요소들에 의해 정해진다는 점, 과잉금지원칙의 적용강도는 권력분립원리라는 틀 안에서 정해야 한다는 점, 법률에 대한 사법심사에서 과잉금지원칙의 적용강도를 정하는 요소로 적어도 기본권 제한의 정도, 입법부의 민주적 정당성, 입법부의 사법부에 대한 상대적 전문성의 세 가지를 고려할 수 있다는 점을 알 수 있었다. 또한 이와 같은 점들이 캐나다 연방대법원의 *Oakes* 심사에 있어 deference 법리에 어떻게 반영되어 구체적으로 구현되는지도 살펴보았다.

  우리 헌법은 권력분립원리를 채택하고 있고, 헌법재판소에 위헌법률심판권을 부여하고 있으며, 입법부는 대의민주주의에 기반하여 작동한다. 따라서 앞서 과잉금지원칙의 적용강도의 일반이론에서 살펴보았던 과잉금지원칙의 적용강도 다양화 정도와 사유에 관한 법리들을 대부분 적용할 수 있다. 또한 캐나다 연방대법원이 과잉금지원칙의 적용강도 조절의 요인으로 삼은 요소들도 우리나라의 과잉금지원칙 과잉금지원칙의 적용강도 조절의 요인으로 참고할 수 있다. 다만, 그 각각이 어떠한 정도로 고려되어야 할지는 우리 헌정사, 우리의 정치 문화, 우리 헌법의 규정과 사회 현실을 종합적으로 고려하여 사안별로 달리 정하여야 한다.

  과잉금지원칙의 적용강도에 관한 이론적 논의와 캐나다 연방대법원의 deference 법리에서 시사점을 얻고자 할 때 두 가지 주의할 점이 있다. 첫째는 과잉금지원칙의 적용강도는 완화 혹은 강화 어느 한 쪽이 기본값인 것이 아니라 그 정도는 사건별로 개별 구체적으로 판단하여야 한다는 점이다. 둘째는 과잉금지원칙의 완화를 정당화하는 권력분립원리의 분업과 협동의 측면을 소홀히 하지 않아야 한다는 점이다.

  과잉금지원칙의 적용강도는 귀납적 해결에 어울리는 과제인 이상, 이 책에서 우리 헌법상 과잉금지원칙의 적용강도 결정에 관한 일반론을 구축하는 것은 불가능하고 부적절하다. 이를 감안하여 이하에서는 최소한의 논의의 시작점을 제시해 보기로 한다.

## 나. 과잉금지원칙의 적용강도 다양화의 단계

과잉금지원칙의 적용강도는 강/중/약의 3단계로 나눌 수도 있고, 강/약의 2단계로 나눌 수도 있다. 단계를 많이 나눌수록 정교한 적용이 가능하지만, 각 단계의 경계에 있는 사안의 양도 늘어나서 불확정성도 늘어난다.

우리나라에서 과잉금지원칙 적용강도 논의는 충분히 성숙한 단계로 보기 어려우므로 일단 불확정성이 적은 2단계 적용강도에서부터 출발하는 것도 좋은 방법이 될 수 있다. 이러한 취지에서 '강/약'의 2단계 적용강도를 상정해 보면, 아래 <표 5>와 같이 과잉금지 원칙의 네 가지 하위원칙 각각에 대해 강화된 심사와 완화된 심사의 두 가지 선택지가 가능하다.

<표 5> 과잉금지원칙의 각 하위 원칙별 2단계 심사강도 선택지

| 위헌<br>심사척도 | 목적의 정당성 | | 수단의 적합성 | | 피해의 최소성 | | 법익의 균형성 | |
|---|---|---|---|---|---|---|---|---|
| 적용강도 | 강 | 약 | 강 | 약 | 강 | 약 | 강 | 약 |

따라서 이론상으로는 네 가지 하위 원칙을 모두 강하게 심사하는 조합에서 시작하여, 모두 약하게 심사하는 조합까지 총 열여섯 가지(=2×2×2×2)의 과잉금지원칙의 적용강도 조합이 가능하다. 물론, 이는 이론상의 가능성에 그친다.

현실적으로는 목적의 정당성 원칙과 수단의 적합성 원칙은 과잉금지원칙 적용에 있어 그다지 중요한 역할을 하지 않으므로, 목적의 정당성 원칙과 수단의 적합성 원칙의 강약 조절을 별개의 조합으로 구성할 실익은 적다. 즉, 목적의 정당성을 강하게 심사하면 수단의 적합성도 강하게 심사하고, 목적의 정당성을 약하게 심사하면 수단의 적합성도 약하게 심사하는 것으로 족하다. 또한 과잉금지원칙의 각 하위 원칙은 목적의 정당성원칙에서 법익의 균형성 원칙으로 향해갈수록 통과하기 어려우므로, 앞 단계 하위 원칙의 적용강도보다 뒷 단계 하위 원칙의 적용강도를 약하게 적용할 실익 또한 적다. 예컨대 피해의 최소성 원칙을 강하게 적용하고 법익의 균형성 원칙을 약하게 적용한다든가, 목적의 정당성 원칙을 강하게 적용하고 그 이후의 하위 원칙들은 약하게 적용하는 조합은 활용할 실익이 적다.

위와 같은 점들을 고려하면, 실무상으로는 아래 〈표 6〉과 같이 네 가지의 과잉금지원칙의 적용강도가 활용 가능할 것으로 예상된다.[401]

〈표 6〉 실무상 활용 가능한 과잉금지원칙의 적용강도의 조합

| 위헌심사 척도<br>순번 | 목적의 정당성 | 수단의 적합성 | 피해의 최소성 | 법익의 균형성 |
|---|---|---|---|---|
| I | 강 | 강 | 강 | 강 |
| II | 약 | 약 | 강 | 강 |
| III | 약 | 약 | 약 | 강 |
| IV | 약 | 약 | 약 | 약 |

이하에서는 과잉금지원칙 중 우리나라 판례에서 중심적인 역할을 하는 피해의 최소성 원칙과 법익의 균형성 원칙이라는 하위 위헌심사척도의 적용강도를 다양화하는 방법을 중점적으로 검토한다.

---

[401] 다만, "방법의 적정성 단계에서 인정하던 입법자의 평가의 우선권을 갑자기 피해의 최소성 원칙 단계에서 빼앗아 오는 것은 심사기준적용의 일관성 측면에서 문제가 있을 수 있다고 생각된다."는 견해도 있다[방승주, 위의 논문(2008. 12.), 제130쪽]. 과잉금지원칙을 적용함에 있어 의회의 판단이 과연 합리적인 것인지 아니면 명백한 오류인지 여부만을 심사하여야 하고 이러한 완화된 적용강도를 '합리성심사'로 표현하는 견해도 있다[강승식, 위의 논문(2011), 제69쪽].

### 1) 피해의 최소성 원칙의 적용강도 다양화

피해의 최소성 원칙에 있어서 적용강도의 다양화는 '목적달성 동일성 검증단계', '대가 동일성 검증단계', '제한 완화 검증단계' 각각에서 가능하다. 다만, 피해의 최소성 원칙은 입법대안이 위 각 검증단계를 통과하는지에 초점이 맞추어져 있고, 입법대안이 위 각 검증단계를 모두 통과하면 심판대상조항은 위헌의 결론에 이른다. 따라서 위 각 검증단계를 엄격하게 심사하면 할수록 입법대안은 위 각 검증단계를 통과하기 어려워지고, 결국 심판대상조항은 합헌의 결론에 이르기 쉽게 된다. 요컨대, 피해의 최소성 원칙의 각 하위 검증단계의 엄격성과 심판대상조항이 합헌에 이를 가능성은 서로 반대되는 관계에 있다.

우선, '목적달성 동일성 검증단계'에 관해서는 동일성 여부에 불확실성이 있기 때문에 적용강도의 다양화가 가능하다. 입법목적 달성의 정도는 대개의 경우 정확한 수치로 계산할 수 없기 때문에 어떠한 심판대상조항과 입법대안의 목적달성 정도가 동일한지 여부의 판단에는 으레 불확실성이 발행한다. 이때 가급적 동일하다고 볼 것인지 아닌지를 정하는 것이 '목적달성 동일성 검증단계'의 적용강도 다양화의 구체적인 내용이다. 즉, 입법대안이 심판대상조항과 완전히 같은 정도로 입법목적을 달성해야 목적달성 정도가 동일하다고 판단하여 '목적달성 동일성 검증단계'를 통과하는 것으로 볼 것인지, 아니면 어느 정도 유사하게 입법목적을 달성하는 경우에도 목적달성 정도가 동일한 것으로 판단하여 '목적달성 동일성 검증단계'를 통과하는 것으로 볼 것인지의 두 가지 입장이 가능하다. 전자에 의할 경우 입법대안은 '목적달성 동일성 검증단계'를 통과하기 어려워지고, 심판대상조항은 합헌에 이르기 쉬워진다. 따라서 전자는 과잉금지원칙의 적용강도를 완화하는 것이 된다. 반대로 후자와 같이 입법대안이 심판대상조항과 어느 정도 같은 정도로 입법목적을 달성하는 경우에도 '목적달성 동일성 검증단계'를 통과하는 것으로 볼 경우에는 이를 통과하는 입법대안을 보다 쉽게 상정할 수 있으므로 심판대상조항은 피해의 최소성 원칙 위반으로 위헌으로 선언될 가능성이 높아지고, 따라서 심판대상조항에 대한 과잉금지원칙의 적용강도는 강해진다.

다음으로, '대가 동일성 검증단계'에 관해서도 동일성 여부 판단에 불확실성이 발생하기 때문에 그 적용강도 조절이 가능하다. 입법목적을 달성하기 위해 치러야 하는 대가는 심판대상조항과 입법대안 각각이 서로 다를 수 있을 뿐 아니라, 대부분의 경우 그 대가를 수치화하기 어렵기 때문에 동일성 판단에 불확실성이 발생한다. 입법대안이 심판대상조항보다 조금이라도 더 많은 대가를 들이는 경우에도 동일성이 없다고 보아 '대가 동일성 검증단계' 위반으로 볼 것인지, 아니면 경미한 추가적인 대가에 관해서는 동일성이 있다고 보아 '대가 동일성 검증단계'를 통과한다고 볼 것인지의 두 가지 입장이 가능하다. 이 경우에도 위 검증단계를 엄격하게 보는 것은 곧 심판대상조항에 대한 과잉금지원칙의 적용강도를 완화하는 결과를 낳게 된다. 전자와 같이 입법대안이 심판대상조항보다 조금이라도 더 많은 대가를 들이는 경우에도 동일성이 없다고 보아 '대가 동일성 검증단계' 위반으로 본다면, 이를 만족하는 입법대안을 찾기는 어려워진다. 이는 결국 심판대상조항이 합헌이 될 가능성을 높이게 되므로 심판대상조항에 대한 과잉금지원칙의 적용강도를 완화하는 것에 해당된다. 반대로, 후자와 같이 경미한 추가 대가가 드는 경우에는 심판대상조항과 입법대안이 입법목적 달성을 위해 동일한 대가를 치르는 것으로 판단한다면, 입법대안은 이 판단 단계를 통과하기 쉬워진다. 그 결과 심판대상조항은 위헌으로 선언될 가능성이 높아지므로, 후자는 심판대상조항에 대한 과잉금지원칙의 적용강도를 강화하는 것이다.

또한, '제한 완화 검증단계'의 경우 입법대안의 기본권 제한 정도가 심판대상조항의 기본권 제한 정도보다 적은지에 불확실성이 있기 때문에 적용강도의 조절이 가능하다. 기본권 제한 정도 역시 수치화가 불가능하기 때문에 그 비교에는 통상 불확실성이 발생한다. 입법대안의 기본권 제한 정도가 심판대상조항의 기본권 제한 정도보다 상당히 적어야 비로소 기본권 제한 정도가 '적다'고 판단하여 '제한 완화 검증단계'를 통과하는 것으로 볼 것인지, 아니면 조금이라도 적은 경우도 '적다'고 판단하여 '제한 완화 검증단계'를 통과하는 것으로 볼 것인지의 두 가지 입장이 가능하다. 전자처럼 입법대안이 심판대상조항보다 기본권 제한 정도가 상당히 적어야 '적다'고 보아 '제한 완화 검증단계'를 통과한다고 본다면, 이를 만족시키는 입법대안을 찾기는 어려워진다. 따라서 심판대상조항은 합헌으로 선언될 가능성이 커지므로, 전자와 같이 볼 경우 심판대상조항에 대한 과잉금지원칙의 적용강도는 약해진다. 반대로 후자와 같이 입법대안이 심판대상조항보다 기본권 제한 정도가 조금이라도 적으면 '적다'고 판단하여 '제한 완화 검증단계'를 통과하는 것으로 인정한다면, 이를 만족시키는 입법대안을 찾기는 쉬워진다. 이는 심판대상조항이 위헌으로 선언될 가능성이 커진다는 의미이므로, 후자는 심판대상조항과의 관계에서 과잉금지원칙의 적용강도를 강화하는 것에 해당된다.

이와 같이 '목적달성 동일성 검증단계', '대가 동일성 검증단계', '제한 완화 검증단계'의 적용강도를 다양화하는 것은 피해의 최소성 원칙이라는 위헌심사척도의 눈금을 얼마나 세밀하게 매길 것인가의 문제이다.[402] 이와 같은 적용강도 다양화 가능성을 염두에 두지 않으면, 같은 피해의 최소성 원칙을 두고도 입법형성권을 극도로 제한하는 강력한 위헌심사척도라는 견해도 가능하고,[403] 특별한 사정이 없는 한 통과하기 쉬운 위헌심사척도에 불과하다는 견해도 가능하다.[404] 이러한 두 가지 입장 모

---

402) 이에 관해서는 Julian Rivers 2007a, *op. cit.*, pp. 183-185도 참조.
403) 예컨대, 피해의 최소성 원칙은 입법형성권을 극도로 제한하므로 자유권에 대한 위헌심사기준으로서의 과잉금지원칙의 내용으로 타당할 뿐이고, 참정권, 청구권에 대한 위헌심사에는 적합하지 않다는 견해[김하열, 위의 논문(2012. 12.), 제58쪽], 피해의 최소성 원칙 심사는 목적 달성 수단 중 관념상 오로지 하나의 대안만이 피해의 최소성 원칙을 충족하는 것이므로, 정의상 매우 엄격하다는 견해[정주백, 위의 논문(2015. 12.), 제261쪽] 들 수 있다.
404) Kai Möller 2016, *op. cit.*, p. 34; Moshe Cohen-Eliya, Iddo Porat 2013, *op. cit.*, pp. 18-19.

두 맞기도 하고 모두 틀리기도 하다. 피해의 최소성 원칙은 적용강도를 다양화함으로써 강력한 위헌심사척도로도, 또는 통과하기 쉬운 위헌심사척도로도 사용할 수 있기 때문이다. 다만, 일반적으로는 기본권 제한 정도를 완화하면 입법목적 달성 정도도 줄어들기 때문에, 심판대상조항과 입법목적 달성 정도가 같으면서도 추가적인 대가를 치르지 않고 기본권 제한 정도는 줄일 수 있는 입법대안을 발견하기는 쉽지 않으므로 피해의 최소성 원칙은 통과하기 쉬운 경우가 많다.[405]

### 2) 법익의 균형성 원칙의 적용강도 다양화

법익의 균형성 원칙의 적용강도 다양화 가능성은 '**심판대상조항에 의해 달성되는 입법목적의 구체적인 가치**'와 '**심판대상조항에 의해 제한되는 기본권의 구체적인 가치**' 사이의 균형이 이루어졌는지의 불확실성에서 발생한다. 양자 모두 가치 판단이므로 수치화가 불가능하기 때문에 불확실성이 발생할 가능성이 크다. 그러한 불확실성을 양자의 균형이 가급적 이루어진 것으로 봐 주는 입장에서 해결할 경우 법익의 균형성 원칙의 적용강도를 완화하는 것이 된다. 이를 양자 사이의 균형의 현저한 일탈을 요구한다고 표현할 수도 있다.[406] 반대로, 가급적 양자 사이에 균형이 깨져 있는 쪽으로 판단하여 양자 사이의 정밀한 균형이 이루어져야 비로소 균형이 이루어진 것으로 판단하는 경우 법익의 균형성 원칙의 적용강도를 강화하는 것이 된다.

---

405) Kai Möller 2016, op. cit., p. 34.
406) "헌법재판소는 입법자와의 권력분립의 관점에서 입법목적과 기본권제한의 수단이 적정한 비례관계에 있는지에 관한 적극적인 확인이 아니라, 수단과 목적이 적정한 비례관계를 현저하게 일탈하였는지에 관한 소극적인 확인에 그쳐야 한다."는 견해로, 한수웅, 위의 책(2019), 제500쪽.

### 다. 과잉금지원칙의 적용강도 다양화의 사유

앞서 *Oakes* 심사에 있어 deference에 대한 분석 부분에서 deference 부여 사유를 유형화 하면서 살펴본 바와 같이, 이론적 관점에서 과잉금지원칙의 적용강도의 다양화 사유는 특정 사안에 관한 권한 행사의 헌법적 정당성과 특정 사안에 관한 구체적 전문성의 관점에서 입법부에 우위가 있는 사유와 사법부에 우위가 있는 사유로 나누어 볼 수 있다. 사안의 성격이 민주적 정당성에 근거한 결단이 필요한 것인지, 기본권 보호에 근거한 신중한 심사가 필요한 것인지가 특정 사안에 관한 권한 행사의 헌법적 정당성 판단이고, 입법부와 사법부를 비교해 보았을 때 어느 한 쪽에 당해 사안에 관하여 상대적인 전문적 능력을 인정할 수 있는지가 특정 사안에 관한 구체적 전문성 판단이다. 이 두 가지 과잉금지원칙의 적용강도 결정 요소들이 개별 사건에서 어떻게 구체적으로 발현되는지에 관한 목록은 계속하여 확장될 수 있다.

과잉금지원칙의 적용강도를 결정하는 요소들은 한 사건에서도 여러 가지가 있을 수 있고, 요소들마다 중요도를 달리할 수 있으므로, 과잉금지원칙의 적용강도의 다양화 사유들을 종합적으로 판단하여 당해 사안에 적합한 과잉금지원칙의 적용강도를 결정하는 것이 바람직하다. 특히, 다양화 사유들 중 '법률에 의한 구체적 형성이 필요한 기본권'은 그에 관한 입법재량이 '법률이 정하는 바에 의하여 보장된다.'라는 헌법 조항에 직접 근거를 두고 있으므로, 반드시 고려하여야 한다. 앞서 살펴본 헌법재판소 판례들과 이에 관한 학설상 논의되는 입법재량 존중의 사유들을 위와 같은 이론적 분석틀을 전제로 분류해 보면 아래 〈표 7〉과 같다.

〈표 7〉 헌법재판소의 판례 및 학설상 입법재량 존중 사유의 분류

|  | 입법부 우위 | 사법부 우위 |
|---|---|---|
| 권한 행사의 헌법적 정당성 | ○ 사회적 연관성<br>○ 자격 제도 마련<br>○ 법률에 의한 형성이 필요한 기본권<br>○ 경제정책, 사회정책 | ○ 개인 연관성<br>○ 개인의 핵심적 기본권 |
| 구체적 전문성 | ○ 선거 제도<br>○ 외교, 국방, 통일 정책 | |

# 제4장
# 결론

## 제1절 연구결과의 종합정리

[과잉금지원칙의 이론]

- 과잉금지원칙의 하위 원칙 중 피해의 최소성 원칙의 본질은 심판대상조항의 효율성 검증이다. 이는 '입법대안 존부 검증단계', '목적달성 동일성 검증단계', '대가 동일성 검증단계', '제한 완화 검증단계'의 4단계의 세부 심사로 이루어진다. 피해의 최소성 원칙 판단에서는 심판대상조항이 달성하는 입법목적의 정도가 입법대안도 달성해야만 하는 주어진 목표치로 취급된다.
- 과잉금지원칙의 하위 원칙 중 법익의 균형성 원칙은 **'심판대상조항에 의해 달성되는 입법목적의 구체적인 가치'**와 **'심판대상조항에 의해 제한되는 기본권의 구체적인 가치'** 각각을 규범적으로 측정한 다음, 그 측정 결과를 규범적으로 비교하는 2단계 판단으로 이루어진다. 법익의 균형성 원칙 판단의 초점은 헌법상 권리 제한의 심각성을 헌법상 정당화할 수 있는지 여부이므로, 헌법상 권리 제한의 심각성에 견주어 심판대상조항의 입법목적 달성 정도 자체에 대해 의문을 제기한다.
- 피해의 최소성 원칙은 비교형량을 내용으로 하지 않으므로, 입법대안을 여러 개 상정할 수 있는 경우가 아닌 한 통상 많은 양의 논증 없이 결론을 내릴 수 있다. 반면, 법익의 균형성 원칙은 대립하는 가치들 사이의 구체적 비교형량을 내용으로 하는 규범적 판단이므로, 설득력 있는 근거 제시를 위해 통상 많은 양의 논증이 필요하다. 법익의 균형성 원칙에서 비교형량이 이루어지므로, 법익의 균형성 원칙이 과잉금지원칙의 핵심이다.
- 과잉금지원칙을 위헌심사척도로 선택한 후 그 적용과정에서 불확실성이 발생할 수 있는데, 이는 입법재량 존중의 정도를 조절함으로

- 써 해결할 수 있다. 그 결과 위헌의 결론에 이를 경향성의 정도가 달라지는데, 이를 '과잉금지원칙의 적용강도'로 개념화 할 수 있다.
- 불확실성 해소 단계뿐 아니라, 그 전인 위헌심사척도 선택 단계에서도 입법재량 존중의 정도가 고려될 수도 있다. 그 결과 위헌의 결론에 이를 경향성의 정도가 달라지는 정도를 '과잉금지원칙의 적용강도'와 구별하여 '위헌심사강도'로 개념화할 수 있다.
- 과잉금지원칙의 적용강도 조절은 각 하위 원칙별로 가능하고, 이를 결정하는 요소로는 민주적 정당성, 입법부의 상대적 전문성, 헌법상 권리 제한의 심각성 등이 있다. 커먼로 국가들의 경우 과잉금지원칙의 적용강도 조절은 deference 법리에 의한다.
- 과잉금지원칙의 적용강도는 다양한 사건을 통해 점차 전모가 드러나는 귀납적 해결에 적합한 문제라 할 수 있다. 과잉금지원칙의 적용강도의 강화는 권력분립원리의 견제와 균형에 의하여, 완화는 권력분립원리의 분업과 협동에 의하여 정당화 할 수 있다.

[캐나다 연방대법원의 과잉금지원칙 적용 실무]
- 캐나다 연방대법원은 1986년 *Oakes* 판결에서 법률의 캐나다권리자유헌장상 권리 침해 여부를 판단하는 *Oakes* 심사를 정립하였다. *Oakes* 심사는 캐나다권리자유헌장 제1조의 일반적 법률유보 규정의 해석론으로서 제시된 것인데, 목적의 충분한 중요성, 합리적 관련성, 최소피해성, 효과의 비례성의 4단계로 구성된다.
- *Oakes* 판결 이후 최소피해성은 일의적인 의미로 사용되지 않았고, *Oakes* 심사의 논증구조는 최소피해성에서 형량을 포함한 대부분의 논증을 하는 형태가 대세를 이루었다. 그 후, 2009년 선고된 Hutterian Brethren 판결을 계기로 최소피해성과 효과의 비례성을 엄격히 구별하고, 형량은 효과의 비례성에서 수행하는 방식의 논증구조가 형성되고 있다. *Hutterian Brethren* 판결에서 제시된 효과의 비례성 중심

논증유형에 의할 때 비교형량을 충실하게 할 수 있고, 심사의 효율성을 높일 수도 있기 때문에 과잉금지원칙의 장점을 충분히 구현할 수 있다.
- *Oakes* 심사에 있어 각 하위 심사척도를 적용하는 강약의 조절은 입법재량의 존중 정도를 의미하는 deference 법리를 통해 이루어진다. 캐나다 연방대법원은 헌장 제1조에 근거를 두고 *Oakes* 심사에 있어 deference 법리를 귀납적으로 형성해 왔다.
- 캐나다 연방대법원은 *Oakes* 심사에 있어 deference 부여 정도를 결정하는 요소로 심판대상조항이 대립하는 이해관계를 조정하기 위한 법률인지 여부, 사회문제에 대처하기 위한 복잡한 규제조치인지 여부, 사회적 약자를 보호하기 위한 법률인지 여부, 과학적 증거 제시가 곤란한지 여부 등을 고려한다.

[대한민국 헌법재판소의 과잉금지원칙 적용 실무]
- 헌법재판소의 과잉금지원칙의 논증구조는 4단계 하위 원칙을 명확히 구별하지 않는 미분화형 논증유형, 4단계 하위 원칙을 구별하되 피해의 최소성 원칙에서 형량을 하지 않는 완전 분화형 논증유형, 4단계 하위 원칙을 구별하되 피해의 최소성 원칙에서 형량을 하는 불완전 분화형 논증유형의 셋으로 유형화할 수 있다.
- 완전 분화형 논증유형에 의할 때 온전한 비교형량을 통한 설득력 있는 결론 도출, 헌법재판소의 권한 남용 방지, 판단의 효율성 확보와 같은 과잉금지원칙의 장점을 제대로 실현할 수 있다. 따라서 완전 분화형 논증유형의 선례를 계승하는 것이 바람직하다.
- 헌법재판소 결정례에서 입법재량 존중은 과잉금지원칙 적용 여부, 과잉금지원칙의 적용강도 완화, 과잉금지원칙 논증구조의 변형의 세 가지 국면에서 작용한다. 하지만, 권력분립원리에 근거한 입법재량 존중만으로도 정당화되는 과잉금지원칙의 적용강도 완화와 달

리, 과잉금지원칙 적용 여부나 과잉금지원칙 논증구조의 변형은 입법재량 존중만으로 정당화하기에 부족하다.
- 입법재량 존중을 근거로 한 과잉금지원칙 논증구조의 변형은 과잉금지원칙 적용의 일관성과 설득력을 떨어뜨리므로, 그보다는 과잉금지원칙의 논증구조는 일관되게 유지하는 가운데, 과잉금지원칙의 적용강도의 다양화 방안을 모색하는 것이 바람직하다.

## 제2절 과잉금지원칙 연구의 좌표와 전망

헌법재판은 당연히 해야 되는 재판인 것도 아니고 헌법재판소 역시 당연히 있어야 할 국가기관도 아니다. 헌법재판이 없었던 시대가 훨씬 길고, 헌법재판소가 없는 나라도 많다. 즉, 헌법재판이나 헌법재판소는 특정 시대에 특정한 국민들의 필요에 따라 만든 것이기 때문에 언제든 없어져도 이상한 것이 아니다. 헌법상 권리의 보편성과 헌법재판소 역시 필연적인 관련성이 없다. 국회가 헌법상 권리 수호의 역할을 전적으로 담당할 수도 있고, 국가인권위원회나 국제인권재판소가 헌법상 권리의 감시자 역할을 담당할 수도 있다.

법률은 국민의 대표자들이 국회에 모여 결정한 국가의사의 결정체이다. 법률에 체화된 국가의사의 당부를 다수결을 통해 다시 검증하고자 한다면, 헌법재판소 대신 상원을 만들어도 된다. 상원에 그러한 권한을 부여하는 것이 민주적 정당성의 측면에서 더욱 적절하기도 하다. 그럼에도 불구하고 직접적인 민주적 정당성이 없는 헌법재판소에 법률을 무효로 할 수 있는 권한을 부여한 이유는 헌법재판소가 사법적 기능을 하기 때문이다.

사법적 기능의 핵심은 재판관들이 모여 가중다수결로 위헌 여부를 결정한다는 데에 있지 않다. 가중다수결이 중요하다면, 상원을 만들어 가중다수결로 법률의 위헌 여부를 결정하게 하면 된다. 입법작용과 구별되는 사법작용의 뚜렷한 특징은 '법률해석에 기반한 이유 제시'에서 찾을 수 있다. 헌법재판소도 헌법해석이라는 수단을 이용하여 결정의 이유를 제시함으로써 사법적 기능을 꽃피운다. 다수 혹은 가중 다수의 재판관이 위헌의견에 동의했다는 사실만으로는 직접적인 민주적 정당성을 가진 국회가 만든 법률을 무효로 만들기에 턱없이 부족하다. 합헌 또는 위헌의 결론에 이른 이유를 낱낱이 밝힘으로써 그 결론에 반대하는 사람들도 논리적이고 이성적으로 설득할 수 있다는 것이 사법작용으로서의 헌법재판소 결정의 고유한 가치이다. 그러한 가치를 결정문으로 증명할 때 비로소 재판소는 국민의 신뢰와 지지를 바탕으로 정당성을 확보할 수 있다.

요컨대, 헌법재판소 결정의 이유는 제시하는 것만으로는 부족하고 논리적 정합성과 일관성을 바탕으로 한 설득력이 있을 때 비로소 가치가 있다. 그러나 이것이 다가 아니다. 그 설득력은 반드시 탄탄한 '헌법적' 논증에 뿌리박고 있어야만 한다. 어떠한 사회적 문제를 해결하기 위해 국회가 제정한 법률이 정당한지 아닌지에 관한 좋은 이유는 정치인도, 언론인도, 정치학자도, 사회학자도 제시할 수 있다. 헌법재판소가 제시하는 이유가 다른 이들이 제시하는 이유와 구별되는 정당성을 가지려면 '헌법적' 논증을 뼈대로 삼아야만 한다. 그 뼈대 위에 사회적, 정치적, 철학적, 역사적 성찰을 덧붙일 때 비로소 그 이유는 상원이 제시하는 이유도 아니고, 언론인이나 학자가 제시하는 이유도 아닌, '헌법재판소'가 제시하는 이유가 된다. 그러한 이유 제시가 비로소 재판소의 민주적 정당성의 흠결을 치유하고, 합헌 또는 위헌이라는 재판소 결정의 결론에 권위를 부여할 수 있다.

이것이 헌법학자와 헌법실무가들이 헌법적 논증을 갈고 닦아야 하는 직접적인 필요성이다. 헌법상 권리 침해 여부에 관한 재판에 있어 이유 제시의 핵심적인 부분인 과잉금지원칙의 논리적 정합성과 일관성이 중요한 까닭도 바로 여기에 있다. 누가 재판관이 되든 상관없이 일관성 있게 유지되는 과잉금지원칙의 논증구조가 있을 때, 비로소 재판소는 하원에서 다수결로 정한 사안을 다시 한 번 다수결에 붙여 보는 상원과는 다른 곳이 될 수 있다. 그때 비로소 헌법재판소는 '사법적' 판단을 통해 의회가 헌법의 테두리를 넘지 못하도록 감시하는 헌법의 수호자가 될 수 있다. 헌법재판소가 '진정한 재판소'가 될 것인지, '민주적 정당성 없는 상원'이 될 것인지가 과잉금지원칙을 비롯한 헌법적 논증의 질에 달려 있다.

이 연구는 우선 과잉금지원칙 적용은 논증구조와 적용강도로 나누어 분석할 때 비로소 그 구조가 분명히 드러난다는 점을 밝혔다. 양자를 구별하지 않으면 과잉금지원칙 적용의 다양한 양상을 일관성 있게 설명하기가 어렵다. 이러한 어려움에 빠지면 아래와 같은 종류의 과잉금지원칙에 대한 회의론으로 경도되기 쉽다.

과잉금지원칙은 합리성심사에서부터 매우 엄격한 4단계 심사에 이르기까지 다양한 스펙트럼에 걸쳐 적용할 수 있는 것이고, 기본권 제한은 물론 형성 상황에 대해서도 사용할 수 있는 위헌심사척도이기 때문에, 어떠한 논리적 일관성이나 전형적인 틀을 상정하는 것이 의미가 없다.

이러한 견해에 의하면 과잉금지원칙 적용의 구체적인 모습은 개별 사건별로 정해질 뿐, 그에 관해 어떠한 예측가능성을 기대한다는 것은 그 자체로 비합리적인 것이 된다. 실무적으로는, 위헌법률심판 사건의 결정문 중 과잉금지원칙 위반 여부 판단 부분을 어떠한 일관적인 목차에 따라 작성하는 것도 기대할 수 없게 된다. 위헌법률심판 전체의 모습을 보면 이러한 회의론에도 일말의 타당성이 있다고 볼 수도 있다. 그러나 설령 그러한 난맥상이 법률의 위헌 여부 심사 전체의 진면목이라 하더라도, 그 중 일부분에서라도 논리적이고 예측 가능한 구조를 발견할 수 있다면, 그러한 구조를 분명히 밝히는 노력을 기울일 필요가 있다.
이 책은 이와 같은 관점에서 과잉금지원칙을 일관성 있게 적용하기 위한 최소한의 틀을 모색하고자 노력한 결과물이다. 그 첫걸음이 위헌심사척도와 과잉금지원칙의 적용강도의 개념을 명확히 하여 양자를 구별하는 것이다. 이를 통해 합리성심사를 할지 과잉금지심사를 할지, 피해의 최소성 원칙이 생략된 과잉금지심사를 할지 아니면 피해의 최소성 원칙이 포함된 과잉금지심사를 할지와 같은 문제는 모두 과잉금지원칙의 적용강도의 문제가 아니라 위헌심사척도의 선택 문제라는 것을 알 수 있다. 위헌심사척도의 선택 문제를 제외하는 것을 통해 논의의 초점을 4단계 하위 위헌심사척도로 이루어진 과잉금지원칙 적용에 한정시킬 수 있다.

이 책은 위와 같이 논의를 한정시킴으로써 과잉금지원칙의 논증구조와 적용강도를 일관성 있게 분석할 수 있는 기초를 마련한 다음, 그 기초 위에서 과잉금지원칙의 하위 위헌심사척도와 과잉금지원칙의 적용강도에 관한 각종 이론들을 자세히 살펴보고, 캐나다 연방대법원과 우리 헌법재판소의 과잉금지원칙 적용 실무에 관한 비교법적 연구를 수행하였다.

그 결과 얻은 시사점을 토대로 30여 년에 걸친 우리 헌법재판소의 과잉금지원칙 적용 역사를 되짚어 보면, 현재 헌법재판소는 '완전 분화형 논증유형'의 선례들이 수립한 과잉금지원칙의 논리적 뼈대를 계승할 것인지, 아니면 과잉금지원칙의 원형에서 멀리 떨어져 버린 '불완전 분화형 논증유형'의 선례들을 유지할 것인지 깊이 고민해야 할 시점에 이른 것으로 보인다. 이에 더하여, 어떠한 때에 어떠한 근거로 어떻게 과잉금지원칙의 적용강도를 조절할 것인지에 관한 기준을 체계적으로 세워나가야 할 단계에 이른 것으로 보인다. 이러한 노력을 통해 비로소 과잉금지원칙에 가해지는 심각한 비판들, 예컨대 과잉금지원칙은 자의적이고 임시변통적인 판단에 불과하다든가, 인권 보호에 취약하다든가 하는 비판을 극복할 수 있다. 이는 쉽지 않은 과제인 만큼, 그 해결을 위해 사법부에 의한 인권 보호 체제의 근본과 연원을 되새겨볼 필요가 있다.

현대의 인권 보장 체제는 제2차 세계대전이 남긴 두 가지 폐허 위에 서 있다. 첫 번째 폐허는 물론 전쟁으로 인한 물질적 폐허이다. 이것보다 더 무서운 것은 두 번째 폐허이다. 두 번째 폐허는 인간 악성의 극한을 두 눈을 뜨고 똑똑히 본 경험이 남긴 정신적 폐허이다.[1] 국민의 튼튼한 민주적 지지를 받는 국가가 조직적으로 다른 인간을 죽이는 거대한 기계장치가 되어 대규모로, 그리고 장시간에 걸쳐 수백만의 사람을 일상적이고 효과적으로 죽일 수 있다는 인간성 말살의 극한이 남긴 정신적

---

1) 이에 관해서는, 특히 프리모 레비/이현경 옮김, 이것이 인간인가, 돌베개(2007); 빅터 프랭클/이시형 옮김, 죽음의 수용소에서, 청아출판사(2005) 각 참조.

폐허가 사법부에 의한 인권 보장체제의 고향이다. 그러나 중요한 것은 우리의 앞선 세대는 그 폐허에 절망하지 않았다는 점이다. 오히려 앞선 세대는 결코 희망을 잃지 않고, 그러한 극한의 물질적, 정신적 폐허 위에 사법부에 의한 인권 보장 제도를 위시한 강제적 인권 보장 체제라는 꿈을 설계하고 이루려고 분투했다.[2]

우리 헌법이 도입한 기본권보장체제 역시 일본 제국주의집단의 수탈과 인간성 말살로 인한 폐허 위에서 우리와 우리들의 자손의 안전과 자유와 행복을 영원히 확보하려는 꿈을 실현하기 위한 노력이다. 이러한 사실은 아래에 인용한 제헌헌법 전문을 살펴보는 것으로 충분히 알 수 있다. 여기에는 긴 설명이 필요 없다.

> 유구한 역사와 전통에 빛나는 우리들 대한국민은 기미 삼일운동으로 대한민국을 건립하여 세계에 선포한 위대한 독립정신을 계승하여 이제 민주독립국가를 재건함에 있어서 정의인도와 동포애로써 민족의 단결을 공고히 하며 모든 사회적 폐습을 타파하고 민주주의제제도를 수립하여 정치, 경제, 사회, 문화의 모든 영역에 있어서 각인의 기회를 균등히 하고 능력을 최고도로 발휘케 하며 각인의 책임과 의무를 완수케하여 안으로는 국민생활의 균등한 향상을 기하고 밖으로는 항구적인 국제평화의 유지에 노력하여 우리들과 우리들의 자손의 안전과 자유와 행복을 영원히 확보할 것을 결의하고 우리들의 정당 또 자유로히 선거된 대표로써 구성된 국회에서 단기 4281년 7월 12일 이 헌법을 제정한다.

사법부에 의한 인권 보장체제의 연원이 이러한 이상, 과잉금지원칙에 관하여 당면한 두 가지 과제를 해결함에 있어서도, 어떻게 해야 과잉금지원칙이라는 도구를 사용하여 국가가 기본권 침해의 도구로 전락하는

---

2) 이는 인권을 국민에게 유보된 권력으로 보는 시각에서 두드러진다. 예컨대, 캐나다권리자유헌장 제정의 주역인 전 캐나다 총리 Pierre Trudeau가 그러하다 (Roy Romanow, John Whyte, Howard Leeson 2007, *op. cit.*, p. 216).

것을 효과적으로 막아내면서도, 국가를 통해 국민 모두의 이익을 증진시킬 수 있을지를 생각해 볼 필요가 있다. 이와 같은 관점에서 볼 때, 과잉금지원칙의 논증구조에 관해서는 논리적 일관성과 설득력, 관련된 이익 전체의 솔직하고 전면적인 제시와 비교형량 가능성의 측면에서 우위에 있는 '완전 분화형 논증유형'을 채택하여 이를 꾸준히 갈고 닦는 노력이 필요하리라 생각한다. 과잉금지원칙의 적용강도의 측면에서는 권력분립 원리의 '분업과 협동', '견제와 균형' 원리를 모두 고려하여 개별 구체적 사안에 적절한 적용강도를 정하는 방안을 모색함으로써 과잉금지원칙의 적용강도 다양화에 관한 기준을 귀납적으로 만들어가는 노력을 오랜 기간 동안 포기하지 않고 계속해 나갈 필요가 있다. 이러한 노력을 통해 과잉금지원칙이 재판관의 자의를 은폐하는 수단으로 폄하되는 것을 막을 수 있고, 제2차 세계대전 이후 인류가 함께 쌓아 올린 사법권을 통한 강제적 인권 보장 체제가 무너져 내리는 것을 막을 수 있을 것이다.

유한한 삶을 사는 한 세대가 실현할 수 있는 꿈의 양은 제한되어 있다. 그러나 한 세대의 육신이 모두 사라져도 그들의 꿈은 다음 세대로 이어진다. 앞선 세대와 앞으로 올 세대가 이렇게 꿈으로 이어져 있기 때문에, 다음 세대가 이루는 꿈은 동시에 앞 세대가 이루는 꿈이기도 하다. 이러한 세대간의 '이음과 얽힘'을 염두에 두고 이 연구를 진행하였다.

이 책에서 중점적으로 다루지 않은 과잉금지원칙의 하위 원칙인 목적의 정당성 원칙이나 수단의 적합성 원칙과 같은 과잉금지원칙의 세부적인 논증구조를 더 명확하고 정교하게 가다듬는 것은 물론이고, 과잉금지원칙의 적용범위, 위헌심사척도 선택의 기준, 과잉금지원칙과 평등원칙의 관계, 우리 헌법 제37조 제2항의 해석론, 과잉금지원칙에 의한 법률 변화 구조의 해명 등 많은 과제가 남아 있다. 이에 관한 후속 연구를 통해 우리 및 우리의 다음 세대가 인간성 말살의 끔찍함을 다시 반복하여 경험하지 않고서도, 과잉금지원칙이라는 도구를 사용하여 공동체 전체의 이익과 개인의 헌법상 권리 사이의 균형점을 찾아나가기를 기대한다.

# 참고문헌

⟨한국어 문헌⟩

강승식, "비례의 원칙의 적용방안에 관한 연구", 세계헌법연구 제17권 제2호 (2011)

강일신, 과잉금지원칙에서의 법익비교형량 - 헌법이론적·비교헌법적 연구 -, 헌법재판소 헌법재판연구원(2018)

강일신, "과잉금지원칙의 논증방식", 법학연구 제30권 제1호, 충남대학교 법학연구소(2019. 2.)

게오르그 옐리네크/김효전 옮김, 독일기본권이론의 이해, 법문사(2004)

계희열, "헌법원리로서의 권력분립원리", 고려법학 38호(2002. 4.)

계희열, 헌법학(중)[신정2판], 박영사(2007)

국회도서관, 세계의 헌법 - 40개국 헌법 전문 - 제2권, 국회도서관(2018)

김대환, "우리나라 헌법상 과잉금지원칙 - 특히 기본권의 본질적내용침해금지원칙과의 관계를 포함하여 -", 공법학연구 제6권 제3호(2005. 12.)

김대환, "헌법재판의 심사기준의 다양화 가능성과 과잉금지원칙의 헌법적 근거", 세계헌법연구 제12집 제2권(2006. 12.)

김대환, "과잉금지원칙의 적용강도 - 비교법적 검토를 포함하여 -", 헌법학연구 제18집 제2권(2012)

김도균, 권리의 문법 - 도덕적 권리, 인권, 법적 권리, 박영사(2008)

김문현, 김주환, 임지봉, 정태호, 기본권 영역별 위헌심사기의 기준과 방법(헌법재판연구 제19권), 헌법재판소(2008)

김민주, WTO협정상 건강보호 및 식품안전규정에 대한 비례성원칙 적용에 관한 연구, 고려대학교 법학박사학위논문(2013)

김선희, 캐나다 연방대법원의 사법심사제도-연방과 주 사이의 권한 배분 및 헌장상 권리침해를 중심으로, 헌법재판소 헌법재판연구원(2017)

김선희, 캐나다에서의 헌법적 대화, 헌법재판소 헌법재판연구원(2018)

김수용, "캐나다의 헌법개정 논쟁 과정과 쟁점", 법과사회 제54호(2017)

김종보, "기본권침해 심사기준에 대한 소고 - 과잉금지원칙 적용영역에 대한 비판적 고찰을 중심으로 -", 공법학연구 제10권 제3호(2009)
김태호, "행정법상 비례의 원칙 - 대법원 판례를 중심으로 -", 공법연구 제37집 제4호(2009. 6.)
김하열, "법률에 의한 기본권의 형성과 위헌심사 - 참정권과 청구권을 중심으로 -", 고려법학 제67호(2012. 12.)
김형남, "캐나다 연방대법원의 사법심사제도에 관한 연구", 공법학연구 제7권 제5호(2006)
김형남, "캐나다·미국·한국의 헌법재판기준에 관한 비교법적 연구", 성균관법학 제19권 제3호(2007)
노희범, "기본권의 제한과 형성 - 합헌성 심사기준을 중심으로 -", 헌법논총 제18집(2007)
니클라스 루만/윤재왕 옮김, 사회의 법, 새물결(2014)
문재완, "비례원칙의 과도한 팽창", 세계헌법연구 제24권 제3호(2018)
방승주, "헌법재판소의 입법자에 대한 통제의 범위와 강도 - 입법자의 형성의 자유와 그 한계에 대한 헌법재판소의 지난 20년간의 판례를 중심으로 -", 공법연구 제37집 제2호(2008. 12.)
빅터 프랭클/이시형 옮김, 죽음의 수용소에서, 청아출판사(2005)
손병권, 이옥연, "미국과 캐나다의 연방제도 비교 연구", 국제정치논집 제44집 제4호(2004)
성낙인, 헌법학[제19판], 법문사(2019)
성정엽, "비례원칙과 기본권", 저스티스 통권 제136호(2013. 6.)
손상식, "법률에 의해 구체화되는 기본권의 심사기준과 심사강도", 전북대학교 법학연구소 법학연구 제43집(2014. 12.)
신우철, 헌법과학 - 새로운 방법론의 탐색 -, 동현출판사(2002)
신우철, 사례교재 헌법(기본권), 문우사(2018)
아르투어 카우프만 지음/김영환 옮김, 법철학, 나남(2007)
알렉산더 해밀턴, 제임스 매디슨, 존 제이/김동영 옮김, 페더럴리스트 페이퍼, 한울아카데미(1995)
양천수, "형법해석의 한계 - 해석논쟁을 중심으로 하여 -", 인권과 정의 제379호(2008. 3.),
염지애, 다문화사회에서의 종교의 자유에 관한 비교법적 연구, 고려대학교 대학원 석사학위논문(2014)
월터 배젓/이태숙 옮김, 영국헌정, 지식을만드는지식(2012)

윤명선, "권력분립원리에 관한 재조명", 미국헌법연구 제18권 제1호(2007. 2.)
윤재왕, "권력분립과 언어 - 명확성원칙, 의미론 그리고 규범적 화용론 -", 강원법학 제44권(2015)
이곤형, "캐나다의 대법원 구성 및 법관 임명, 인사제도 연구", 국외훈련검사 연구논문집 제27집, 법무연수원(2012)
이명웅, "위헌여부 판단의 논증방법", 저스티스 제106호(2008. 9.)
이명웅, "비례의 원칙의 2단계 심사론", 헌법논총 제15집(2004)
이민열, 기본권 제한 심사의 형량, 경인문화사(2016)
이부하, "권력분립에서 기능법설에 대한 평가", 헌법학연구 제12권 제1호(2006)
이부하, "비례성원칙과 과소보호금지원칙", 헌법학연구 제13권 제2호(2007. 6.)
이부하, "입법자의 입법형성권의 내용과 한계", 법과 정책연구 제13집 제1호 (2013. 3.)
이수연, 캐나다의 성을 이유로 한 고용상 차별, 이화여자대학교 대학원 박사학위논문(2010)
이옥연, "연방제를 통한 통합과 분권의 구현: 캐나다의 경험을 중심으로", 세계지역연구논총 제24집 제1호(2006)
이용식, "비례성 원칙을 통해 본 형법과 헌법의 관계", 형사법연구 제25호(2006)
이준일, "헌법재판의 법적 성격 - 헌법재판의 논증도구인 비례성원칙과 평등원칙을 예로 -", 헌법학연구 제12권 제2호(2006. 6.)
이준일, "헌법상 비례성원칙", 공법연구 제37집 제4호(2009. 6.)
이준일, 헌법학강의[제7판], 홍문사(2019)
이재홍, "명령·규칙에 대한 사법심사의 구조와 전망 - 부수적 규범통제를 중심으로 -", 법조(2014. 6.)
이재홍, "재산권 관련 법률에 대한 위헌심사방법론 - 민법 제746조(불법원인급여)의 위헌 여부 판단 -", 저스티스 제145호(2014. 12.)
이재홍, "과잉금지원칙의 논증구조 - 피해의 최소성 원칙을 중심으로 -", 저스티스 제163호(2017. 12.)
이재홍, 캐나다 연방대법원의 과잉금지원칙 적용에 관한 연구 - 법률의 위헌 여부 판단을 위한 Oakes 심사의 논증구조와 적용강도를 중심으로 -, 서울대학교 박사학위논문(2020)
이재홍, "헌법 제37조 제2항에 규정된 '자유와 권리의 제한'의 해석론 - 인과관계, 기본권상대방, 그리고 착시제한 -", 저스티스 제182권 제1호, 한국법학원(2021. 2.)
장선미, 사회적 기본권의 실현구조에 관한 연구, 이화여자대학교 박사학위논문

(2019)
장지원·윤광재, 주요제국의 행정제도 동향조사: 캐나다의 연방정부조직, 한국행정연구원(2005)
전재경, "1982년의 캐나다 신헌법", 법조 제34권 제12호(1985)
전종익, "위헌심판의 심판기준 - 선거운동과 표현의 자유를 중심으로 -", 서울법학 제18호(2010)
정문식, "평등위반 심사기준으로서 비례원칙", 부산대학교 법학연구 제51권 제1호(2010. 2.)
정영훈, 직업의 자유 침해 여부에 대한 심사기준 - 자격제도에 의한 직업의 자유 제한을 중심으로 -, 헌법재판소 헌법재판연구원(2014)
정종섭, 헌법학원론 제12판, 박영사(2018)
정주백, "과잉금지원칙에 관한 관견 - 헌재의 원칙 운용에 있어서의 논리성·일관성에 관한 문제제기 -", 헌법재판연구 제2권 제2호(2015. 12.)
조의연, "캐나다의 법원구조와 법관인사제도", 외국사법연수논집, 법원도서관(2004)
존 롤스/장동진 옮김, 정치적 자유주의, 동명사(2016)
찰스 다윈/장대익 옮김, 종의 기원, 사이언스북스(2019)
페르디낭 드 소쉬르/최승언 옮김, 일반언어학 강의, 민음사(1990)
프리모 레비/이현경 옮김, 이것이 인간인가, 돌베개(2007)
한국법제연구원, 주요국가의 헌법동향:캐나다, 한국법제연구원(2006)
한수웅, 헌법학 제9판, 법문사(2019)
한수웅, "헌법 제37조 제2항의 과잉금지원칙의 의미와 적용범위", 저스티스(2006. 12.)
한수웅, "규범통제제도의 형성과 발전 - 규범통제 심사기준과 심사밀도를 중심으로 -", 헌법논총(2008)
한스게오르크 가다머/이길우·이선관·임호일·한동원 옮김, 진리와 방법2, 문학동네(2012)
허영, 한국헌법론[전정15판], 박영사(2019)
허완중, "기본권 제약 개념 확장을 통한 헌법 제37조 제2항의 해석", 헌법논총 제30집, 헌법재판소(2019)
헌법재판소 비교헌법연구회, 비교헌법연구회 세미나 발표자료집(2018. 6. 19.)
호어스트 드라이어/정문식 옮김, 독일기본법 주해서, 헌법재판소(2016)
황치연, 헌법재판의 심사척도로서의 과잉금지원칙에 관한 연구, 연세대학교 박사학위논문(1995)

황치연, "과잉금지원칙 - 헌재 1990. 9. 3. 89헌가95, 국세기본법 제35조 제1항 제3호의 위헌심판 -", 헌법재판 주요선례연구1, 헌법재판소(2012)

## 〈영어 문헌〉

Adam Dodek, *The Canadian Constitution*, Dundurn Press(2016)

Adam Dodek, Rosemary Cairns Way, "The Supreme Court of Canada and Appointment of Judges in Canada", *The Oxford Handbook of Canadian Constitution*, ed. Peter Oliver, Patrick Macklem, Nathalie des Rosiers, Oxford University Press(2017)

Adam Smith, *The Wealth of Nations*, Penguin Books(1999)

Aharon Barak, "Proportionality Effect: The Isareli Experience", 57 *University of Toronto Law Journal*(2007)

Aharon Barak, "Proportionality and Principled Balancing", 4 *Law & Ethics of Human Rights*(2010)

Aharon Barak, Proportionality - *Constitutional Rights and their Limitations* -, Cambridge University Press(2012)

Aharon Barak, "A Research Agenda for the Future", *Proportionality: New Frontiers, New Challenges*, ed. Vicki Jackson, Mark Tushnet, Cambridge University Press(2017)

Aileen Kavanagh, "Deference of Defiance? The Limits of the Judicial Role in Constitutional Adjudication", *Expounding the Constitution: Essays in Constitutional Theory*, Cambridge University Press(2008)

Aileen Kavanagh, *Constitutional Review under the UK Human Rights Act*, Cambridge University Press(2009)

Alan Brady, *Proportionality and Deference under the UK Human Rights Act - An Institutionally Sensitive Approach* -, Cambridge University Press(2012)

Alan Freckelton, *The Concept of Deference in Substantive Review of Administrative Decisions in Four Common Law Countries* (Masters of Laws dissertation, University of British Columbia, Vancouver, Cananda, 2013)

Alec Stone Sweet, Jud Mathews, "Proportionality Balancing and Global Constitutionalism", 47 *Columbia Journal of Transnational Law*(2008)

Alfred Adler, *Understanding Human Nature*, Permabooks(1949)

Alison Young, "In Defence of Due deference", 72 *Modern Law Review*(2009)

Alison Young, "Deference, Dialogue and the Search for Legitimacy", *Oxford Journal of Legal Studies* Vol. 30.(2010)
Andrew Le Sueur, Maurice Sunkin, Jo Eric Khushal Murkens, *Public Law - Text, Cases, and Materials -*, Oxford University Press(2013)
Antonio Lamer, "A Brief History of the Court", *The Supreme Court of Canada 1875-2000*, Dundurn & Supreme Court of Canada(2000)
Bernard Funston, Eugene Meehan, *Canadian Constitutional Documents Consolidated*, Carswell(2007)
Bernhard Schlink, "Proportionality in Constitutional Law: Why Everywhere but Here?", 22 *Duke Journal of Comparative & International Law*(2012)
Beverley McLachlin, "Preface", *The Supreme Court of Canada 1875-2000*, Dundurn & Supreme Court of Canada(2000)
Beverley McLachlin, "Proportionality, Justification, Evidence and Deference: Perspectives from Canada", *Asia-Pacific Judicial Colloquium*(2015), available at https://www.hkcfa.hk/filemanager/speech/en/upload/144/Proportionality,%20Justification,%20Evidence%20and%20Deference%20-%20Perspectives%20from%20Canada.pdf
Caroline Henckels, "Proportionality and the Separation of Powers in Constitutional Review: Examining the Role of Judicial Deference", 45 *Federal Law Review*(2017)
Carrissima Mathen, "Rational Connections: Oakes, Section 1 and the Charter's Legal Rights", 43 *Ottawa Law Review*(2012)
Chanakaya Sethi, "Beyond Irwin Toy: A New Approach to Freedom of Expression under the Charter", 17 *Appeal: Review Current Law and Law Reform*(2012)
Charles-Maxime Panaccio, "The Justification of Rights Violations: Section 1 of the Charter", *The Oxford Handbook of Canadian Constitution*, ed. Peter Oliver, Patrick Macklem, Nathalie des Rosiers, Oxford University Press(2017)
Collen M. Flood, Jennifer Dolling, "An Introduction to Administrative Law: Some History and a Few Signposts for a Twisted Path", *Administrative Law in Context*, Emond Montgomery Publications(2013)
Christopher Dassios, Clifton Prophet, "Charter Sectiona 1: The Decline of Grand Unified Theory and the Trend Towards Deference in the Supreme Court of Canada", 15 *Advocates' Quarterly*(1993)
Christopher Bredk, Adam Dodek, "The Increasing Irrelevance of Section 1 of the Charter", 14 *The Supreme Court Law Review*(2001)

Christopher Edley, *Administrative Law: Rethinking Judicial Control of Bureaucracy*, Yale University Press(1990)

Dan Meagher, "The Brennan Conception of the Implied Freedom: Theory, Proportionality and Deference", 30 *University of Queensland Law Journal*(2011)

Davor Šušnjar, *Proportionality, Fundamental Rights, and Balance of Powers*, Martinus Nijhoff Publishers(2010)

David Beatty, *The Ultimate Rule of Raw*, Oxford University Press(2004)

David Bilchitz, "Necessity and Proportionality: Towards A Balanced Approach?", *Reasoning Rights: Comparative Judicial Engagement*, ed. Liora Lazarus et al, Hart Publishing(2016)

David J. Mullan, "Deference: Is it useful outside Canada?", Acta Juridica(2006)

David Kenny, "Proportionality, the Burden of Proof, and Some Signs of Reconsideration", 52 *Irish Jurist*(2014)

Dieter Grimm, "Proportionality in Canadian and German Constitutional Jurisprudence", 57 *University of Toronto Law Journal*(2007)

Don Stuart, *Charter Justice in Canadian Criminal Law*, Carswell(2014)

Dwight Newman, "Canadian Proportionality Analysis: $5\frac{1}{2}$ Myths", 73 *Supreme Court Law Review*(2016)

Eric Beinhocker, *The Origin of Wealth*, Harvard Business School Press( 2006)

Errol Mendes, "Section 1 of the Charter after 30 years: The Soul or the Dagger at its Heart?", 61 *Supreme Court Law Review*(2013)

Eva Brems, Laurens Lavrysen, "'Don't Use a Sledgehammer to Crack a Nut': Less Restrictive Means in the Case Law of the European Court of Human Rights", *Human Rights Law Review*, Volume 15, Issue 1(2015)

Francisco Urbina, *A Critique of Proportionality and Balancing*, Cambridge University Press(2017)

Geoffrey Hodgson, Thorbjørn Knudsen, *Darwin's Conjecture: The Search for General Principles of Social and Economic Evolution*, Chicago University Press(2012)

Grant Huscroft, Bradley Miller, Grégoire Webber, "Introduction", *Proportionality and Rule of Law: Rights, Justification, Reasoning*, ed. Grant Huscroft, Bradley Miller, Grégoire Webber, Cambridge University Press(2014)

Grégoire Webber, *The Negotiable Constitution: On the Limitation of Rights*, Cambridge University Press(2009)

Guy Davidov, "Separating Minimal Impairment from Balancing", *Review of*

*Constitutional Studies* Vol. V, No. 2(2000)

Guy Davidov, "The Paradox of Judicial Deference", *National Journal of Constitutional Law* Vol. 12. No. 2.(2001)

Iryna Ponomarenko, "The Unbearable Lightness of Balancing: Towards a Theoretical Framework for the Doctrinal Compexity in Proportionality Analysis in Constitutional Adjudication", 49 *University of British Columbia Law Review* (2016a)

Iryna Ponomarenko, "Tipping the Scales in the Reasonableness-Proportionality Debate in Canadian Administrative Law", 21 *Appeal*(2016b)

Jamie Cameron, "The Past, Present, and Future of Expressive Freedom under the Charter", *Osgoode Hall Law Journal* Vol. 35, No. 1(1997)

Jamie Cameron, "The McLachin Court and the Charter in 2012", *The Supreme Court Law Review*, Vol. 63(2013)

Janina Boughey, "Re-Evaluating the Doctrine of Deference in Administrative Law", 45 *Federal Law Review*(2017)

Jean Bodin/abridged and translated by M. J. Tool, *Les six livres de la république, translated as Six Books of the Commonwealth*, Seven Treasures Publications(2009)

Jeff King, "Proportionality: A Halfway House", *New Zealand Law Review*(2010)

Jeremy Gunn, "Deconstructing Proportionality in Limitations Analysis", 19 *Emory International Law Review*(2005)

Jeremy McBride, "Proportionality and the European Convention on Human Rights", *The Principle of Proportionality in the Laws of Europe*, ed. Evelyn Ellis, Hart Publishing(1999)

Jeremy Waldron, "Constitutionalism: A Skeptical View", Public Law & Legal Theory Research Paper Series Working Paper no. 10-87(http://ssrn.com/abstract=1722771)

Jeremy Webber, *The Constitution of Canada: A Contextual Analysis*, Hart Publishing(2015)

Jochen von Bernstorff, "Proportionality Without Balancing: Why Judicial Ad Hoc Balancing is Unnecessary and Potentially Detrimental to the Realisation of Individual and Collective Self-determination", *Reasoning Rights: Comparative Judicial Engagement*, ed. Liora Lazarus et al, Hart Publishing(2016)

Jonas Christoffersen, *Fair Balance: Proportionality, Subsidiarity and Primacy in the European Convention on Human Rights*, Martiuns Nijhoff Publishers(2009)

Jorge Silva Sampaio, "Proportionality in Its Narrow Sense and Measuring the Intensity of Restrictions on Fundamental Rights", *Proportionality in Law*, ed. David Duarte, Jorge Silva Sampiro, Springer(2018)

Julian Rivers, "Proportionality and Variable Intensity of Review", *Cambridge Law Journal*, 65-1(2006)

Julian Rivers, "Proportionality, discretion and the Second law of Balancing", *Law, Rights and Discourse - The Legal Philosophy of Robert Alexy -*, ed. George Pavlakos, Hart Publishing(2007a)

Julian Rivers, "Proportionality and discretion in International and European Law", *Transnational Constitutionalism: International and European Perspectives*, ed. N. Tsagourias, Cambridge University Press(2007b)

Julian Rivers, "Constitutional Rights and Statutory Limitations", *Institutionalized Reason: The Jurisprudence of Robert Alexy*, ed. Matthias Klatt, Oxford University Press(2012)

Kai Möller, *The Global Model of Constitutional Rights*, Oxford University Press(2012)

Kai Möller, "Constructing the Proportionality Test: An Emerging Global Conversation", *Reasoning Rights: Comparative Judicial Engagement*, ed. Liora Lazarus et al, Hart Publishing(2016)

Katharine Young, "Proportionality, Reasonableness and Economic and Social Rights", *Proportionality: New Frontiers, New Challenges*, ed. Vicki Jackson, Mark Tushnet, Cambridge University Press(2017)

Laverne Jacobs, "Caught Between Judicial Paradigms and the Administrative Stste's Pastiche: "Tribunal" Independence, Impartiality, and Bias", *Administrative Law in Context*, Emond Montgomery Publications(2013)

Madhave Khosla, "Proportionality: An Assault on Human Rights?: A Reply", 8 *International Journal of Constitutional Law*(2009)

Mark Elliot, Robert Thomas, *Public Law*, Oxford University Press(2014)

Mark Tushnet, "The Charter's Influence Around the World", *Osgoode Hall Law Journal* Vol. 50, Issue 3(2013)

Mark Zion, "Effecting the Balance: *Oakes* Analysis Restaged", *Ottawa Law Review* 43(2012)

Mary Liston, "Governments in Miniature: The Rule of Law in the Administrative State", *Administrative Law in Context*, Emond Montgomery Publications(2013)

Marshall Haughey, "The Camera and the Colony: A Comment on *Alberta v. Hutterian*

Brethren", 74 *Saskatchewan Law Review*(2011)

Matthias Klatt, Moritz Meister, "Proportionality - A Benefit to Human Rights? Remarks on the I·CON Controversy", 10 *International Journal of Constitutional Law*(2009)

Matthias Klatt, Moritz Meister, *The Constitutional Structure of Proportionality*, Oxford University Press(2012)

Mattias Kumm, "Constitutional Rights as Principles: On the Structure and Domain of Constitutional Justice", *2 International Journal of Constitutional Law*(2004)

Mattias Kumm, "The Idea of Socratic Contestation and the Right to Justification: The Point and Purpose of Rights-Based Proportionality Review", 4 *Law & Ethics of Human Rights*(2010)

Mattias Kumm, "Is the Structure of Human Rights Practice Defensible? Three Puzzles and Their Resolution", *Proportionality: New Frontiers, New Challenges*, ed. Vicki Jackson, Mark Tushnet, Cambridge University Press(2017)

Michael Taggart, "Proportionality, Deference, Wednesbury", *New Zealand Law Review*(2008)

Montesquieu/translated by Anne M. Cohler, Basia C. Miller, Harold Stone, *The Spirit of Laws*, Cambridge University Press(1989)

Moshe Cohen-Eliya, Iddo Porat, *Proportionality and Constitutional Culture*, Cambridge University Press(2013)

Nicholas Barber, "Constitutionalism: Negative and Positive", *SSRN Electronic Journal*(2015) 10.2139/ssrn.2565721.

Nicholas Emiliou, *The Principle of Proportionality in European Law - A comparative Study -*, Kluwer Law International(1996)

Niels Petersen, *Proportionality and Judicial Activism: Fundamental Rights Adjudication in Canada, Germany and South Africa*, Cambridge University Press (2017)

Niklas Luhman, "Law as a Social System", *Northwestern University Law Review* Vol. 83(1989)

Norbert Wiener, *The Human Use of Human Beings: Cybernetics and Society*, Da Capo Press(1954)

Patrick Macklem, Carol Rogerson et al., *Canadian Constitutional Law*, Emond Montgomery Publications(2010)

Patrick Monahan, Chanakya Sehti, "Constitutional Cases 2010: An Overview", *The Supreme Court Law Review* Vol. 54(2011)

Patrick Monahan, Byron Shaw, *Constitutional Law*, Irwin Law(2013)
Peter Hogg, *Constitutional Law of Canada*, 5th edn., Vol II, Thomson Carswell(2007)
Peter Hogg, *Constitutional Law of Canada*, Carswell(2010)
Peter Hogg, *Constitutional Law of Canada[2018 Student Edition]*, Thompson Reuters Canada(2018)
Peter Hogg, Ravi Amarnath, "Understanding Dialogue Theory", *The Oxford Handbook of Canadian Constitution*, ed. Peter Oliver, Patrick Macklem, Nathalie des Rosiers, Oxford University Press(2017)
Richard Moon, "Justified Limits on Free Expression: The Collapse of the General Approach to Limits on Charter Rights", *Osgoode Hall Law Journal* Vol. 40, No. 3(2002)
Robert Alexy, *A Theory of Constitutional Rights*, Oxford University Press(2002)
Robert Alexy, "On Balancing and Subsumption: A Structural Comparison", *Ratio Juris* Vol. 16 No. 4(2003)
Robert Alexy, "Proportionality and Rationality", *Proportionality: New Frontiers, New Challenges*, ed. Vicki Jackson, Mark Tushnet, Cambridge University Press(2017)
Robert Sharpe, Kent Roach, *The Charter of Rights and Freedoms*, Irwin Law(2017)
Rosalind Dixon, "The Sumpreme Court of Canada, Charter Dialogue, and Deference", *Osgoode Hall Law Journal* Vol. 47, No. 2(2009)
Roy Romanow, John Whyte, Howard Leeson, *Canada... Notwithstanding: The Making of Constitution 1976-1982*, Thompson(2007)
Sara Weinrib, "The Emergence of the Third Step of the Oakes test in Alberta v. Huterrian Brethren of Wilson Colony", *University of Toronto Faculty of Law Review*, 68-2(2010)
Sheila Wildeman, "Pas de Deux: Deference and Non-Deference in Action", *Administrative Law in Context*, Emond Montgomery Publications(2013)
Sonia Lawrence, "2013: Constitutional Cases in Review", *The Supreme Court Law Review*, Vol. 67(2014)
Stavros Tsakyrakis, "Proportionality: An Assault on Human Rights?", 7 *International Journal of Constitutional Law*(2009)
Stephen Gardbaum, "Proportionality and Democratic Constitutionalism", ed. Grant Hushcroft, Bradley Miller, Grégorie Webber, *Proportionality and the Rule of Law: Rights, Justification, Reasoning*, Cambridge University Press(2014)
Stephen Gardbaum, "Positive and Horizontal Rights: Proportionality's Next Frontier or a

Bridge Too Far?", *Proportionality: New Frontiers, New Challenges*, ed. Vicki Jackson, Mark Tushnet, Cambridge University Press(2017)

Stephen Holmes, *Passions and Constraint - On the Theory of Liberal Democracy -*, The University of Chicago Press(1995a)

Stephen Holmes, "Constitutionalism", *The Encyclopedia of Democracy Vol. 1*, Routledge (1995b)

Sujit Choudhry, "So What is the Real Legacy of *Oakes*? Two Decades of Proportionality Analysis under the Canadian *Charter*'s Section 1", 34 *Supreme Court Law Review*(2006)

Thomas Poole, "The Reformation of English Administrative Law", 68 *Cambridge Law Journal*(2009)

Tom Hickman, "Proportionality: Comparative Law Lessons", *Judicial Review* Vol 12(2007)

Tom Hickman, "Problems of Proportionality", *New Zealand Law Review*(2010)

Vicki Jackson, "Ambivalent Resistance and Comparative Constitutional Constitutionalism: Opening Up the Conversation on Proportionality, Rights and Federalism", 1 *University of Pennsylvania Journal of Constitutional Law*(1999)

Vicki Jackson, "Constitutional Law in an Age of Proportionality", 124 *Yale Law Journal*(2015)

Vicki Jackson, Mark Tushnet, "Introduction", Proportionality: New Frontiers, New Challenges, ed. Vicki Jackson, Mark Tushnet, Cambridge University Press(2017)

Virgílio Afonso da Silva, "Comparing the Incommensurable: Constitutional Principles, Balancing and Rational Decision", *Oxford Journal of Legal Studies* Vol. 31, No. 2(2011)

Woodrow Wilson, *Constitutional Government In the United States*, Columbia University Press(1917)

Yutaka Arai-Takahashi, *The Margin of Appreciation Doctrine and the Principle of Proportionality in the Jurisprudence of the ECHR*, Hart Publishing(2002)

# 찾아보기

**가**
강화된 심사 262
개별 구체적 비교형량[concrete(ad hoc) balancing] 60
개인연관성·사회연관성 이론 255
견제와 균형 93, 195, 256
경험-인식론적 deference 85
경험-인식론적 재량 72, 187
경험적 요소에 관한 형량 법칙(epistemic law of blancing) 62
공통의 비교요소(covering value) 60
과잉금지원칙 논증구조 변형 252, 258
과잉금지원칙의 논증구조 24, 34
과잉금지원칙의 적용강도 30, 34, 107, 187, 191, 250, 253
과잉금지원칙의 적용강도 다양화 261
과잉금지원칙의 적용강도 다양화 원칙(doctrine of variable intensity of review) 74
과잉금지원칙의 적용강도 다양화의 단계 262
과잉금지원칙의 적용강도의 다양화 사유 268
구조적 deference 83
구조적 재량(structural discretion) 72, 187

권고적 의견(reference) 105
권력분립원리 75, 81, 91, 195, 257, 261, 282
규범-인식론적 deference 85
규범-인식론적 재량 72, 76, 187

**나**
납득가능성 심사(plausibility review) 73
납득가능성 통제 254
내용에 관한 심층 심사(intensive review of content) 73

**다**
대가 동일성 검증단계 44, 207, 265

**마**
명백성 통제 253
목적달성 동일성 검증단계 41, 160, 207, 211, 223, 229, 264
목적의 정당성 원칙 37
목적의 충분한 중요성 122
묵시적 형량(implicit balancing) 210, 213
미분화형 논증유형 202

## 바

법익의 균형성 원칙  49, 206, 221
복잡적응계(Complex Adaptive Systems)  105
분류형량(classification balancing)  80
분업과 협동  93, 103, 107, 195, 256
불완전 분화형 논증유형  210, 219, 240, 242, 244, 247
불완전 형량  214, 232, 240
불확실성  19, 28, 74, 75, 185, 213, 256, 267
불확실성 해소 단계  21, 29, 30, 187
비교불가 사안(stalemate case)  72
비교형량(balancing)  50, 54, 68, 162, 206, 231, 234, 245, 249, 259
비교형량의 가능성  56

## 사

사법재량  259
사법적 기능  277
사회적 연관관계  253
상대적 우열 비교  54
섬세하게 재단된(narrowly tailored)  228
소극적 입헌주의(negative constitutionalism)  100
수단의 적합성 원칙  37
수직적 과잉금지심사  35, 206
수평적 과잉금지심사  36
실질 deference(substantial deference)  88
실체적 요소에 관한 형량 법칙(substantive law of balancing)  62
실체적인 과잉금지의 원리(substantive principle of proportionality)  74

## 아

엄격한 심사  255
엄밀한 내용 통제  254
완전 분화형 논증유형  204, 243, 247
완화된 심사  253, 262
위헌심사강도  27, 30
위헌심사척도  24
위헌심사척도 선택 단계  21, 30
위헌심사척도의 적용강도  28
위헌심사척도 적용 단계  21
인식론적 deference  84
인식론적 불확실성  79
인식론적 재량(epistemic discretion)  72
1차 판단 존중(deference)  83, 88, 169, 172, 198
임시변통적 형량(ad hoc balancing)  33
입법대안 존부 검증단계  40
입법자의 예측판단  254, 256
입법재량  26, 28, 29, 92, 169, 250, 256
입법형성권  249
입헌주의  100

## 자

적극적 입헌주의(positive constitutionalism)  101
적합도(fitness)  67
전면 금지(blanket ban)  223
절대적 계량 비교  56
제한 완화 검증단계  47, 265
증거 심사(evidential review)  73

## 차

최소피해성  140, 152

최소피해성 중심 논증유형　159
측정　51

### 카
캐나다권리자유헌장(Canadian Charter of Rights and Freedoms)　115, 173
캐나다 연방대법원　115
캐나다 헌법　113

### 타
통약불가능론(incommensurability)　57, 63, 127, 135

### 파
파레토 효율　166
피드백　100, 103, 104
피해의 최소성 원칙　38, 205, 211

### 하
합리적 관련성　123
행위규범과 통제규범의 구별　255
헌법연구관　249
헌법적 논증　278
헌법적 대화(constitutional dialogue)　106
헌법 제37조 제2항　259
형량 제1법칙(first law of balancing)　62
형량 제2법칙(second law of balancing)　73, 76, 81
형식적인 과잉금지원칙의 적용강도의 원리(formal principle of intensity of review)　74
형식적 헌법원리들(formal principles)　82
효과의 비례성　134, 141, 151
효과의 비례성 중심 논증유형　159
효율성　94, 96, 97, 102, 103, 108

## 서울대학교 법학연구소 법학 연구총서

1. 住宅의 競賣와 賃借人 保護에 관한 實務研究
   閔日榮 저 412쪽 20,000원
2. 부실채권 정리제도의 국제 표준화
   鄭在龍 저 228쪽 13,000원
3. 개인정보보호와 자기정보통제권 ●
   권건보 저 364쪽 18,000원
4. 부동산투자회사제도의 법적 구조와 세제
   박훈 저 268쪽 13,000원
5. 재벌의 경제력집중 규제 ●
   홍명수 저 332쪽 17,000원
6. 행정소송상 예방적 구제 ●
   이현수 저 362쪽 18,000원
7. 남북교류협력의 규범체계
   이효원 저 412쪽 20,000원
8. 형법상 법률의 착오론 ●
   안성조 저 440쪽 22,000원
9. 행정계약법의 이해 ●
   김대인 저 448쪽 22,000원
10. 이사의 손해배상책임의 제한 ●
    최문희 저 370쪽 18,000원
11. 조선시대의 형사법 -대명률과 국전-●
    조지만 저 428쪽 21,000원
12. 특허침해로 인한 손해배상액의 산정
    박성수 저 528쪽 26,000원
13. 채권자대위권 연구
    여하윤 저 288쪽 15,000원
14. 형성권 연구 ●
    김영희 저 312쪽 16,000원
15. 증권집단소송과 화해 ●
    박철희 저 352쪽 18,000원
16. The Concept of Authority
    박준석 저 256쪽 13,000원
17. 국내세법과 조세조약
    이재호 저 320쪽 16,000원
18. 건국과 헌법
    김수용 저 528쪽 27,000원
19. 중국의 계약책임법
    채성국 저 432쪽 22,000원
20. 중지미수의 이론 ●
    최준혁 저 424쪽 22,000원
21. WTO 보조금 협정상 위임·지시 보조금의 법적 의미 ●
    이재민 저 484쪽 29,000원
22. 중국의 사법제도 ▲
    정철 저 383쪽 23,000원
23. 부당해고의 구제
    정진경 저 672쪽 40,000원
24. 서양의 세습가산제
    이철우 저 302쪽 21,000원
25. 유언의 해석 ▲
    현소혜 저 332쪽 23,000원
26. 營造物의 개념과 이론 ●
    이상덕 저 504쪽 35,000원
27. 미술가의 저작인격권 ●
    구본진 저 436쪽 30,000원
28. 독점규제법 집행론
    조성국 저 376쪽 26,000원
29. 파트너쉽 과세제도의 이론과 논점
    김석환 저 334쪽 23,000원
30. 비국가행위자의 테러행위에 대한 무력대응
    도경옥 저 316쪽 22,000원
31. 慰藉料에 관한 研究
    -不法行爲를 중심으로- ●
    이창현 저 420쪽 29,000원
32. 젠더관점에 따른 제노사이드규범의 재구성
    홍소연 저 228쪽 16,000원
33. 親生子關係의 決定基準
    권재문 저 388쪽 27,000원
34. 기후변화와 WTO = 탄소배출권 국경조정 ▲
    김호철 저 400쪽 28,000원
35. 韓國 憲法과 共和主義 ●
    김동훈 저 382쪽 27,000원
36. 국가임무의 '機能私化'와 국가의 책임
    차민식 저 406쪽 29,000원
37. 유럽연합의 규범통제제도 - 유럽연합 정체성 평가와 남북한 통합에의 함의 -
    김용훈 저 338쪽 24,000원
38. 글로벌 경쟁시대 적극행정 실현을 위한 행정부 법해석권의 재조명
    이성엽 저 313쪽 23,000원
39. 기능성원리연구
    유영선 저 423쪽 33,000원
40. 주식에 대한 경제적 이익과 의결권
    김지평 저 378쪽 31,000원
41. 情報市場과 均衡
    김주영 저 376쪽 30,000원
42. 일사부재리 원칙의 국제적 전개
    김기준 저 352쪽 27,000원
43. 독점규제법상 부당한 공동행위에 대한 손해배상청구 ▲
    이선희 저 351쪽 27,000원
44. 기업결합의 경쟁제한성 판단기준
    - 수평결합을 중심으로 -
    이민호 저 483쪽 33,000원

45. 퍼블리시티권의 이론적 구성
    - 인격권에 의한 보호를 중심으로 - ▲
    권태상 저  401쪽  30,000원
46. 동산·채권담보권 연구 ▲
    김현진 저  488쪽  33,000원
47. 포스트 교토체제하 배출권거래제의
    국제적 연계 ▲
    이창수 저  332쪽  24,000원
48. 독립행정기관에 관한 헌법학적 연구
    김소연 저  270쪽  20,000원
49. 무죄판결과 법관의 사실인정 ▲
    김상준 저  458쪽  33,000원
50. 신탁법상 수익자 보호의 법리
    이연갑 저  260쪽  19,000원
51. 프랑스의 警察行政
    이승민 저  394쪽  28,000원
52. 민법상 손해의 개념
    - 불법행위를 중심으로 -
    신동현 저  346쪽  26,000원
53. 부동산등기의 진정성 보장 연구
    구연모 저  388쪽  28,000원
54. 독일 재량행위 이론의 이해
    이은상 저  272쪽  21,000원
55. 장애인을 위한 성년후견제도
    구상엽 저  296쪽  22,000원
56. 헌법과 선거관리기구
    성승환 저  464쪽  34,000원
57. 폐기물 관리 법제에 관한 연구
    황계영 저  394쪽  29,000원
58. 서식의 충돌
    -계약의 성립과 내용 확정에 관하여-
    김성민 저  394쪽  29,000원
59. 권리행사방해죄에 관한 연구
    이진수 저  432쪽  33,000원
60. 디지털 증거수집에 있어서의 협력의무
    이용 저  458쪽  33,000원
61. 기본권 제한 심사의 법익 형량
    이민열 저  468쪽  35,000원
62. 프랑스 행정법상 분리가능행위 ●
    강지은 저  316쪽  25,000원
63. 자본시장에서의 이익충돌에 관한 연구 ▲
    김정연 저  456쪽  34,000원
64. 남북 통일, 경제통합과 법제도 통합
    김완기 저  394쪽  29,000원
65. 조인트벤처
    정재오 저  346쪽  27,000원
66. 고정사업장 과세의 이론과 쟁점
    김해마중 저  371쪽  26,000원
67. 배심재판에 있어서 공판준비절차에 관한 연구
    민수현 저  346쪽  26,000원
68. 법원의 특허침해 손해액 산정법
    최지선 저  444쪽  37,000원
69. 발명의 진보성 판단에 관한 연구
    이헌 저  433쪽  35,000원
70. 북한 경제와 법
    - 체제전환의 비교법적 분석 -
    장소영 저  372쪽  28,000원
71. 유럽민사법 공통참조기준안(DCFR)
    부당이득편 연구
    이상훈 저  308쪽  25,000원
72. 공정거래법상 일감몰아주기에 관한 연구
    백승엽 저  392쪽  29,000원
73. 국제범죄의 지휘관책임
    이윤제 저  414쪽  32,000원
74. 상계
    김기환 저  484쪽  35,000원
75. 저작권법상 기술적 보호조치에 관한 연구
    임광섭 저  380쪽  29,000원
76. 독일 공법상 국가임무론과 보장국가론 ●
    박재윤 저  330쪽  25,000원
77. FRAND 확약의 효력과
    표준특허권 행사의 한계
    나지원 저  258쪽  20,000원
78. 퍼블리시티권의 한계에 관한 연구
    임상혁 저  256쪽  27,000원
79. 방어적 민주주의
    김종현 저  354쪽  25,000원
80. M&A와 주주 보호
    정준혁 저  396쪽  29,000원
81. 실손의료보험 연구
    박성민 저  406쪽  28,000원
82. 사업신탁의 법리
    이영경 저  354쪽  25,000원
83. 기업 뇌물과 형사책임
    오택림 저  384쪽  28,000원
84. 저작재산권의 입법형성에 관한 연구
    신혜은 저  286쪽  20,000원
85. 애덤 스미스와 국가
    이황희 저  344쪽  26,000원
86. 친자관계의 결정
    양진섭 저  354쪽  27,000원
87. 사회통합을 위한 북한주민지원제도
    정구진 저  384쪽  30,000원
88. 사회보험과 사회연대
    장승혁 저  152쪽  13,000원
89. 계약해석의 방법에 관한 연구
    - 계약해석의 규범적 성격을 중심으로 -
    최준규 저  390쪽  28,000원
90. 사이버 명예훼손의 형사법적 연구
    박정난 저  380쪽  27,000원

91. 도산절차와 미이행 쌍무계약
 - 민법·채무자회생법의 해석론 및 입법론
 김영주 저　418쪽　29,000원
92. 계속적 공급계약 연구
 장보은 저　328쪽　24,000원
93. 소유권유보에 관한 연구
 김은아 저　376쪽　28,000원
94. 피의자 신문의 이론과 실제
 이형근 저　386쪽　29,000원
95. 국제자본시장법시론
 이종혁 저　342쪽　25,000원
96. 국제적 분쟁과 소송금지명령
 이창현 저　492쪽　34,000원
97. 문화예술과 국가의 관계 연구
 강은경 저　390쪽　27,000원
98. 레옹 뒤기(Léon Duguit)의
 공법 이론에 관한 연구
 장윤영 저　280쪽　19,000원
99. 온라인서비스제공자의 법적 책임
 신지혜 저　316쪽　24,000

● 학술원 우수학술 도서
▲ 문화체육관광부 우수학술 도서